一神社人の見た
朝鮮・満州の神社と文化

手塚道男小論集

空からの朝鮮神宮

朝鮮神宮

創建当時の朝鮮神宮

創建当時の朝鮮神宮と京城（ソウル）市内

鎮座祭奉祝門

朝鮮神宮（例祭）　前から２人目・手塚道男

目次

Ⅰ　朝鮮の神社と文化

一 朝鮮素描

朝鮮素描（一）

1 まへがき

朝鮮に來て五年餘の歳月は流れた。その間に於ける私人としての收穫は、あまりに僅少ではあるが、此の地に職を奉ずる者の一つの責務とも感じつゝ、敢て朝鮮の報告をものしようと思ふ。

異國情緒の興味を一層增し、輕い氣持で觀て戴くべく、形式は拙いながら例の繪物語を選ぶことにした。

勿論首尾一貫した記述でなく、漫筆の連鎖で素描に過ぎない。それも神道人として幾分でも興味を唆り、しかも繪になる範圍に限られ、說明の詞も半頁づゝに限られ、思想方面の記述も略すべき不充分さではあるが、これが補足と統一とは讀者諸兄にお任せする。

圖は京城に於ける印象であるが、同時にこれから續けて行かうとする素描の内容でもある。

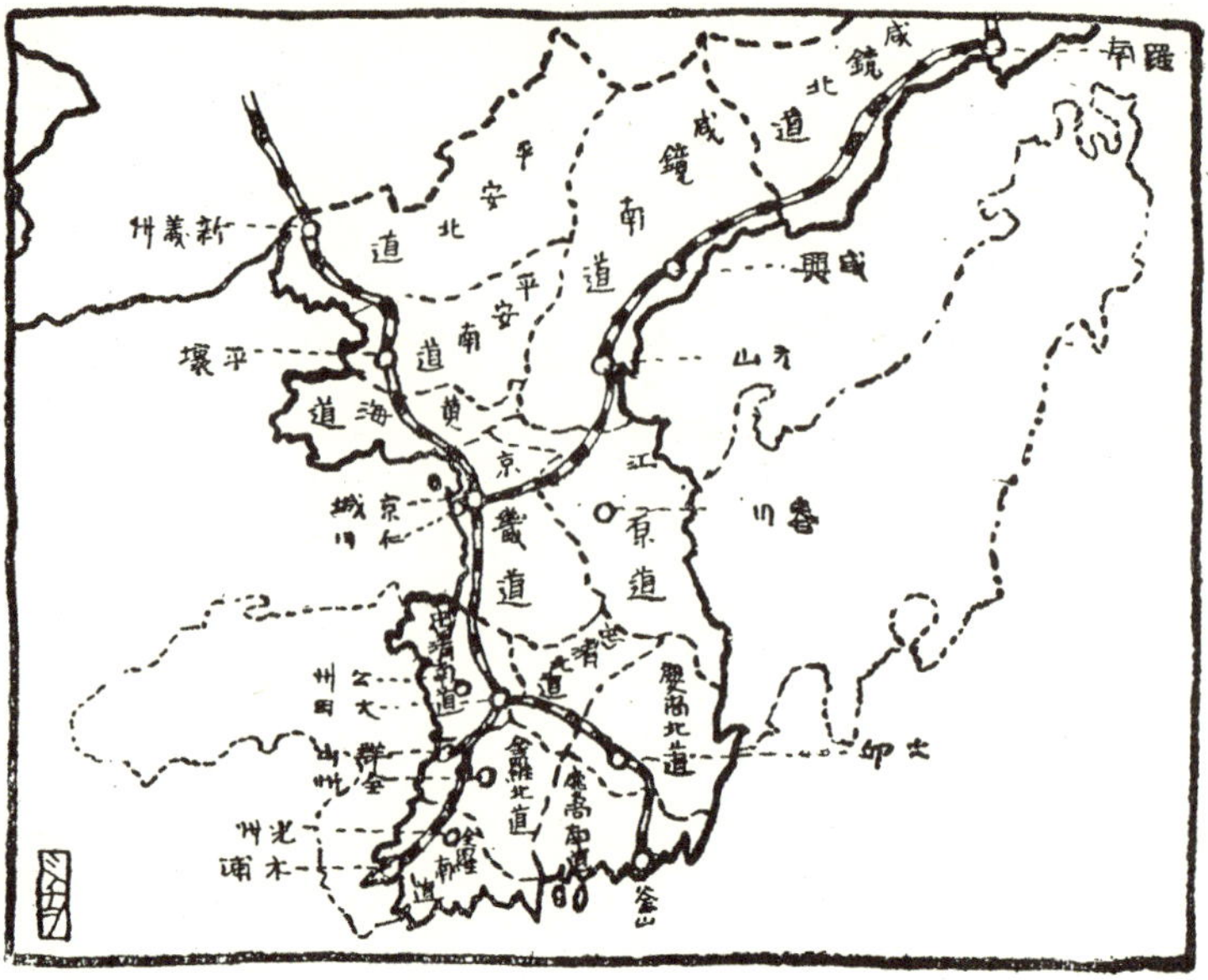

2 朝鮮の地圖

朝鮮の面積は、一萬四千三百十二方里で、本州の一萬四千五百七十一方里より少し狹い。

これを十三の道に區分するが、道は內地の府縣に當り、知事がその長官である。道は府郡島の小行政區に分れ、その下に面があり、更に里(洞)に細分されてゐる。

府は內地の市に、郡島は郡に、面は町村に相當する。

朝鮮內の神社は、大體行政區劃的に發達し、一府面一社の制度で創立は許されてゐる。

神社の規模も府に所在するものが、比較的立派なものであるが、內地人戸數に正比例する狀態は、朝鮮に於ける神社として、止むを得ない現象である。

續けやうとするこの繪物語は、全解の事物を對象とはするが、京城が主となつて行くことは免れぬことである。

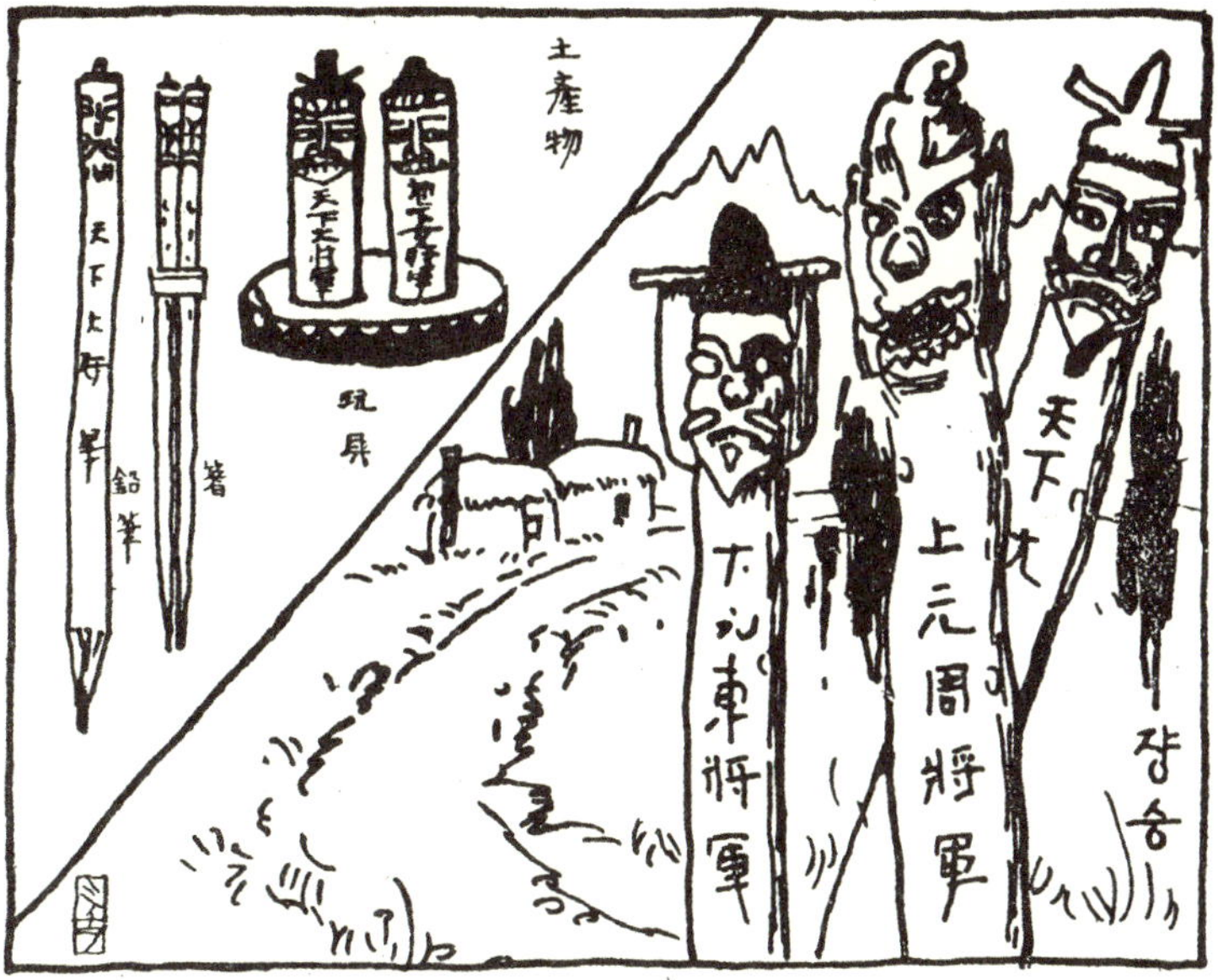

3 長栍（Chan-Sun）

朝鮮部落や寺の入口や山の中等に、松丸太の上部に原始的な拙い技巧で、グロテスクな人面の彫刻が施され、原色で彩られた標木が建つてゐる。それを長性と稱し、各將軍の文字が刻まれてゐる。

路傍に立てるこの標木には、其地を基點として京城及附近の邑に至る、里程を記されてゐるものもある。

これは塞神や道祖神の如く、道路の守護神とされ、疾病惡鬼が部落や寺堂に侵入するのを防ぐ神としての俗信仰を受けてゐるもので、八衢彦八衢姫にも比せられる。

この標木の由來には二三の傳説があり、いづれも性問題を取扱つてゐるが、信ずるに足らない。本朝世紀天慶元年九月二日の條に岐神と記されてゐるのは、この標木に類似してゐるが、日本への傳來の一史料であらうし、各地にある將軍社も何か關係は無からうか。

4　朝鮮神宮全景

朝鮮神宮は京城府の中央、松樹鬱蒼と茂れる南山の中腹に建つてゐる。官幣大社で祭神は、天照大神明治天皇の二柱である。

大正八年七月創立が仰出され、大正十四年十月十五日鎭座祭が執り行はれた。總工費は約百五十六萬八千圓で、建物は本殿以下十六に及んでゐる。

表參道は近代的道路で、その終端は自動車道の西參道と、正面三百八十四階の大石段とに別れる。別に東參道は東から山を登り、西參道と一緒になつて廣場に通じ、自働車は、社務所まで行くことが出來る。

山の中腹に水槽があり、電氣ポンプで押し上げる手水舍に湧き出づる淸水も、消火栓も常用水道も、皆こゝに源を發してゐる。

鳥居は五基の中四基は花崗岩で、一つは鐵筋混合土である。

朝鮮素描（二）

5燈籠（朝鮮神宮）

朝鮮神宮には燈籠が三十基ばかりある。大概は花崗石で直線によつて構成されたもので、圖の如き種類に屬する。神明造を基準とした社殿建築には相應しいもので新に名を附するとすれば、朝鮮神宮型燈籠とも呼ぶべきであらう。

面白いことには、朝鮮の多くの神社では、社殿が曲線式建築様式であらうと、この型の燈籠が建てられ出し、滿洲の神社へも流れ込んで行く狀況である。建築の地方色は、かくして作られるのだらうが、調和を主として一考を要すべきことであらう。

燈籠は照明基金附の奉納であるから、灯の點ぜられぬものは一つも無い。この他に東參道と表參道とには現代式の外燈が五十基近く立つてゐるが、石燈籠と同じやうに、いづれも電燈照明である。

6 冬の手水（朝鮮神宮）

朝鮮の冬は內地よりは寒い。零下十九度五分は神域で計つた大正十四年以後四年間に於ける最底平均溫度である。

手水舍に流れ出る水も冬來ればその要をなさない。手水に代ゆるに手湯を造ることは、朝鮮以北にして始めて必要なことであらう。

參集所は平素參拜者の休憩所に充て、又各種の展覽會場や講演會場にもなり。祭典の時は參列員の參集所であるが、冬になれば圖の如き溫かい手水の設備も一隅にされる。

石炭と練炭とを燃いて、冬中は火を絶さないが、それは火の消えたとき、水が氷となつて、竈を破壞する恐れがあるからである。

寒い國の神社の設備の特色の一つとしてこゝに描いた。

7 制札（朝鮮神宮）

内務省令に依ると、制札は地方長官の指揮を受けて建設することを得とあり、禁止事項の概目三ケ條が掲げてある。然し神社によつてはこの事項と神域の狀況とが、しつくり合はない所もあるやうである。

朝鮮神宮では、消極的の禁止事項を連ねる代りに積極的に意義ある文句を書いた。

こゝにその全文を記すが、禁養とあるは養の字にのみに解する朝鮮人側の常用語である。

……………………

神域五條

一、清淨ヲ維持スル事
一、火氣ニ注意スル事
一、建物ヲ汚損セサル事
一、樹木ヲ禁養スル事
一、禽鳥ヲ愛護スル事

大正十四年十月

朝鮮總督府

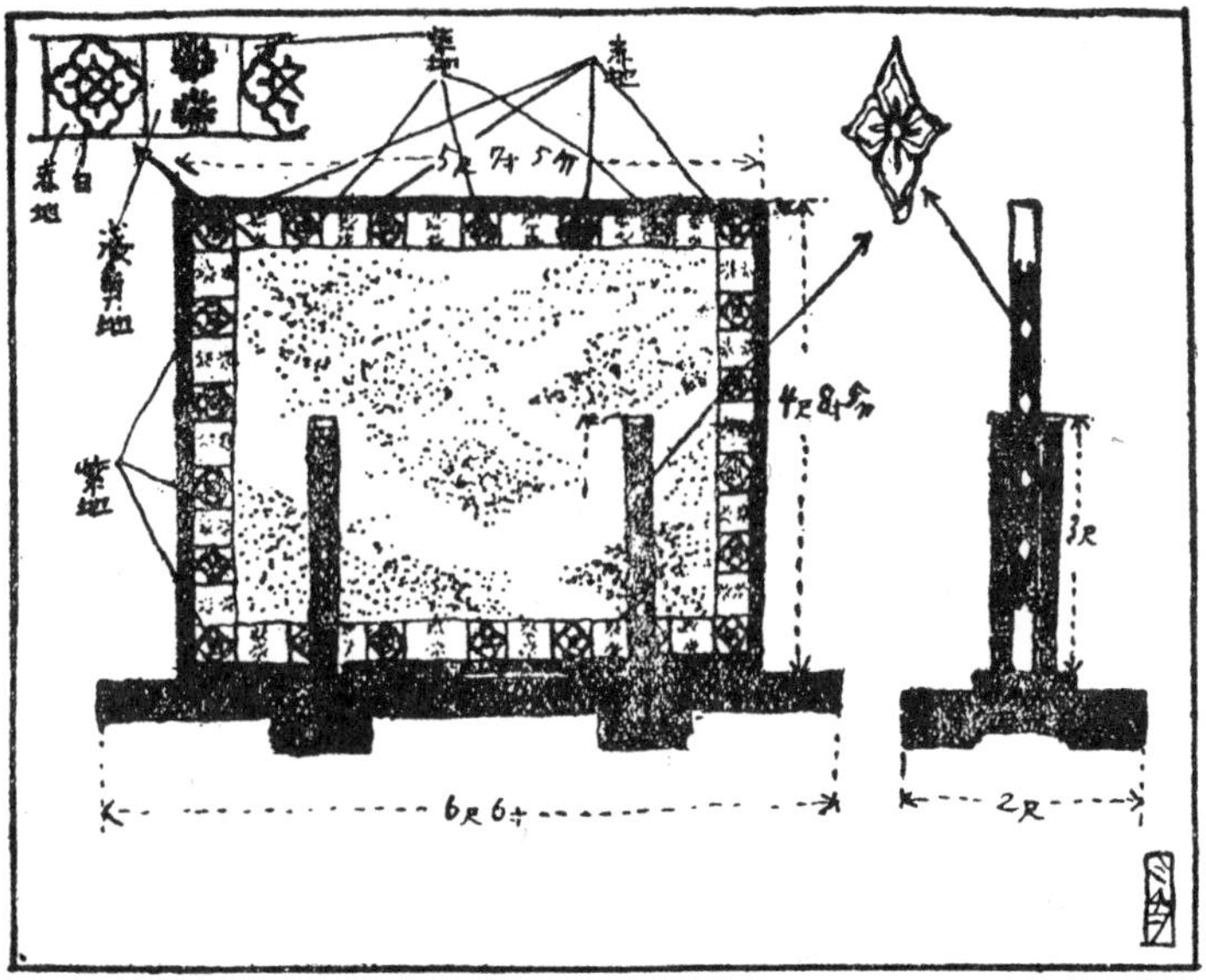

8 衝立障子（朝鮮神宮）

神社の調度は、その神社の建物に調和すべきものを作ることが、一つの條件であらう。そこには一般民家で使用するものとは可成の特徴があつてよいと思ふ。

圖は唐破風の車寄を持つ入母屋造の勅使殿の玄關に立てる衝立障子として造つたものであるが、木地檜、蠟色塗、金銅金具附、鳥子金砂子蒔瑞雲模様、兩面軟錦縁付である。

清涼殿昆明池御障子などにヒントを得た私案であるが、繪を描くより、金砂子で雲を湧き立たせたことに上品さを增させたと思ふ。

この寸法では、六疊の玄關の衝立としては、少し大き過ぎた感があるが、出入の少い所なら結構である。

朝鮮素描からは、脱線した資料だが、一つの御參考にもと描くことにした。

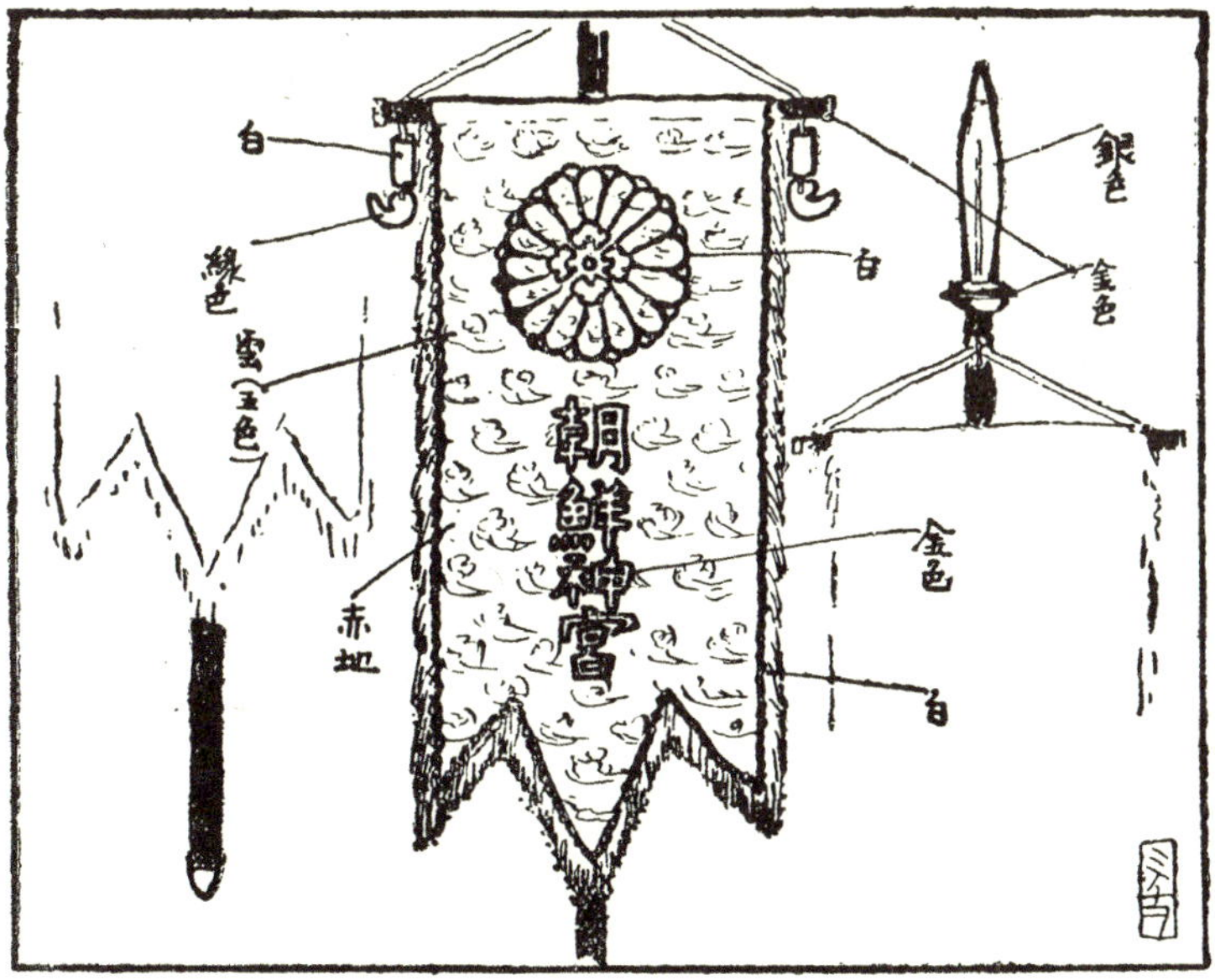

朝鮮素描（三）

9、神紋と優勝旗（朝鮮神宮）

「明治神宮競技とオリンピヤの回顧」と題して、大正十四年一月の「皇國」誌に拙稿をものしたことがある。ギリシヤのオリンピアの祭のやうな意義で、各地方の神社で選手の豫選が行はれ、その決勝が明治神宮競技であるやう實現したいとの文意であつた。

この理想は漸次全國的に實現されて來たが、朝鮮では朝鮮神宮の御鎭座とともに、朝鮮神宮競技大會が生れ、全鮮各地の豫選の決勝が行はれる。この優勝者が明治神宮競技大會へ出場する朝鮮代表選手となるのである。

朝鮮神宮からは、圖の如き優勝旗を授與してゐる。旗の地は瑞雲赤地錦で、玉は石製で、紋章を鏡に見立て三種の神器を取り入れた私案である。紋章は神紋であるが、花菱と菊との結合で、中央花菱の大さは、全直徑の半徑である。

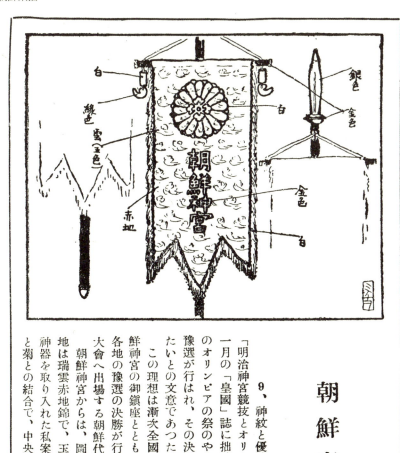

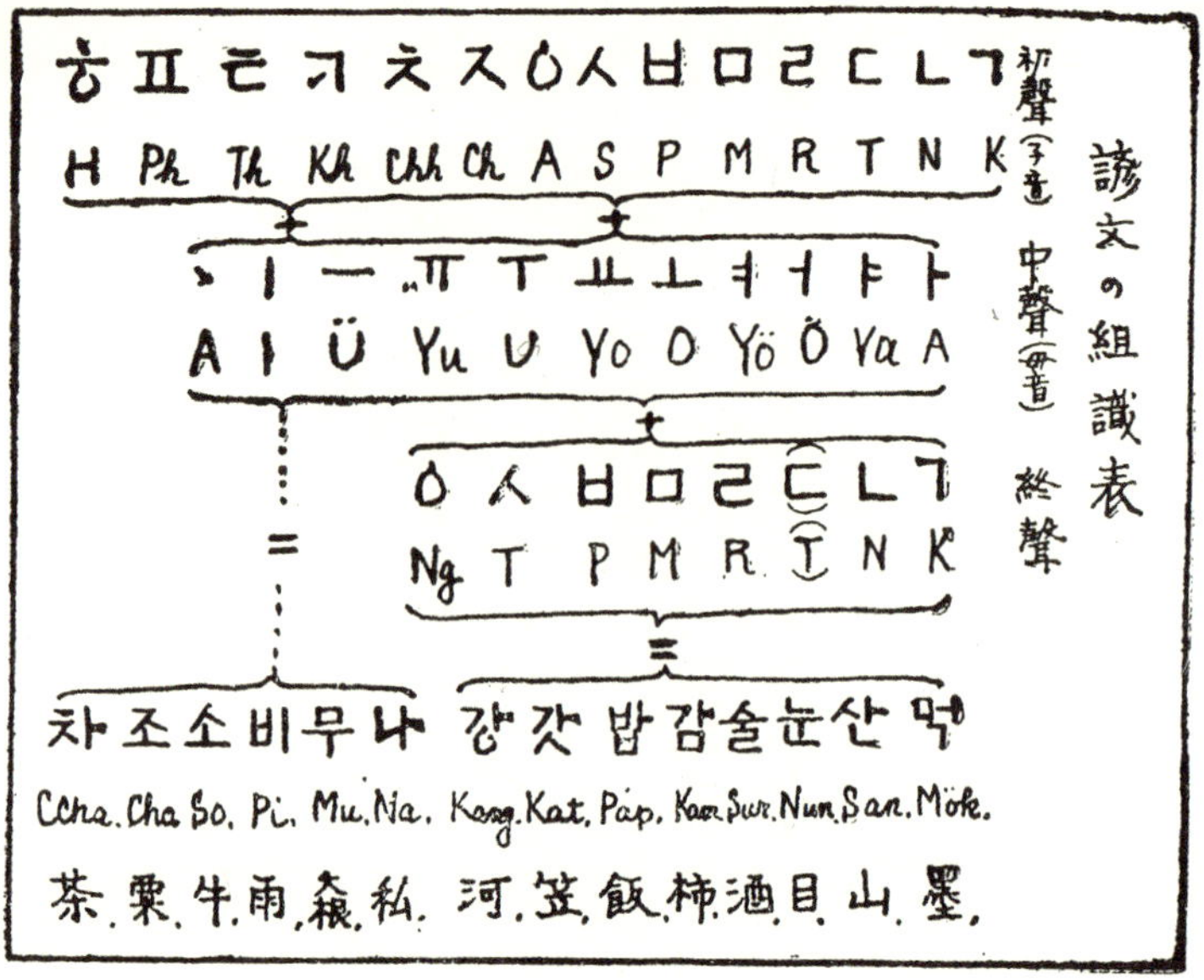

10、諺　文（Onmun）

朝鮮の人は諺文で語る。新聞や書籍も諺文で讀む。新羅時代に吏道があつたが、實際の用をなすまでには到らなかつた。李朝時代の第四世世宗二十八年に國字として諺文が制定されたが、東洋文字中最も進歩したものと稱せらる。

諺文の起原は製作當時の學者、鄭麟跡の「訓民正音」で記されてゐるが頗る曖昧にされてある、隨て後世種々の説が生れたが、最近では印度デヴァナーガリ（Devanagari）の組織に則り、數箇の梵字を基礎として、これに獨特の工夫を加へ、學術的に完成したものといふのが定說であらう。

諺文の組織は、初聲と中聲、若は初聲中聲終聲の結合が一文字となるので表は文字の基礎とその成立の大要である。神代文字と諺文との關係は、伴信友の假名本末考附錄で明かにされよう。

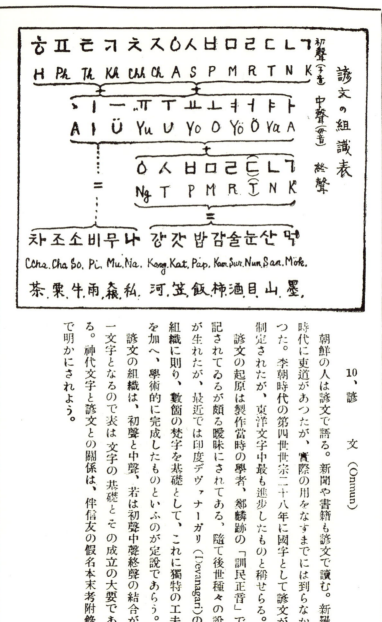

諺文五十音圖

아 (ア)	가 (カ)	사 (サ)	다 (タ)	나 (ナ)	하 (ハ)	마 (マ)	야 (ヤ)	라 (ラ)	와 (ワ)
이 (イ)	기 (キ)	시 (シ)	디 (チ)	니 (ニ)	히 (ヒ)	미 (ミ)	이 (イ)	리 (リ)	(원)이 (ヰ)
우 (ウ)	구 (ク)	수 (ス)	쓰 (ツ)	누 (ヌ)	후 (フ)	무 (ム)	유 (ユ)	루 (ル)	우 (ウ)
에 (エ)	게 (ケ)	세 (セ)	데 (テ)	네 (ネ)	헤 (ヘ)	메 (メ)	에 (エ)	레 (レ)	(원)에 (ヱ)
오 (オ)	고 (コ)	소 (ソ)	도 (ト)	노 (ノ)	호 (ホ)	모 (モ)	요 (ヨ)	로 (ロ)	(원)오 (ヲ)

11、諺文五十音圖

表音文字の諺文は、日本の假名の音を表現出來る。然し大部分のものは同音であるが、中には完全に同音が表し得ぬ相似音のものもある。又半濁音は表現出來るが濁音の文字は無い。

朝鮮の人で內地語に巧なものでも、濁音が明確に發音されないのは、かうしたことに因を持つてゐる。

先頃內地での選擧に、諺文投票が許されたが、その際標準として提示された諺文表中には、かなりの誤があつたやうだ。

內地にも諺文が用ひられるやうになつた現今、神職とても知つてゐる必要があらうと、諺文の五十音圖を朝神素描に加へて見た。

12、壇　君

朝鮮の始祖を壇君とも稱する。然しこの傳說は今から六百年前に出來た「三國遺事」に始めて記載されてゐるもので、箕氏傳說が約二千年前の古書に記れてあるに比し極めて新しいものである。

壇君問題は古來やかましく論ぜられてゐるが、李朝の學者李栗谷、李瀷、安鼎福などはその存在を否定してゐる。安鼎福の如きは「言ふ所檀君の事皆荒誕不經……其他稱する所は皆是僧談……」等と謂つてゐる。

那珂、白鳥、小田、今西の諸家又朝鮮國の祖先にあらざることを論じ、要するに李朝に於て國制上一層根本的な統治の主體を設け之が後繼者として半島に號令する必要上高麗時代から或る信仰の對象となつてゐた壇君を、國家的に造り上げたものであらうとは小田氏の結論である。圖は壇君教の人々が信じつゝある壇君の像のスケッチである。

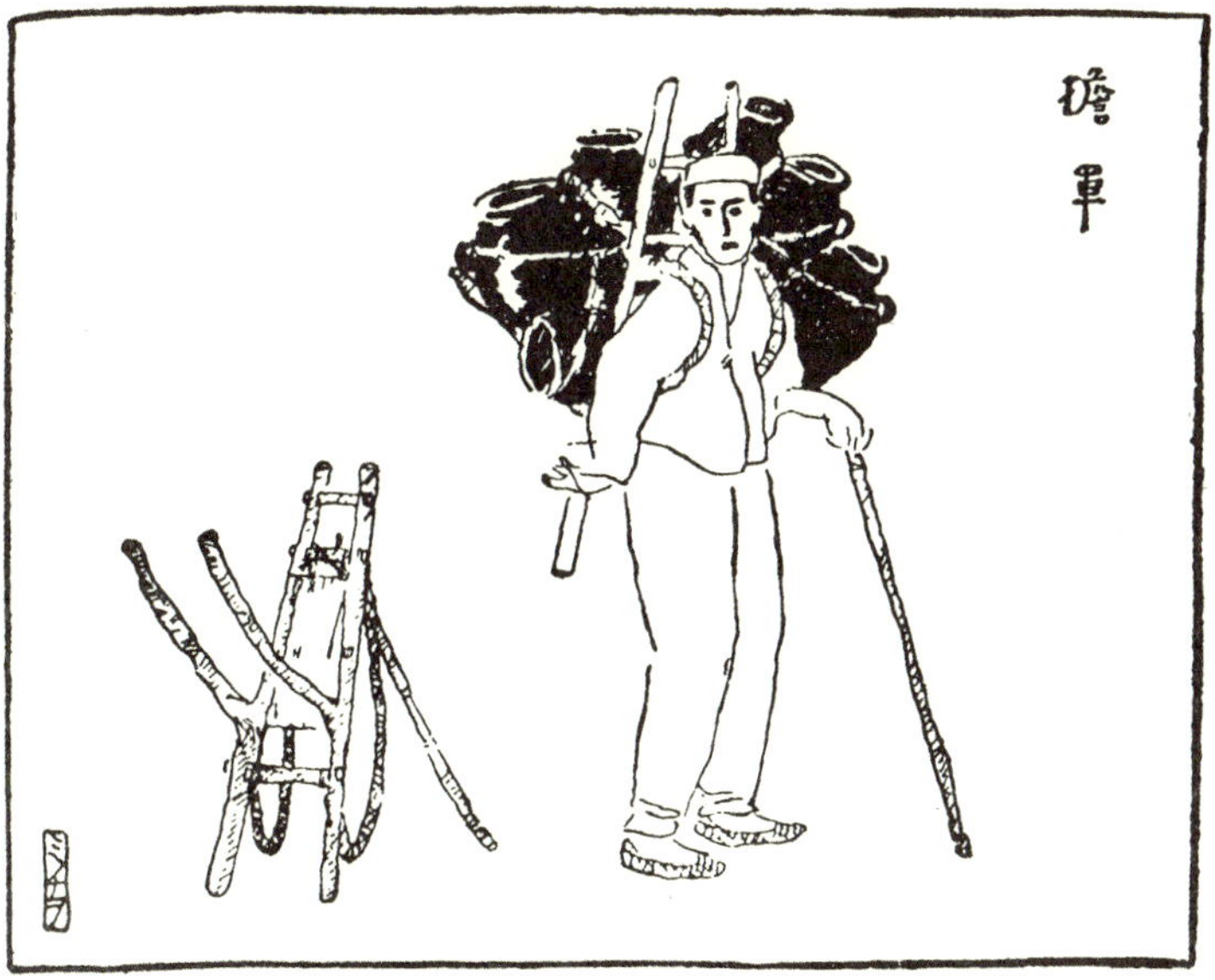

朝鮮素描（四）

13、擔　軍（Chige-kun）

内地の背梯子に似て小さい型のものをチゲと云ふ　自然木の枝を腕木に應用したもので頑丈に出來てゐる。街の辻や店の門などに、このチゲを背つた人が澤山佇んでゐるが荷物運搬の依頼人を待つてゐるのである。

この人をチゲクンと呼ぶが、クンは軍で人夫の總稱である。

種々の荷物や土や石などに至るまで、すべてこのチゲによつて運ばれる。

原始的で土俗的價値を充分に持つ簡單な運搬器であるチゲは、朝鮮人にとつてはこれより便利なものは無いと云つてよい。

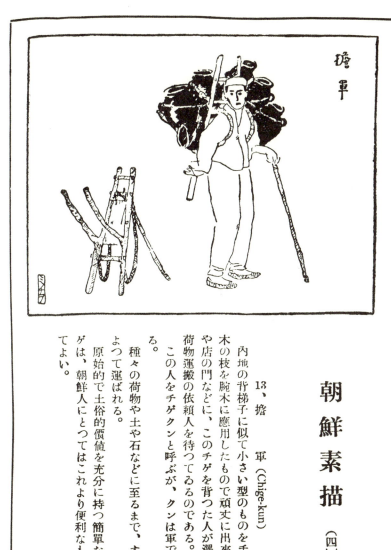

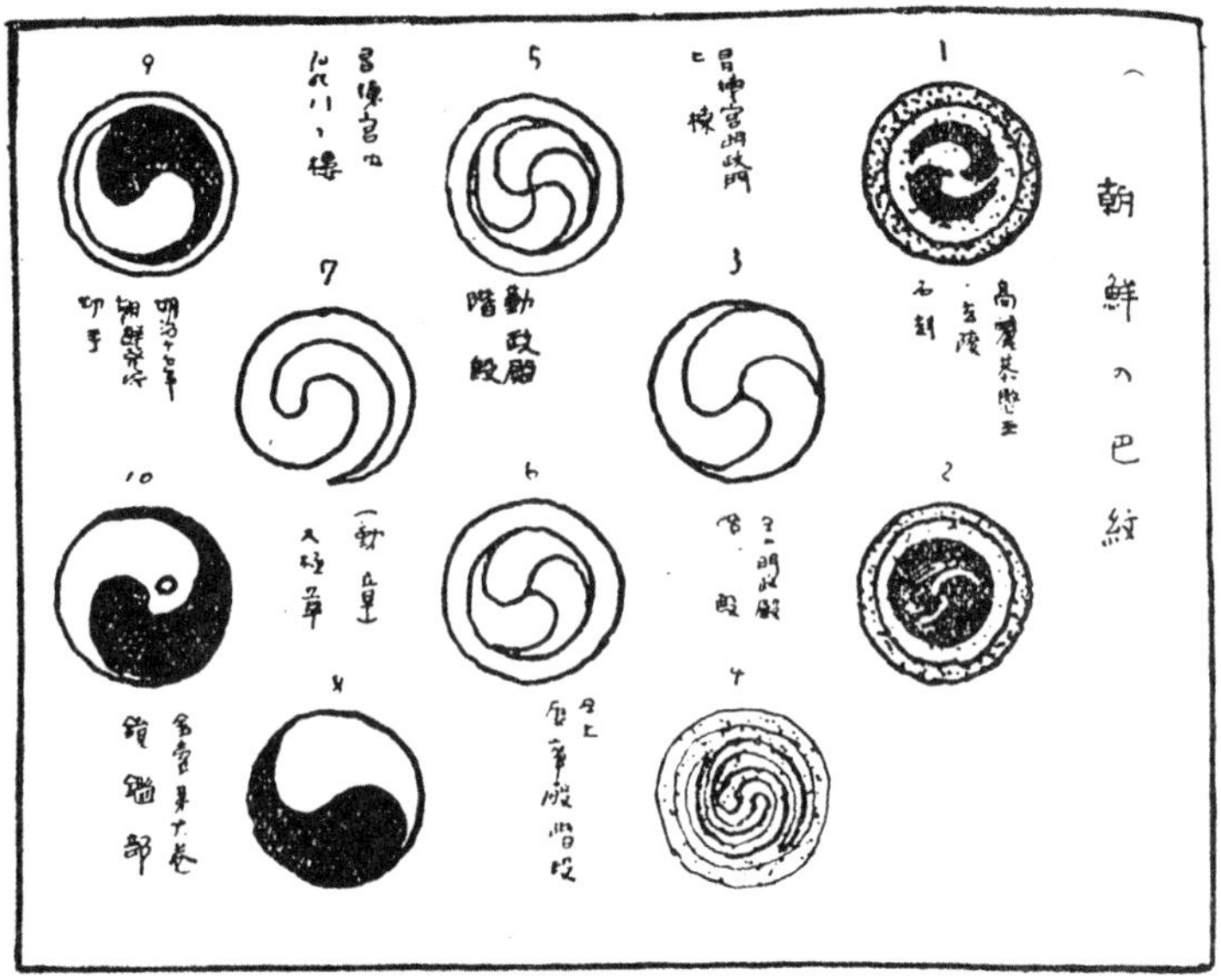

14、朝鮮の巴紋

神道講座沼田頼輔氏の「神紋の研究」中に巴紋を使用してゐる神社が官國幣社のみで合計三十五社あり、元來八幡宮の神紋であると記されてゐる。氏は他の書で日本創意説が述べられてゐるが、ヒルト博士の雷紋轉化説とともに肯定し難いものである。

中央亜細亜から印度蒙古支那朝鮮と類似の巴紋系を見出すとき流れの跡が領かれると思ふ。十字架と巴紋との信仰表標に於ける關係は暫らくそのまゝとして、現存せる朝鮮の巴紋を掲げる。巴紋が武の權威を示す一の表示であることは内地と同意義である。これらの遺物から高麗朝から李朝に至るまで使用されたことは明かである。朝鮮の人の殆んど全部が最近の形八九十などから、易繋辭の大極から生れ出たと信じてゐるが、七以上と以下とに區別があり、大極より生れたものは、上下から密接に交合接觸し二つに限られてゐる。法勝寺法隆寺醍醐寺等の古瓦の巴紋と比較するとき　内鮮の關係が物語られやう。

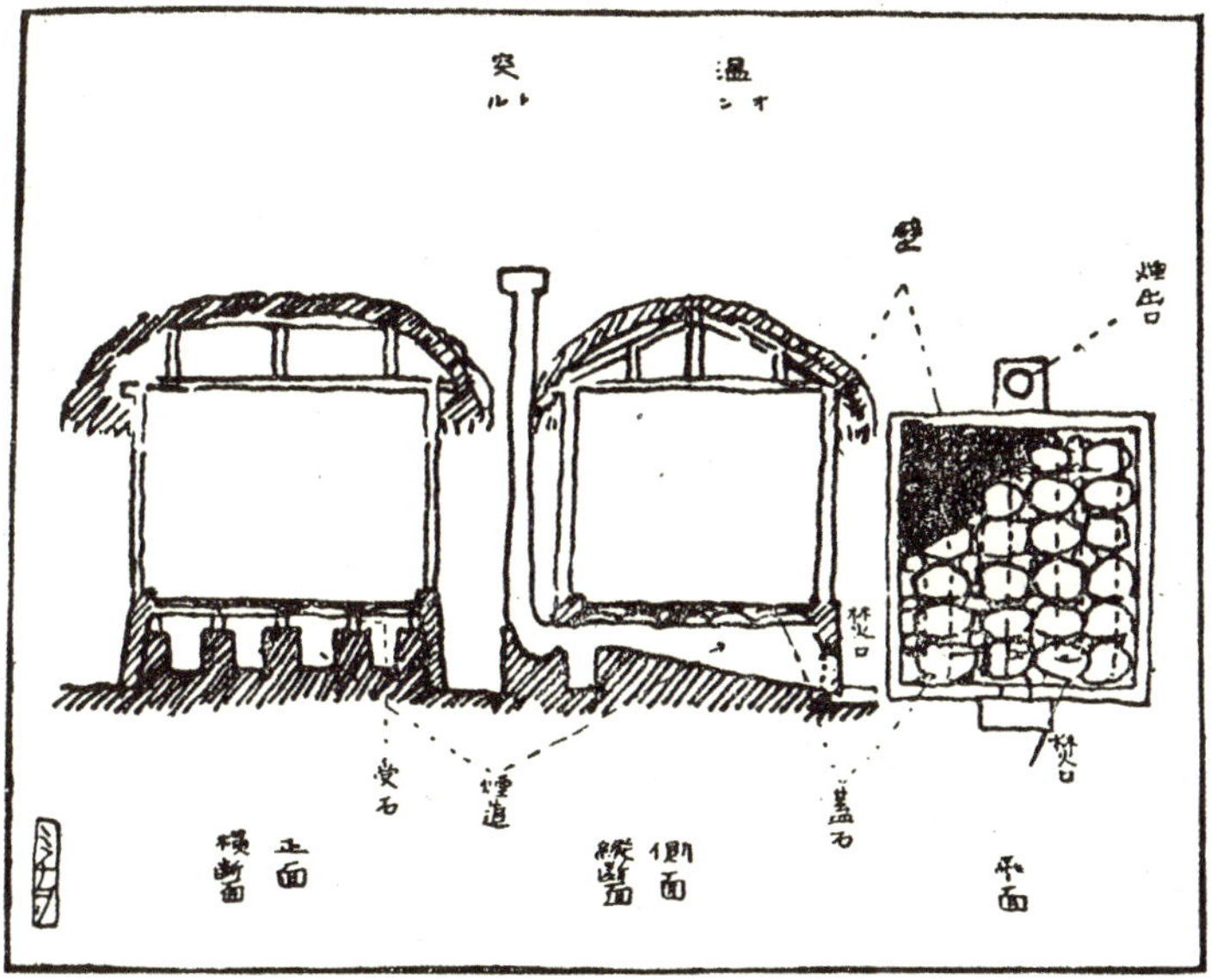

15 温　突 (On-Dor)

朝鮮の住宅は一般に甚だ低い木造平屋である。土壁で屋根は粗雑な藁葺である。夏涼しく冬暖かい構造であるが、冬の寒さを凌ぐために家の幾間かを温突とする。温突の構造は床の下に數條の火煙坑を築き、その上に平石を並べ渡して床とし、粘土を塗り油紙様の厚紙を張り煙が室内に漏れるのを防いでゐる。温突の焚口に藁芝草松葉石炭練炭等の燃料を焚けば、火煙は煙坑を通りぬけて外部の煙突に出る装置となつてゐるが、煙の通ふことによつて石床は温められ室内の温度を適當に保有するのである。温突の中に居れば冬の寒さを忘れることが出來る。

朝鮮の山には木が少い。土質の悪いことも大きな原因であるが、冬の燃料として古來濫伐されたことも一つの原因であらう。

内地で温突を作る人があるが、空氣が朝鮮のやうに乾燥してゐないので失敗に終るとのことである。

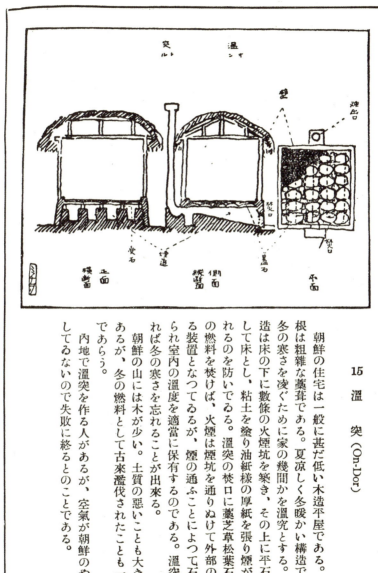

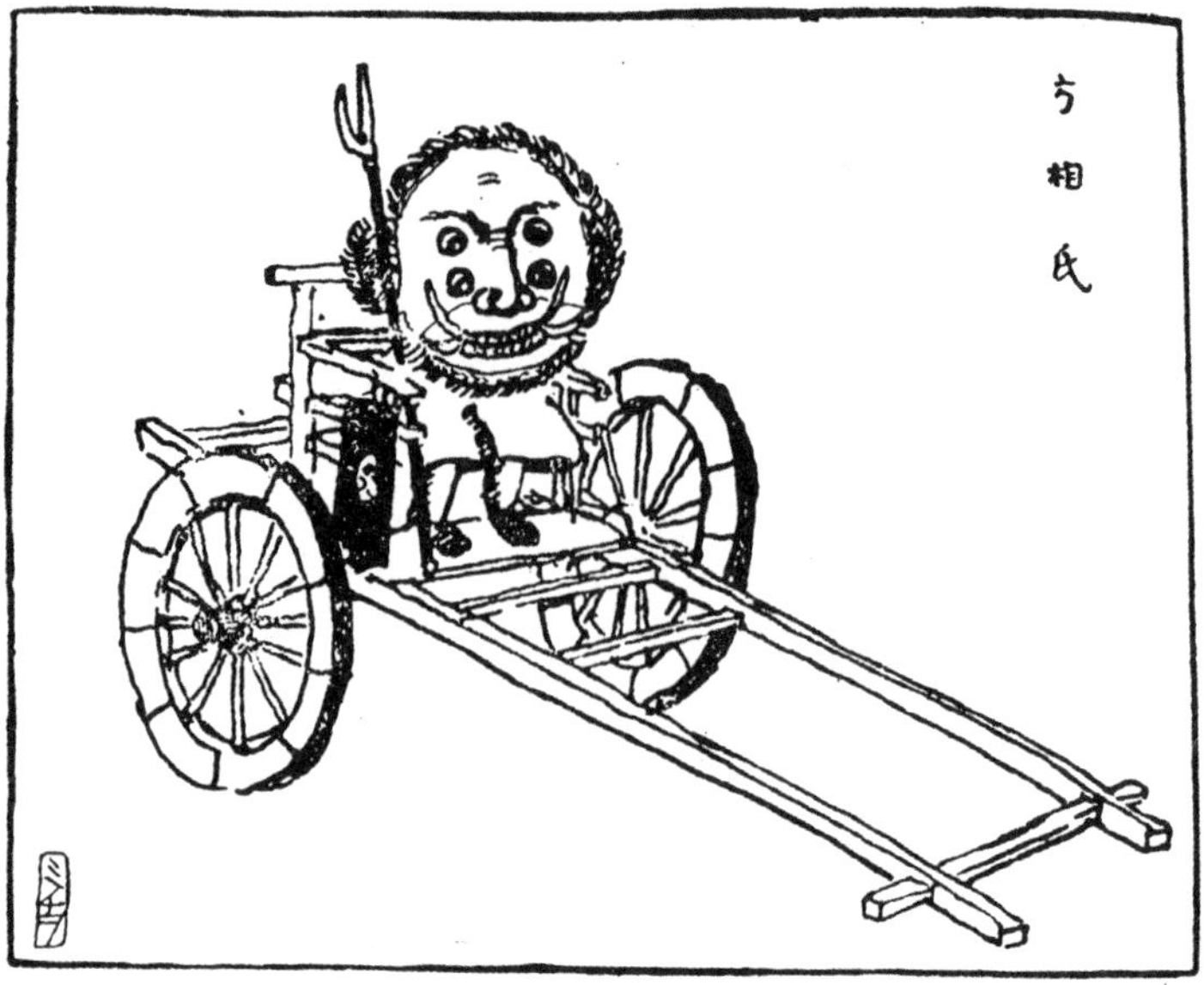

16、方相氏

朝鮮の高貴の人々の葬例には、その先頭に方相氏が立つ。怪奇な黄金四月の鬼面を被り玄衣朱裳を纏ひ、盾と桙とを持つてゐる。悪神の邪視に對抗して睨み返へし、死者を守護し、葬列を警備する役割である。周禮に「方相氏掌下蒙二熊衣皮一黄金目玄衣朱裳執レ戈揚レ盾帥二百官一而時儺以索レ室毆レ疫」と記されてゐるが、勿論この支那の風が移されたのであらう。追儺の式は文武天皇慶雲三年に始められ、延喜式には詳しく式の様子が書かれてゐるが、大舍人長が方相氏となつて式の中心人物として登場してゐる。この追儺は江戸時代に廢絶し民間行事の節分と一緒になつて豆撒と結び付けられたが神社には追儺の面影が殘されてゐる所もある。朝鮮にも昔は追儺の式があり方相氏も出たことは内地同様である。今は葬列の先導としてのみ存在するが、神輿渡御の先導に立つ猿田彦神と何等かの關係は無いであらうか。

朝鮮素描（五）

17　京城神社全景

京城神社は南山の山麓に建ち、祭神は天照皇大神國魂神大己貴神少彦名神の四柱である。

明治三十一年五月元京城居留民團並に帝國領事館合議の上天照皇大神を奉齋して南山大神宮と稱したのがその創立で、現在は二十五萬圓で社殿御改築と境内擴張とが行はれ面目を一新された。御造營費は京城府民の寄附金によつたが、宮内省から金一封を下賜されたことは、外地に於ける民社として光榮至極である。

攝社と稱して、南山天滿宮、南山稻荷社、八幡宮が境内に鎭座されてゐる。その他接續の公園地には音樂堂と明治十五年同十七年事件並に同二十七八年戰役で京城附近の殉難者の遺骨を合併した甲午記念碑が建つてゐる。

昭和六年度の豫算は二萬六千六百圓である。

18　南山天満宮（京城神社）

攝社と稱して南山天滿宮は古く境内に鎭座されてゐる。天滿宮の祭日には鷽替神事も盛に行はれ、府内では天滿市が開かれ、又天滿書も學校生徒によつて奉納される。内地延長の形ではあるが、民衆との接觸はよく結ばれてゐる。

その入口の鳥居は石造で、齋藤前總督の筆になる「菅廟」の懸額が上り、當時の政務總監水野錬太郎氏の筆になる字が刻されてゐる。

菅廟は朝鮮式呼稱だが、柱の刻字は珍らしいものであらう。

大正十一年六月吉日古城梅溪建之と裏面に刻されてゐるが、京城一府民の寄進である。天滿宮と掛茶屋は朝鮮でも對照的存在であるが、鳥居の上に小石を投げ上げる俗信仰も内地人のみでなく、朝鮮の人々にも信仰の有無は不明であるが、兎に角模倣されてゐる。

19　境内の印象（京城神社）

境内には立派な石の燈籠が數對立つてゐる。けれど一番目につく特徴としての印象は、金員寄附の立札と、寄附者の名を刻した石柵と、釣燈籠と雪洞型燈籠の硝子の光りである。これらのすべては境内社の稲荷社の赤の鳥居と相應しきものであつて、神社の歩みの一方面を示してゐるであらう。

同じ南山を背にして立つ朝鮮神宮と京城神社との現在は神社存立と經營とに於て、極端に二方面を語るものである。勿論種々の環境にも支配されてゐるが、現代の神社を考察する上に興味ある事實として比較されるであらう。

神社と民衆の必要なる結付けを、いかに形づけるか、神社に對する信仰をいかに對民衆の立場から導いて行くかは過去の神社でなく現代から將來への神社として、よく考へねばならぬことであらう。

20　獅子の像（京城神社）

京城神社の舊社殿跡（今八幡宮が鎮座する）の兩側に大理石の獅子像が安置されてゐる。社殿建築　神明造系統であつたが、現在は曲線式となつてゐる。

然しこの獅子はライオンであつて、神社にあるものとしては珍らしいものと見ることが出來やう。獅子の代りに猪を配置した護王神社のそれが御祭神と關係ある特種のものとは異つてゐる。社頭の設備を現代といふ詞と歩調を合せて行くには、かなりの熟慮も要することに思はれる。

中央に描いた唐獅子は在來の型で、京都の八坂神社のものと殆んど同形である。しかしこれは神社から授與する神籤を納めさせるもので、口の中に投げ入れるやうになつてゐる。境内の樹枝などに結びつけて、見苦しきことから逃れるには適切な設備であらう。

朝鮮素描（六）

21　大成殿（經學院）

朝鮮の各地に孔子廟は澤山あるが、京城のものを最とする。これは朝鮮舊時の最高學府で成均館と稱し、文廟を虔奉し經學を修むる神聖な所である。李朝太祖七年に建てられその後幾變遷を重ねて現在に至つてゐる。

大成殿はその區域に建つ最も大きな建物で、殿內には孔子を正位とし、顏子以下九名のものが祀られてゐる。この殿と棟を異にした東西の兩廡にも先賢の多數が祀られ朝鮮の人も加へて總計百十二人の祭神となつてゐる。

祭典を釋奠と稱し、毎年春秋二回上丁日を以つて執行される。釋奠の式はかなり神道祭儀に類似した點もあり、興味も持たせられるが、その詳細なることは本誌第二十六年第三號（和昭二年二月）に「文廟釋奠の儀式」と題した拙稿を參照せられたい。

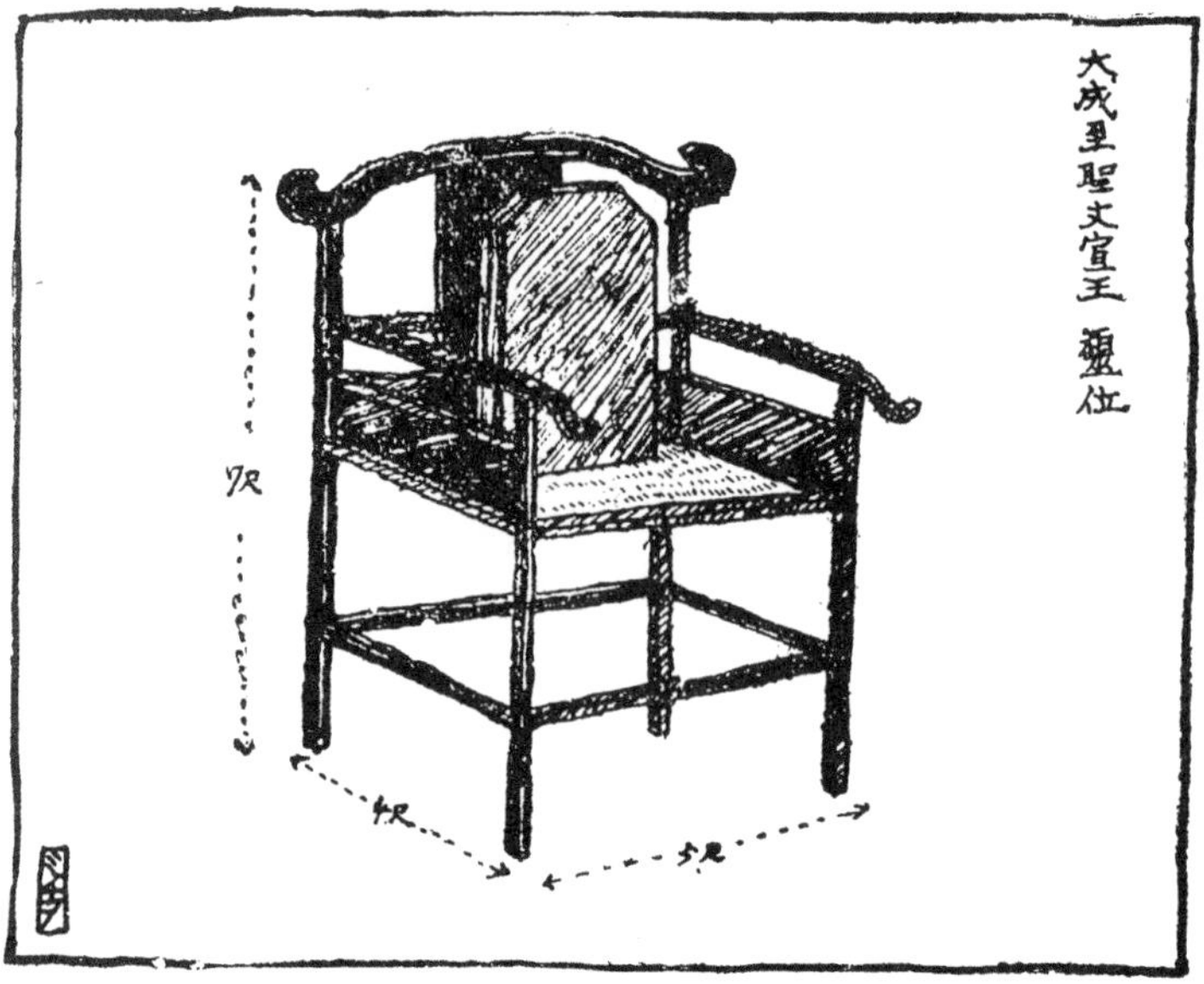

22　文宣王の靈位

大成殿の中には、大聖孔子を正位とし、正中南面して、顏子、子思、曾子、孟子の四聖を配享位とし、閔損、冉雍端木賜、仲由、卜商、冉耕、宰予、冉求、言偃、顓孫師(東)の十哲と、周惇頤、程頤、張載、程顥、邵雍、朱熹(西)の六賢を從享位とし、東西相向ひ合つて各々奉祀されてゐる。

圖は文宣王の神座であるが、他のものもこれと同樣な形式で殿內床の上に祀られてゐる。

胡牀の上に位牌が置かれ、常時はその牌を外箱を以つて覆つてゐる。木質部は全部黑塗であるが、この形式は我が平安朝時代の椅子の形を思はせられ、神社の神座にも類似の形式を見出すとき、興味が湧いて來る。

釋奠の時は、この前に大きな机の、神座と同じ程の高さのものが置かれ、上に油紙が敷かれ、その上に數々の神饌が奉奠されるが、用ゆる器具と神饌の形は次々に描いて見よう。

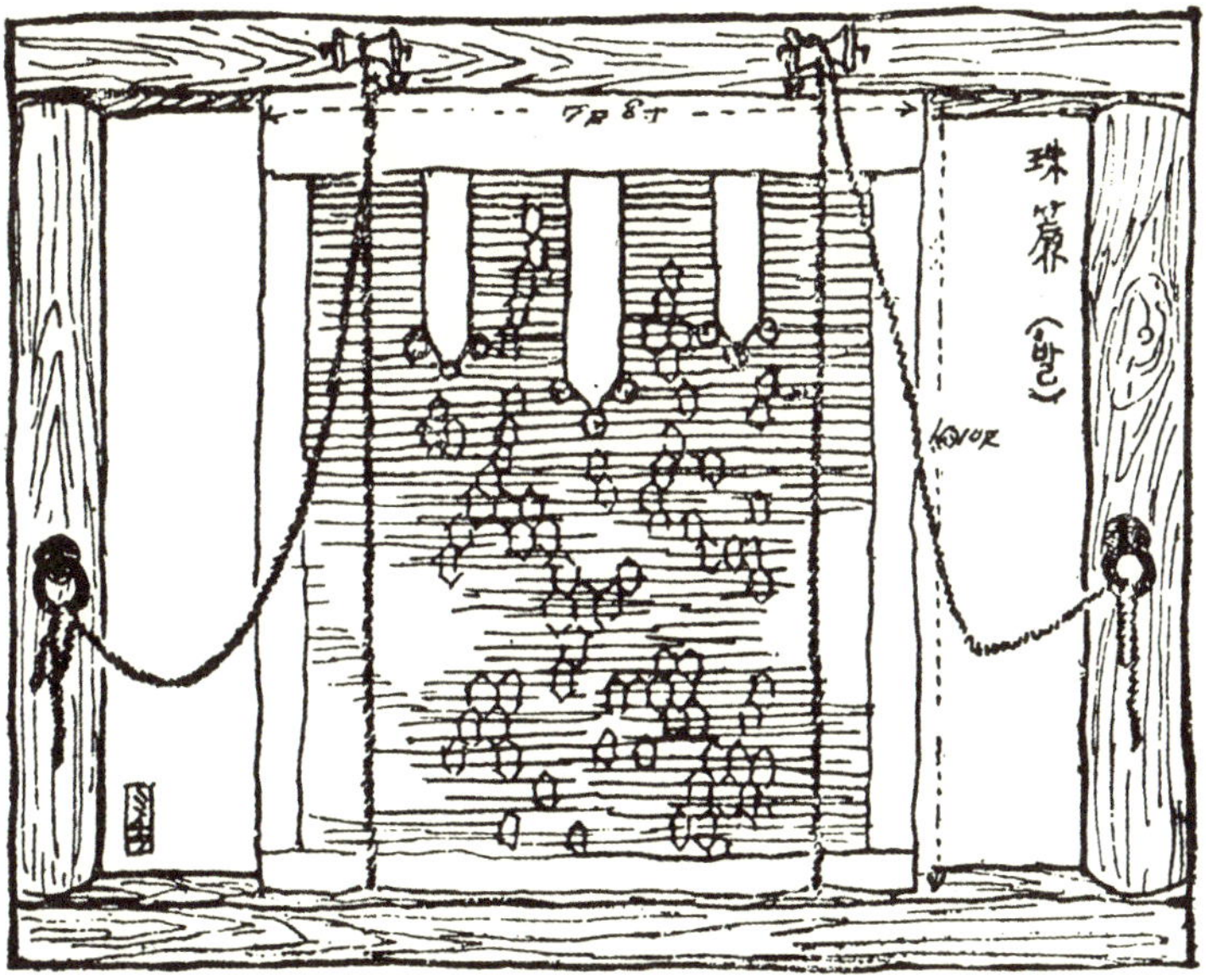

23 珠簾（paru）

大成殿の入口は三ケ所に開かれ、唐戸やうの朱の扉が閉ぢられてゐる。扉の前にはいづれも圖の如き簾が懸けてあるが、扉と簾との位置は日本有職とは異つてゐる。

簾の大さにもよることであるが、隨分太い籤で龜甲形の編方で全體が綴られてゐる。緣布は水色の單色で、上から三ケ所に同布の垂れが下り、先には綿を入れて丸くした三ケの球がついてゐる。

この簾を卷き上げるのは、木滑車應用の左右の綱によるので、伊勢神宮の瑞垣御門の帳の懸け外しの原始的なるに比し、かなり勝つた考案である。けれども車の外部に現れてゐるのは、簾の位置上術なしとするも、體裁のよいものでは無い。

帳の上げ下げに、滑車を用ゐてゐるのに、鎌倉宮のあることを思ひ出してこゝに附記する。

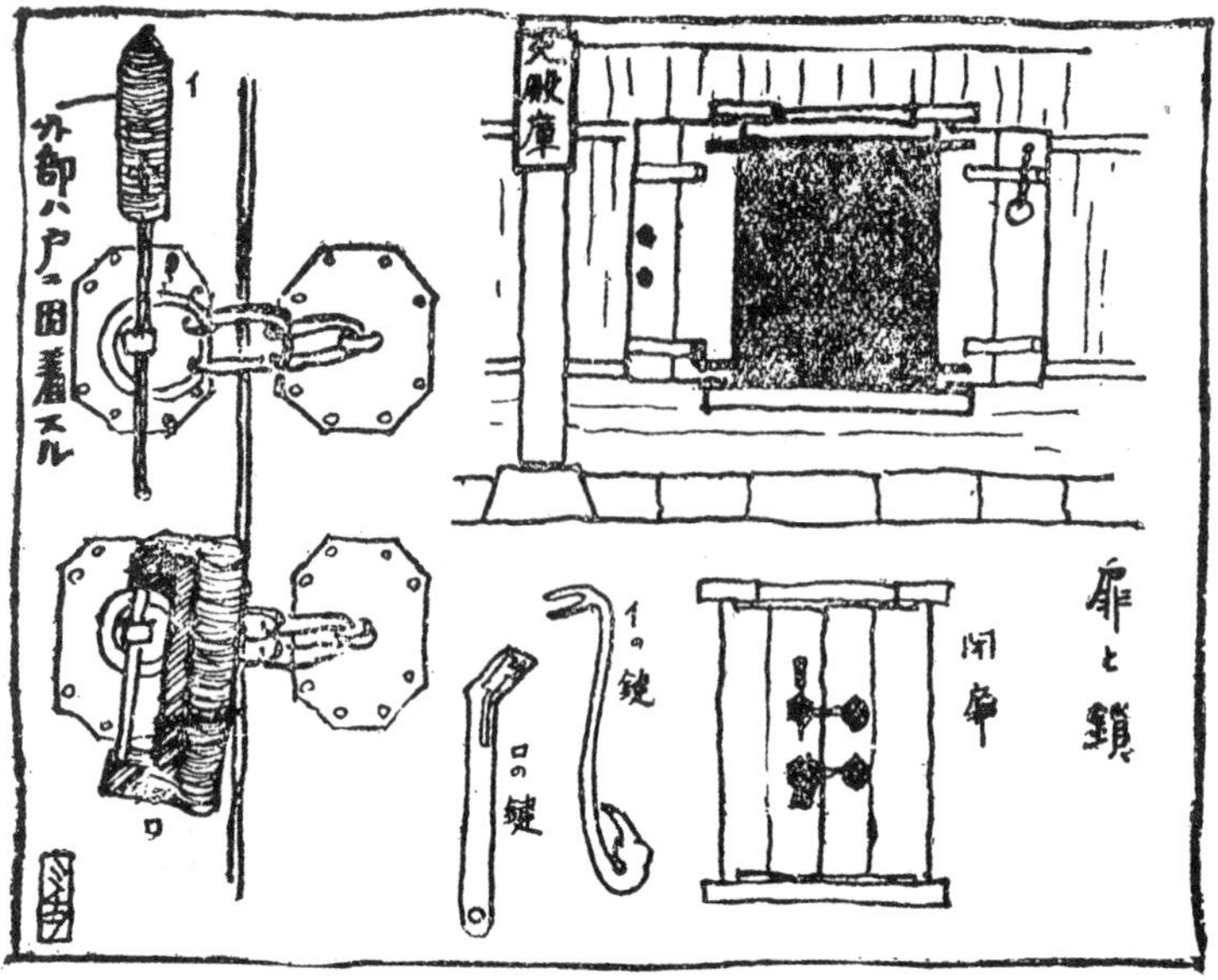

24　扉と鎖

大殿庫とは釋奠の時大成殿の靈位の前に使用する祭器具を藏して置く庫である。

朝鮮の扉と鎖とを語る爲めに、こゝの材料を採つた。扉の板は棧によつて合せられ、開閉には板と同木の軸によつて回轉させられる。この構造は神社の本殿扉と同樣な形式である。

鎖はイとロとの形のものであるが、イはイの鍵を十形から差し込み、上に押せば中心の鐵棒が上に拔けるやうになつてゐる。ロの鎖は所謂海老錠式のものである。

一般住宅の扉の形式は大體これに相似たものであるが、ロの鎖のみを用ひ、イは殿堂にのみ限られて用ゐられてゐる。然し家庭にある衣服簞笥の鎖にはイの鎖が用ゐられて居る。

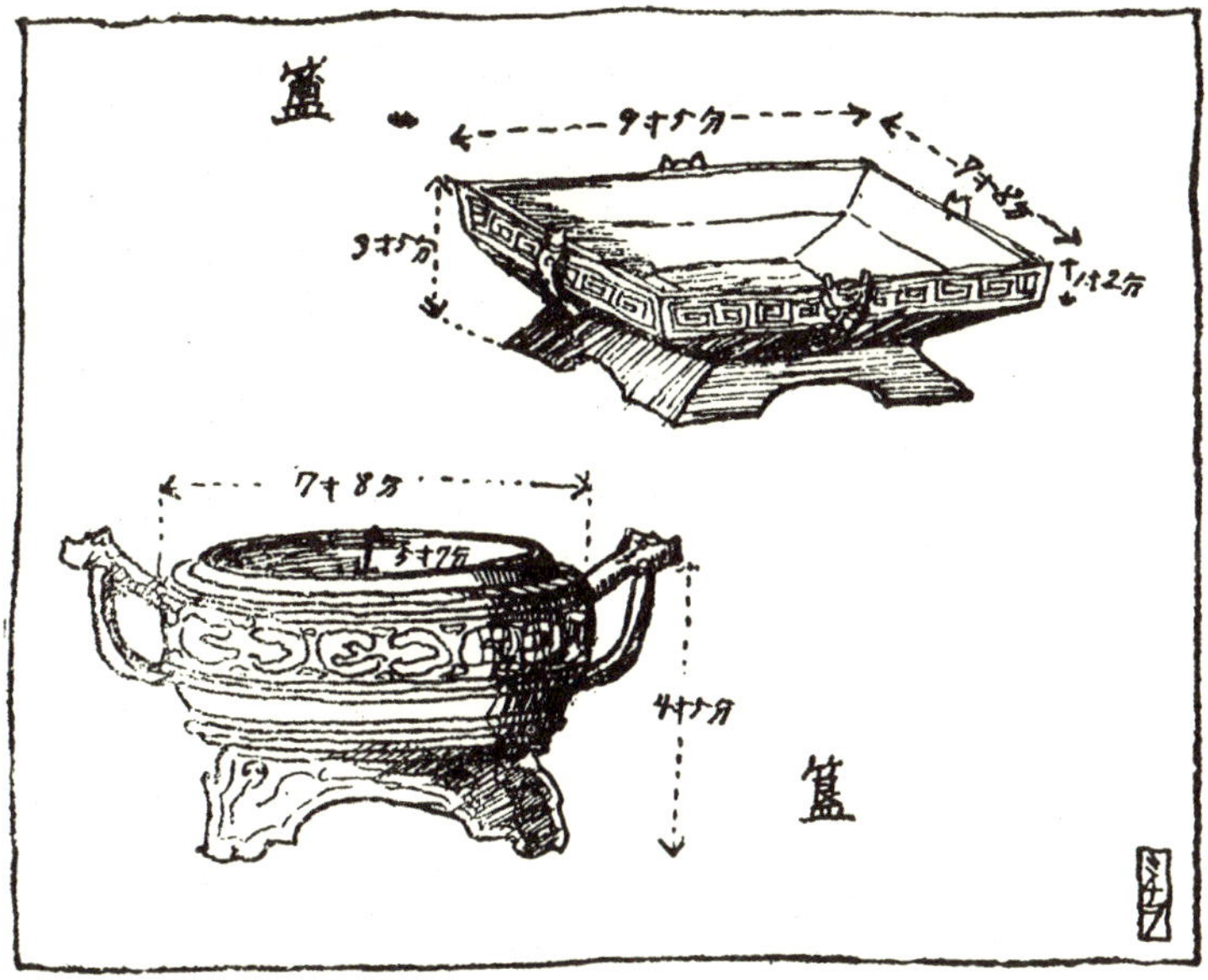

朝鮮素描（七）

25 簠と簋

大殿庫の中に整然と配列されてゐる、春秋二季の釋奠に用ゆる祭器を、これから描いて見よう。

各祭具の數量をも書き加へて行くが、それは大成殿にのみ用ゆる數であるといふことを豫め斷つて置く。

しかし大成殿外の西廡東廡に祀られてゐる前に供ふる數量は、その祀神の數に比して大成殿の數とは雲泥の差異があり、種類もづつと少いものである。

こゝに繪としたのは、簠と簋でいづれも鍮製で前者は稲を盛り、後者は梁を盛る器で數はともに二十六箇である。

延喜式大學令には、簠には黍飯を簋には稷飯を盛るやうに記し、『簠簋實。稷飯用ニ米六合一。黍稲梁飯各用ニ米七合ニ』と米の量まで記してゐる。

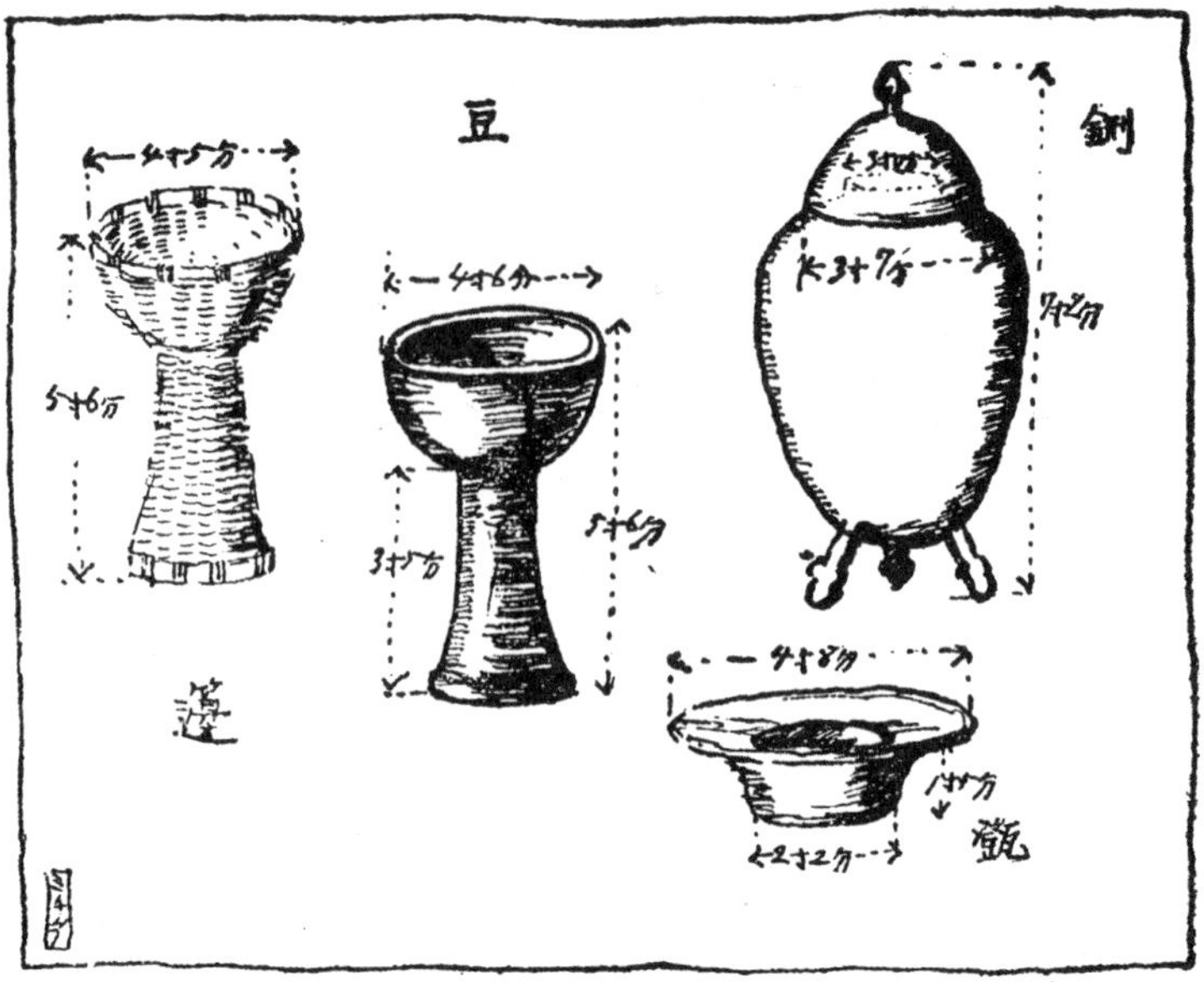

26　鉶、甄、豆、籩

鉶は鍮製で、甄は水色の陶製である。何れも牛羊豕の肉湯を入れて供へる器であるが、鉶には和羹と稱して、汁に鹽を加へ味を付けたもの、甄には大羹と云つて鹽を入れない汁を入れる。數は何れも十五箇である。

豆と籩とは同形の器であるが、豆は木製漆豆塗であり、籩は竹で編んだ容器である。

用途は各々區別され、豆には鹿醢、韮菹、醓醢、菁菹芹菹、兎醢、笋菹、魚醢、脾析菹、豚胉、等が盛られ、籩には、堅塩、乾魚、乾棗、栗黄、榛子人、菱人、芡人、鹿脯白餅、黒餅が盛られる。個數はともに八十二箇の多きに達してゐる。

延喜式に記されてゐる釋奠にも同様の供物が掲げてあるが、支那の流れが日本まで及び支那と日本には記述として殘るのみで、單に朝鮮に正しい釋奠が殘されてゐることだけでも貴重なことゝ思はれる。

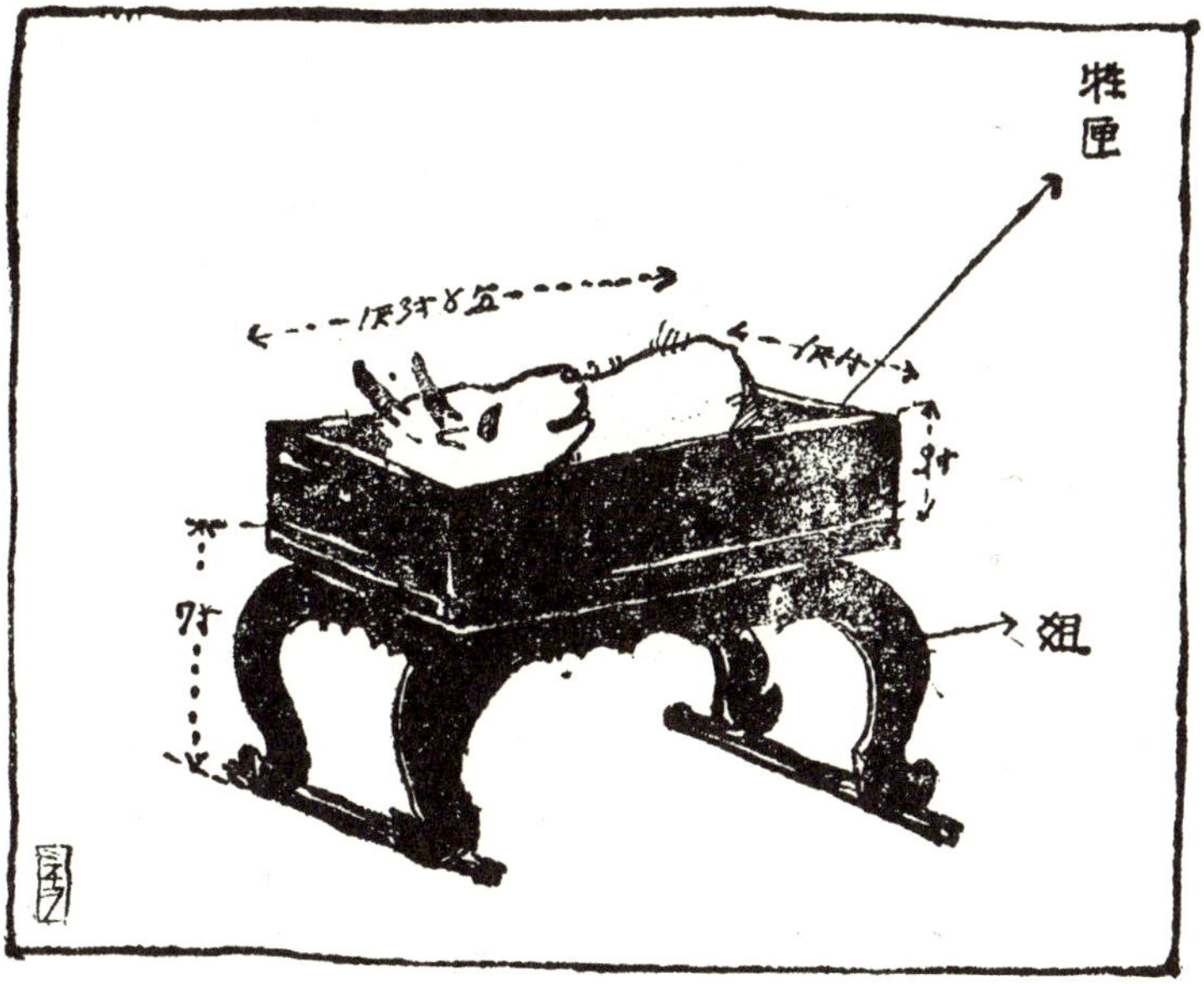

27 俎

俎は牛羊豕の三種の犠牲を容れて供へる具で、上の箱の部分のみを牲匣と稱する。木製漆塗で三十一箇もある。全部皮を剝いだ牛や羊や豕の頭が、目のみ白く光つて、供へられてあるのを、眞近く見るとき心地よいものでは無い。

延喜式には、三牲を大鹿小鹿豕とし各〻五臓を加へ、六衛府から進められてゐるが、種別は現在の朝鮮のものとは異つてゐる。

猶園韓神、春日、大原野等の祭日の前であるときは、三牲をやめて魚を代へて供へると記され、各府とも五寸以上の鯉鮒の類を五十隻づゝ進めしめられてゐるが、これは日本獨特のものであらう。

然し長野の諏訪神社の特殊神事の御頭祭に鹿又は猪の頭を神前に供へる風習のあるのを見るとき、神社に於ける神饌の矛盾さも釋奠に結び付けて考へられる。

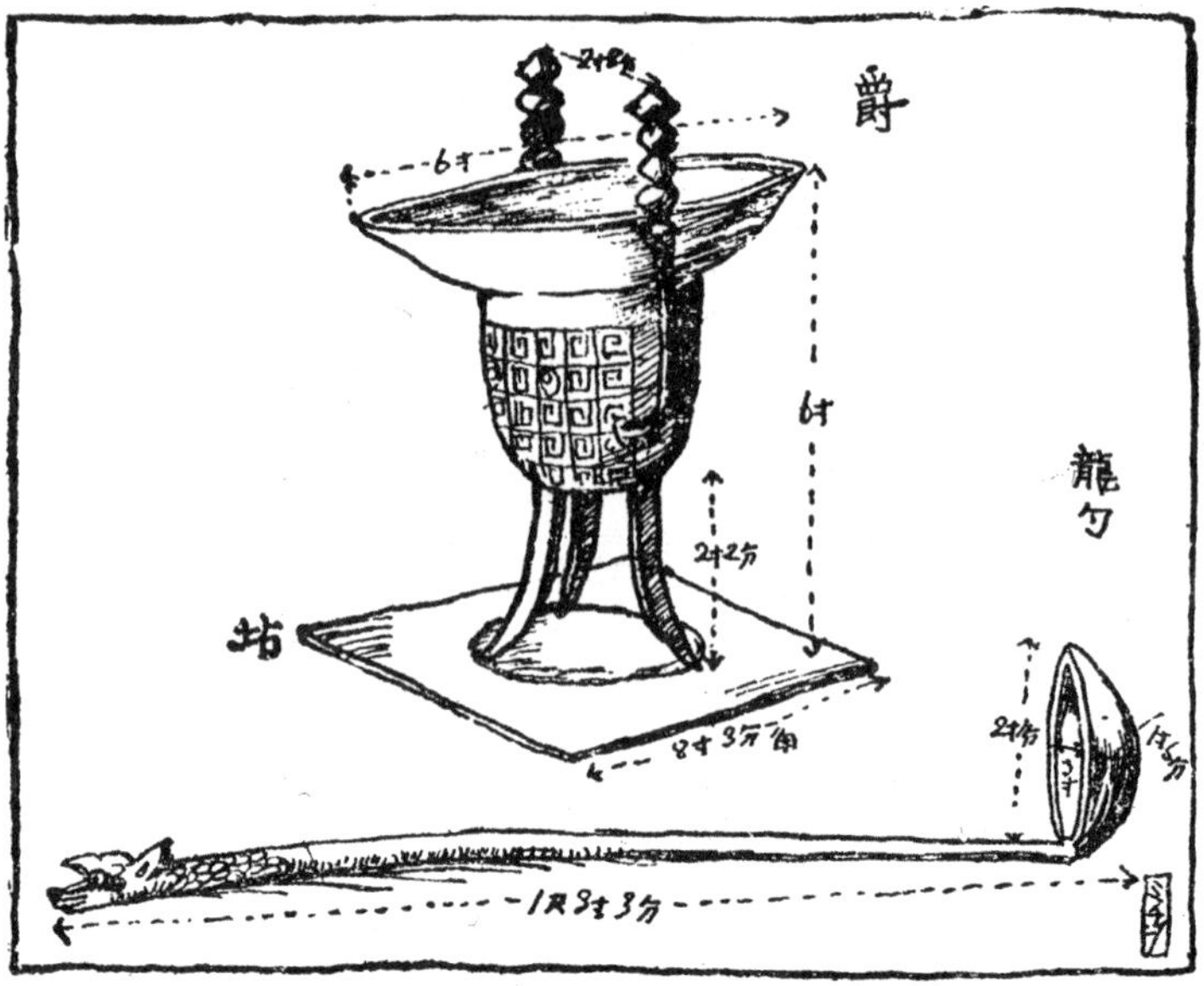

28　爵、坫、龍勺、

三品とも鍮製である。爵は酒を入れて供ふる器で、坫はその臺である。龍勺は爵に酒を汲み入れる器で、柄の先に龍頭が彫刻してある。

酒は釋奠の祭儀中に三度汲んで神前に供せられる。初献亞献終献と稱してゐるが、伊勢神宮の三献にも比較して見ることも出來るであらう。この三献に供する酒は各々種類を異にし、容器も異にされてゐる。

この三献は、初献官、亞献官、終献官の三人によつて別々に爲されるが、初献官は最上官である。

釋奠の儀式中、すべての神饌は豫め供へられて居て、酒を進むる三献の儀式のみが實際に行はれる。

爵の數は坫と同じで三十一箇あり、龍勺は八本である。

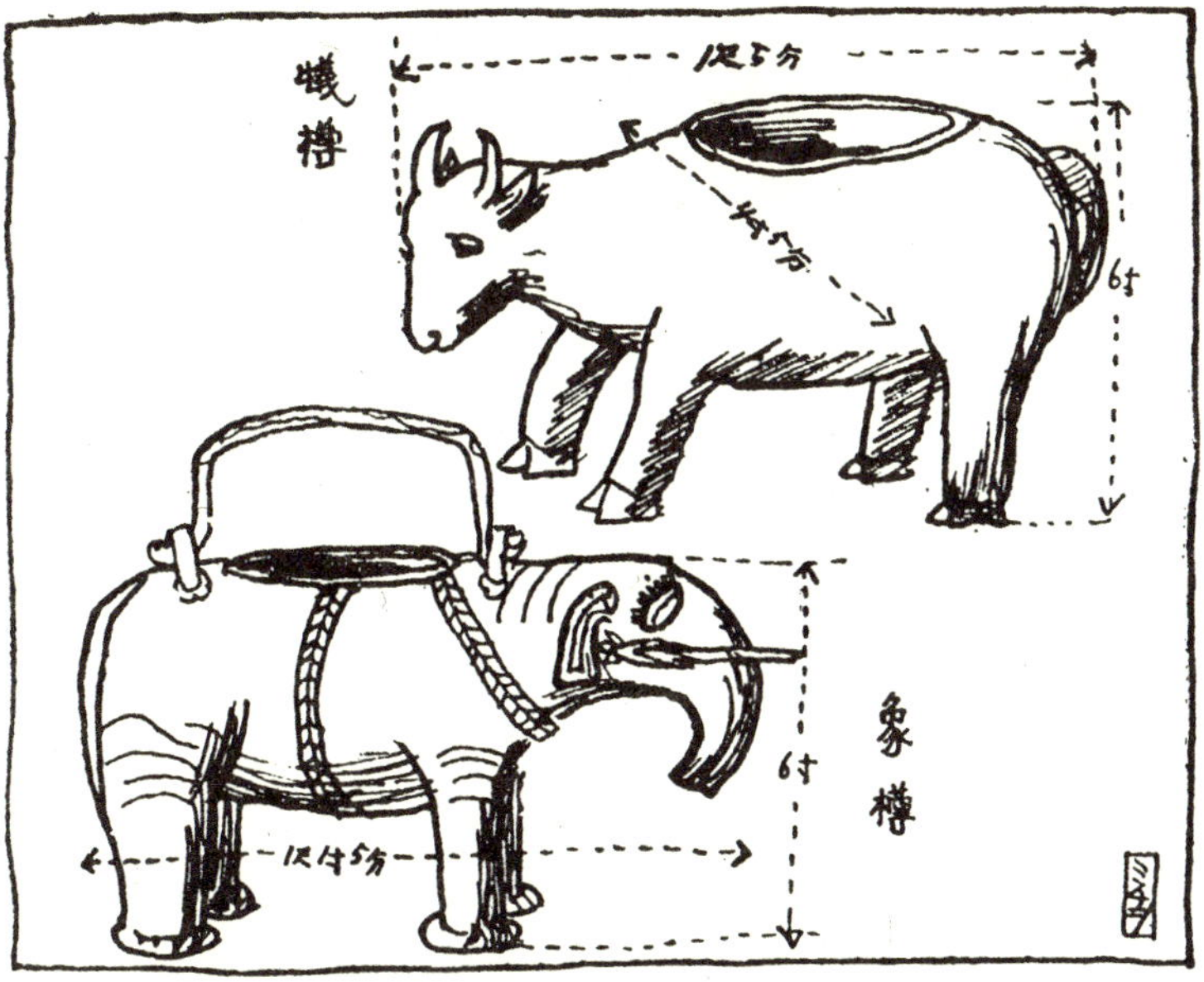

朝鮮素描（八）

29　犧樽と象樽

犧樽も象樽もともに酒を容るゝ器で、眞鍮製である。形は牛と象とであるが、表現には随分單純化してゐる。鑄物で内部は足の中まで酒が容れられるが、汲み出すのは背中の穴からである。

　犧樽は初獻の時に龍勺によつて爵に汲み移され　神前に供さるゝが、その酒は醴齊と明水との二種である。

　象樽は亞獻の時の供酒で、盎齊と明水とが容れられる。ともに二個づつあつて、釋奠の時は樽所とて大成殿の正面入口左右案上に置かれるのである。

　この二樽から爵に移し汲まれて神前に供へられるのである。

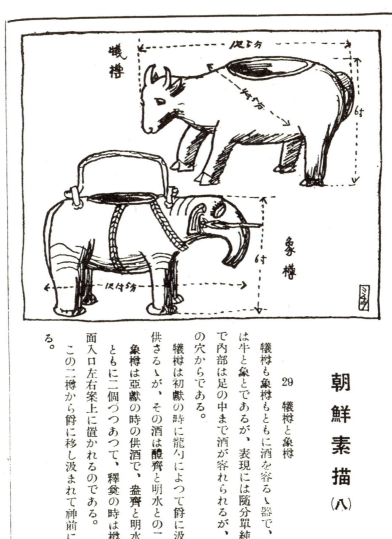

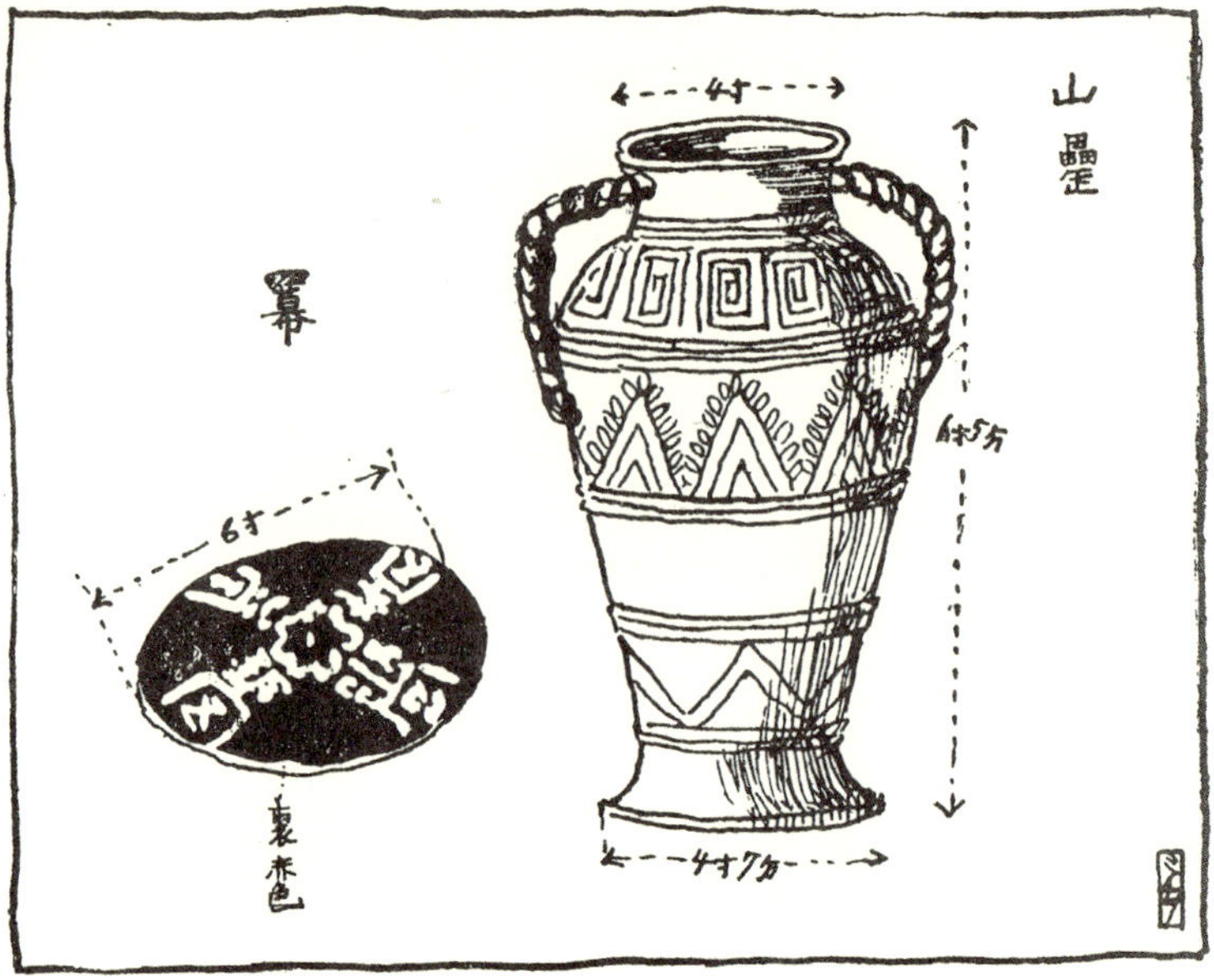

30　山罍と羃

終獻の時に神に供ふる酒を入れて置く、鍮製の器を山罍といふ。清酒と玄酒を入れる爲めに箇數は四つある。器に彫刻された模樣は、雲雷と山の形を表現してゐる。

羃は山罍の蓋であるが、竹を圓くして框とし、麻の布で包んでゐる。裏は赤色で、表は黑色の布に白で文字を圖案化して描いてゐる。

羃の數は山罍の倍で、八箇ある。

〜〜〜◇◇◇◇〜〜〜

釋奠の際の外に昔は種々の式典があつた。

それは、毎月朔望の兩日に行はれる、焚香式と、三年毎に一回宛親幸謁聖の時又は東宮御年齢八歳に達し入學式を行ふときの、酌獻禮と、建物の修繕やその他の事故によつて、神位を移安し還安するときの告由祭と、風雨震火等によつて殿內に異變があつたときの、慰安祭等とである。

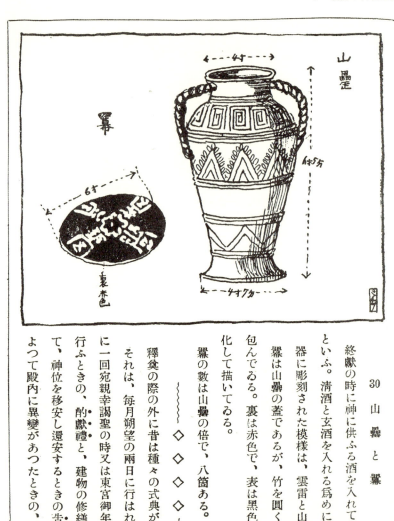

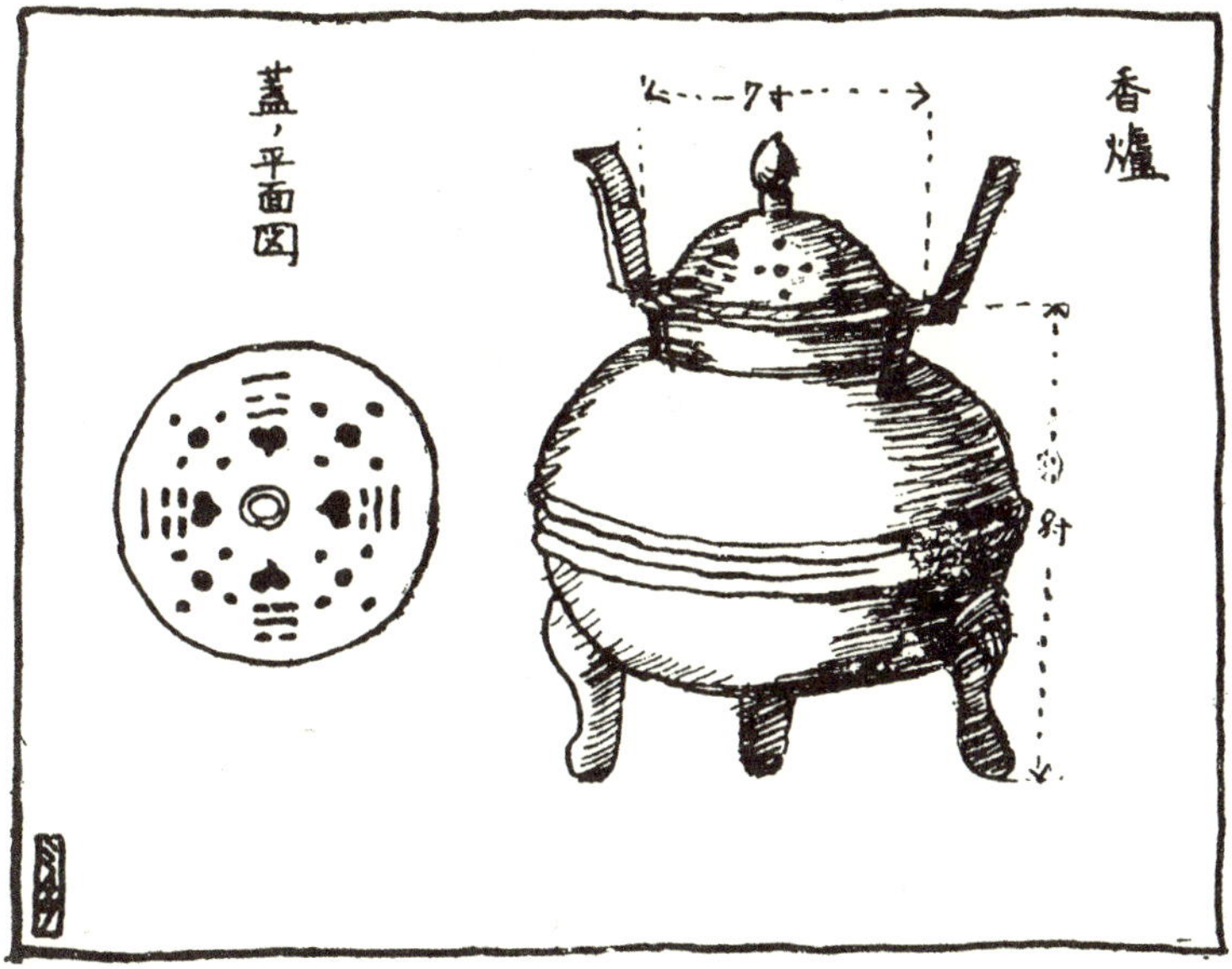

31 香 爐

鍮製の火入れである。釋奠中拜禮するときに香を炷くが初獻官、亞獻官、終獻官が各々行事を終つたときや、一般參拜者の拜禮のときである。この點佛式と同樣である。

圖は文宣王の前に供へる香爐で、最も大形のもので、以下順次小形にはなるが、總計二十一箇もある。

蓋は透彫の圖柄であるが、離(火)艮(山)坎(木)丘(風)の卦形を表して居り、五點は星の型を現は し たものだと思ふ。

〜〜〜 ◇◇◇◇ 〜〜〜

經學院の職員。

朝鮮總督の指揮監督を承け院務を總理する、大提學一人と、これを補佐し代理をする、副提學二人と、その下に祭酒五人と、司成若干名とがある。猶その下に直員若干名がある。

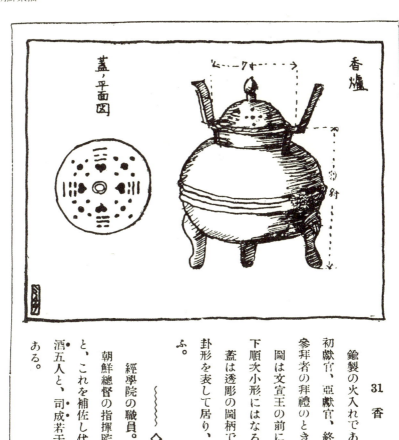

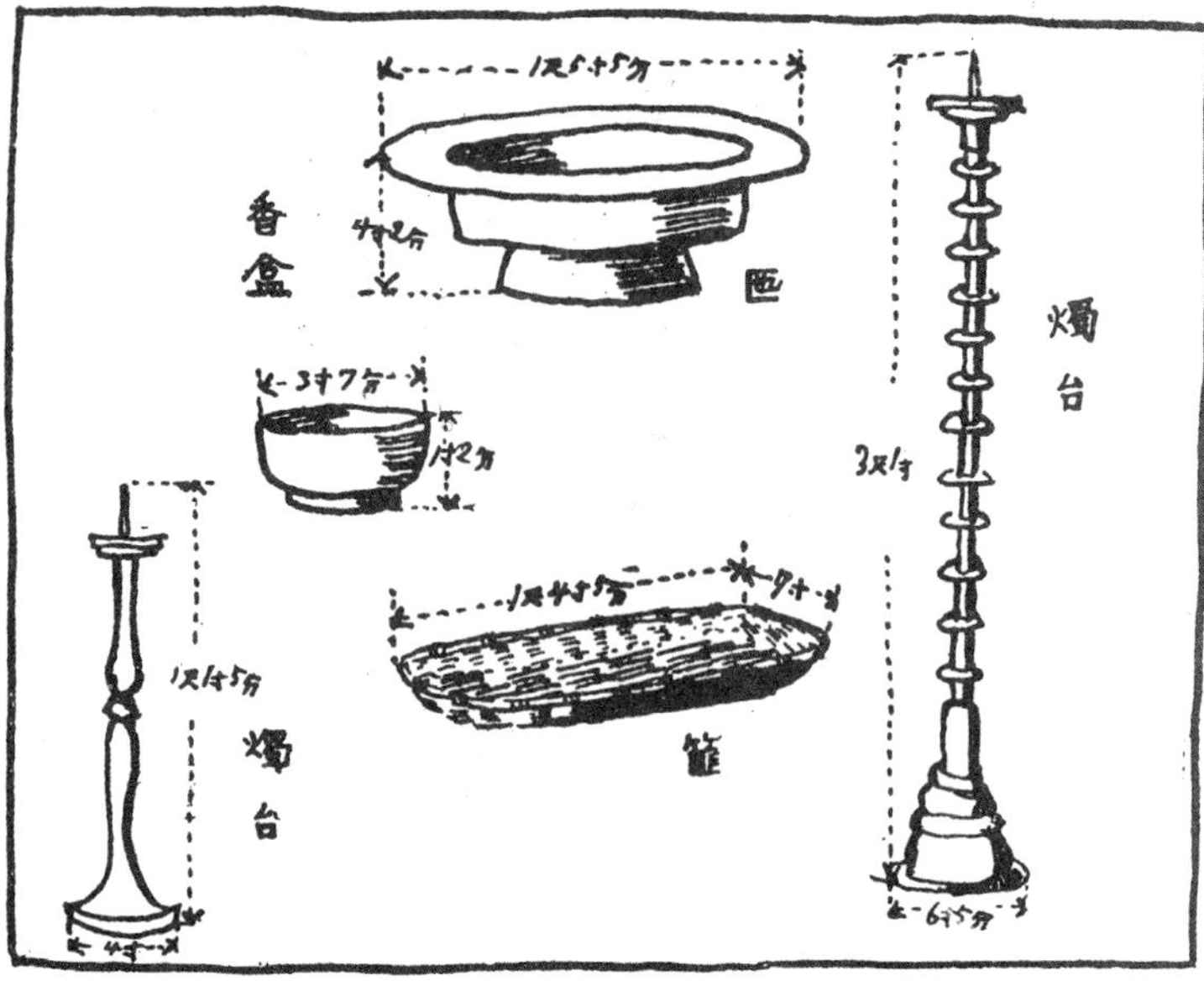

32　燭臺と匜と香盒と筐と

燭臺は蠟燭を祭壇に灯す臺で、鍮製である。匜は所謂手具で、眞鍮製の盥で水を容れる。釋奠が始まり獻官が殿內に參入するとき、異なる形式に見ゆるが、神道の行事と同意味で、殿の下で手水を使ふのである。手に水をかけ、白麻布を以つて拭ひ終つて升殿する。

香盒は香を入れる鍮製の器で、筐は幣帛を載する器である。竹で編んだ普通の方平籠であるが、奠幣の行事の時に用ひられる。

幣は一反の白麻布を卷き疊んだもので、撤幣の時に神前から下げる。

そして直ちに祝文（神社の祝詞）とともに、祭主の監視のもとに、殿側で燒き棄てるのである。これは式中の行事となつて居て、「燎祝幣」と記されてゐる。

正しく古式が存されてゐるこの式を、神社のそれと比較して興味があらう。

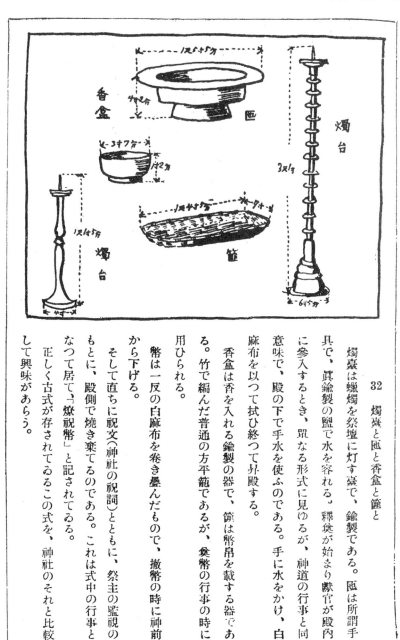

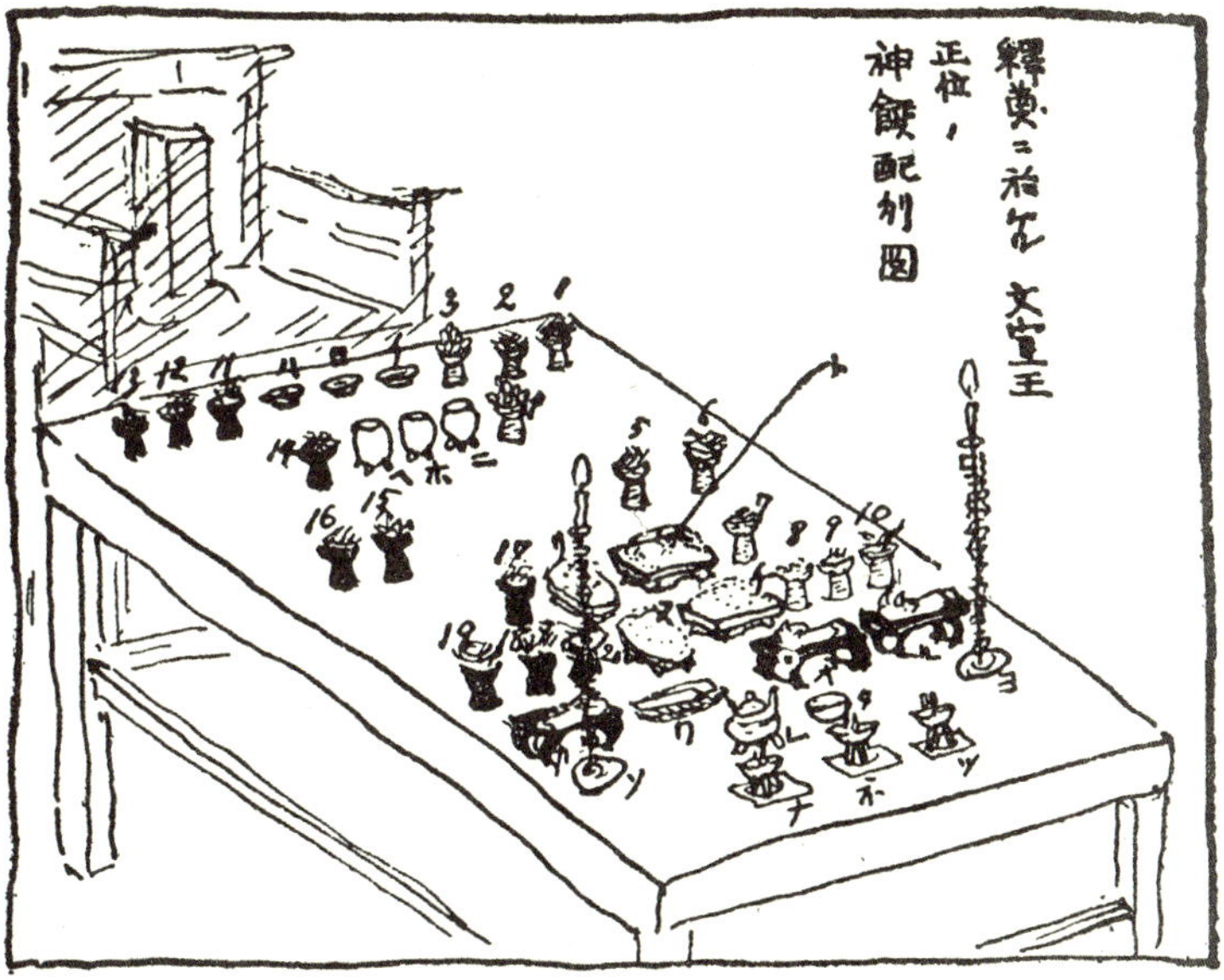

朝鮮素描（九）

33 神饌の配列

以上の記述は釋奠に於ける祭具の一般であるが、文宣王正位の前に供へられたものを描いて、その配列を示さう。

1黑餅、2芡仁、3黄栗、4乾棗、5菱仁、6白餅、7魚醢、8形鹽、9榛子、10鹿脯で、總て籩に盛られてゐる

11鹿醢、12筍菹、13豚拍、14菁菹、15兎醢、16脾拍、17醓醢、18芹菹、19魚醢、20韮菹で、豆に盛られ、十籩十豆は左右にシンメトリカルに配列されてゐる。

イロハは甑に入れられた大羹で、ニホヘは鉶で、トは稻簠、チは粱簠、リは黍簋、ヌは稷簋である。

ルオは牛腥と羊腥で、ワは幣篚、カは豕腥である。

ヨとソは燭で、タは香合、レは香爐、ツネナは爵で、ツは終獻、ネは亞獻、ナは初獻の爵である。

34 廻廊と太鼓

經學院の中には、東西に廻廊がある。廻廊の外側半分は、溫突の設備がある室々が續いてゐる。昔はこゝに儒生が寄宿したものである。

この廻廊の最北端に、古色を帶びた太鼓が釣るされてゐる。太鼓の兩端は皮であるが、胴は桶のやうに何枚もの板が綴られてゐる。

大概の太鼓の胴は皆この形式であるげれども、大きな木を刳り拔いて胴とする內地式の太鼓より、その鳴動の響は劣る。

太鼓の釣り方にも色々あるが、その一種として經學院から求めた。

この太鼓は釋奠のとき、參進を促す會圖に打ち鳴らすもので、神社に於ける祭儀の折のそれと同樣であるのも面白いことである。

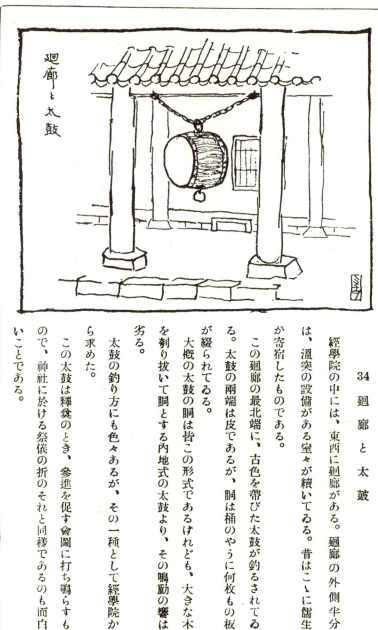

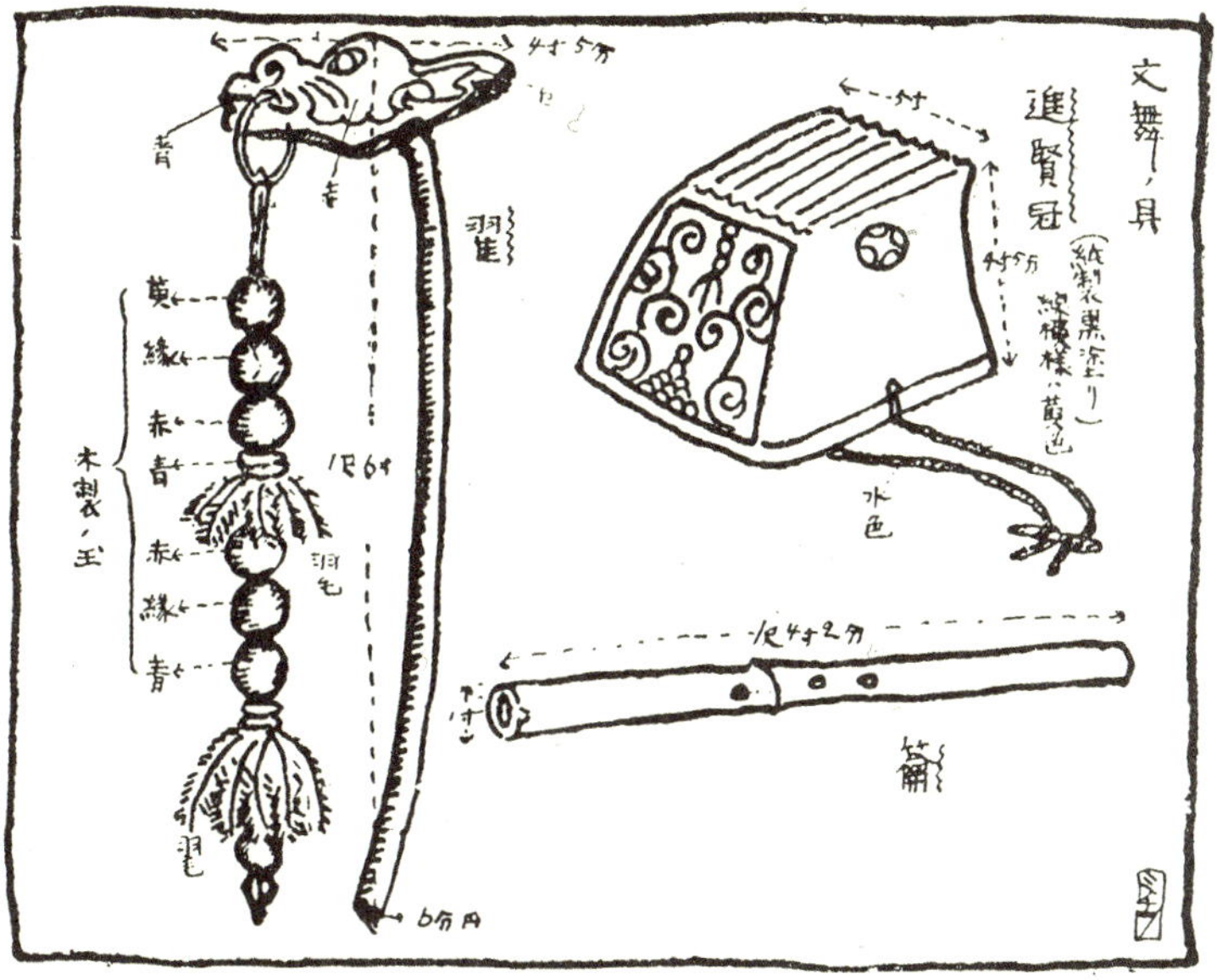

35　文舞の具

釋奠の儀式は、雅樂師の合圖による、軒架で奏せられる凝安の樂に始まる。これは迎神の樂である。

この間紅團領といふ、紅い衣を着た舞人は、六佾の列文の舞をする。

舞人は頭に紙製の進賢冠を戴き、右手に翟を持ち、左手に竹製の樂器籥を持つて舞ふのである。舞ひ方は至極簡單で、各自その位置を離れずに、靜かに手を揚げ、足を動かし、體を左右に曲げ、又は屈伸せしむる位のもので、誠に緩慢な舞で、舞としては餘りに物不足を感ずるものである。

列文の舞は奠幣禮の行はれるときもするが、その時の樂は登歌に於てせられる明安の樂である。

この舞人は初獻官が行事を終つて歸るとき武の舞人と交替するのが定規であるが、實際はそのまゝ器具が持ち替へられるのである。

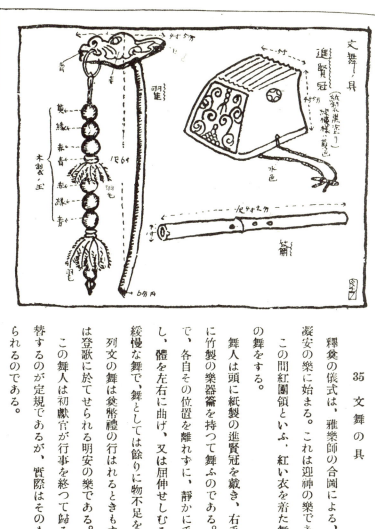

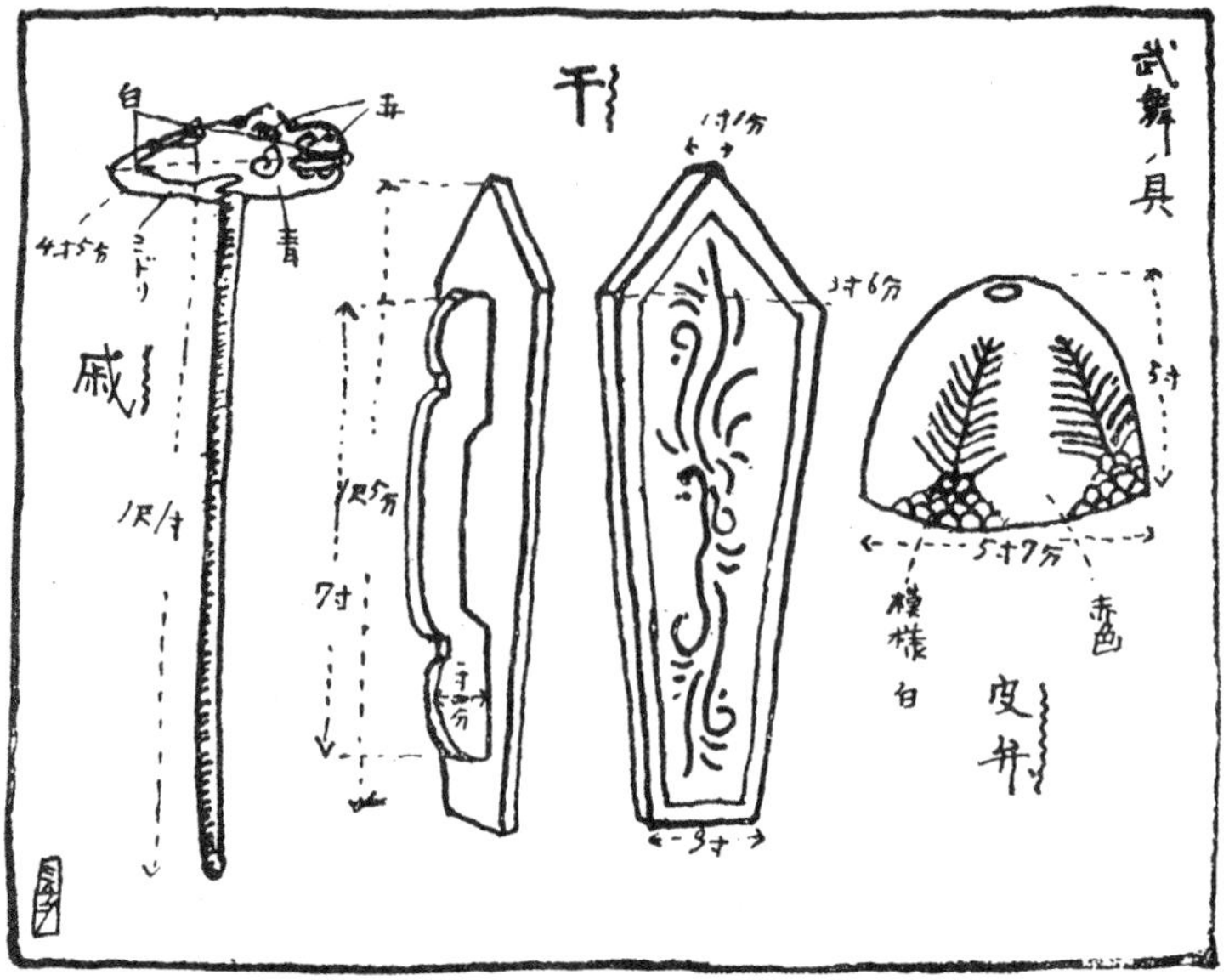

36　武舞の具

釋奠中亞献禮のとき、昭武の舞が演ぜられる。樂は軒架に於て成安の樂が奏せられる。

この人舞は、頭に鉢の如き紙製の冠を戴き、左手には、その面に龍の圖案化した彫刻のある干を持ち、右手には(戚)斧を持ち、これを打合せつゝ舞ふのである。

文舞よりは稍力強いところはあるが、動作の平凡さは同一である。

六佾の舞とは、三十六人の舞人が方形に六人づゝ列ぶもので、所謂諸侯の舞である。

八佾の舞は六十四人の舞人が同様の形で舞ふので、帝王の舞とされてゐる。

日韓併合前迄は八佾の舞であつたのが、その後六佾の舞となつたとのことである。

祭場に於ける文武の舞の位置や登歌軒架の位置等は、本誌昭和二年の三月號所載の拙稿で詳述してゐるから、御參照を願ふ。

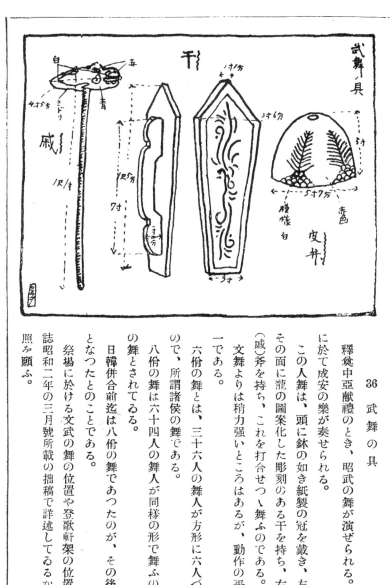

二　朝鮮の久散比度加太

現今神社の大祓に紙で作つた形代が、祓の具の一つとして用ひられてゐるのは、數多く見受けるところであるが、藁で作つた久散比度加太が使用されてゐたのは、過去の事實として諸書に散見するばかりであらう。

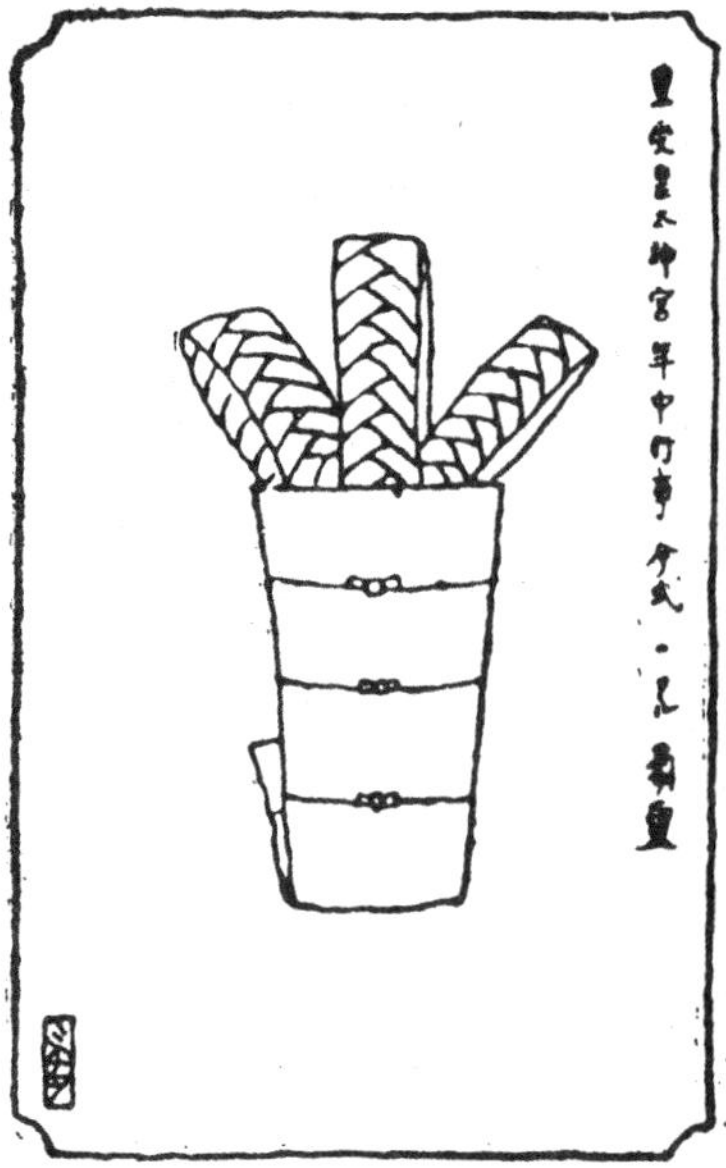

然し、この久散比度加太が、現在の朝鮮民間信仰に遺されてゐるといふことを、こゝに紹介することは、内鮮關係を窺ふ上に興味深き材料として役立つことであらう。

舊正月十四日の夜、朝鮮部落附近の路傍や溝の中に、澤山な藁人形が棄てられる。丈は一尺内外のものであるが、かなり精巧に出來てゐる。これをチイヨオン(Chei-yon)と云ひ、制俑や處容の字が當てられるが、大祓の行事に用ひられる形式と同様に厄除の具として使用されてゐる。

一家の中に直星（不吉の星羅睺星に當る）の人があれば火災その他の災厄に罹ると稱して、この制俑を上棚に安置し、その前に供物を饗し祈禱をしてから、當人の年齢を書いた紙片や金錢供物等まで懐に入れられ、時には當人の襟布や着物まで着せられて、路傍に投げ出されるのである。

路傍に投げ出すのは乞ふものがあるからである。この夜は、乞食の如き下等社會の小供等は、家毎に門を叩いて制俑を乞ひつゝ喚き歩き、爭つて奪ひ取るが、その目的は頭や腹の中に入つてゐる銅錢を得やうとするにある。擲げ棄てた人はそれで厄除が終つたと信ずるが、拾ひ受けた乞食小供は厄を負つた態である。無智な小供ではあつても、得た銅錢をそのまゝ自分の住居に持つて行くことを忌み、菓子にでも代へて食べてしまつてから家に歸るといふ思想は抱かされてゐる。こゝに祓つ物の意義が明かに物語られてゐると思ふ。

この制俑は十四日にのみ限られずに、何時でも巫俗の行ふ大監祭に祈願人の厄除の具として使用されるのであるがこの代りに紙片に簡單な人形を描き、金錢や供物を包み河川や四辻に捨てることもするのである。

日本紀私記に芻靈の字を久散比度加太と訓じてゐるが、この芻靈が朝鮮のチイヨオンの如き形をしてゐたかどうかは詳でない。けれども豐受皇太神宮年中行事今式に載せてある芻靈の圖は、勿論朝鮮の原始的なこの久散比度加太とは比較し得ないものであるが、そこに儀式的への變化の徑路が推想されるかにも思はれるので、制俑と對照して模寫して見た。この制作法の說明は該書に、

〇 以レ茅梱爲二三組一者三條、並曲爲二片輪一、合而束レ之、以レ紙裏二其本一、折二返紙所レ餘可二三處一、以二撚子一結一尺一寸許、輪幅一寸許、

とあるが、圖とともに芻靈として頷づかれないまでに變つてゐる。

この芻靈は祓の具として使用されたものと思はれるが、神名秘書の垂仁天皇十四年の條に、倭姫命向二五十鈴河上一之時、乃獻二麻神芻靈一、崇二祭神一、と記され、又同書二十二年の條に、倭姫命向二飫野下樋橋際一、乃乙若子命、以二麻神芻靈等一、進二倭姫命一、而令二祓解一、と記するところを見れば、いづれも祓の具として芻靈が用ひられてゐるのは明かである。

又延喜式京職氏に、凡六月十二月大祓預令下掃二除其處一、亦兵士禁二人往還一、元日質明掃中除芻靈上、とあるのを見れば、大祓の儀式に久散比度加太が用ひられてゐたと推察すべきであらう。

かく記述して來るとき、チイヨオンと芻靈が同一のものであるとの斷定は暫らく保留するとしても、祓の具として用ひらる同一信仰に置かれてあることは、自から內鮮關係の密接さを久散比度加太によつて物語られるであらう。

芻靈の文字は勿論支那のものである。禮記檀弓下篇陳注に、芻靈、束レ草爲二人形一、以爲二死者之從一、略似二人形一、……と記してゐるが、副葬品としての藁人形である朝鮮のチイヨオンは祓の具としてのみ用ひられ副葬品として使はれた形跡はこれを認むることが出來ない。內地に於ける芻靈は朝鮮と同一のものに用ひられてゐたことは前述の例によつて明かにされやう。只日本書紀孝德天皇大化二年の條、厚葬を禁せられた詔の中に、芻靈の文字が見えてゐるが、これは支那の古制を擧げて薄葬の義を示したもので、當時芻靈が副葬品として用ひられてゐたといふ證據にはならないと思ふ。

かく述べ來れば、チイヨオンは朝鮮固有の原始宗教の流

れが現在にまで殘されたものと見らるべく、この信仰が古い時代に內地に移され、チイヨオンの名稱に當つるに支那文字の蒭靈が用ひられたのではあるまいかと推察せらるゝのである。

いづれにしてもチイヨオンを廻つて、內鮮關係の密接さは思考させらるゝが、祓の具としての久散比度加太が內地に於ては過去のものとなり、朝鮮に於ては現在盛に使用されてゐるといふ珍現象は、單に朝鮮文化發達の遲々たる步みにのみ歸することは出來ない。そこには保存さるべき大きな原因がある。それは近世李朝時代に於けるシヤアマン敎の隆盛が巫俗をして宮中にまで出入せしめられ、政治方面にまで多少の影響を見るに至つたといふことにあると思ふ。

宮中に於て直星のものがあれば、チイヨオンを出し祓を科せしめられたが、その制俑は人等大のものであつてこれに當人の眞の正裝を着させあらゆる高價な裝身具を帶びしめ馬に載せて宮中より京城の近郊を流るゝ漢江の大河まで運ばれ、祓物として流されたといふことである。勿論かゝる行事は、信仰を弄した巫俗の奸策に依るもので、利を得る目的とされ、チイヨオンの着た衣服裝身具の總は、巫俗の所得となつたのである。かゝる大袈裟な行事が近き昔に於て行はれたと聞くと、朝鮮固有の原始信仰の一端が、現在まで民間に殘されてゐるのは、不思議とするところのものでもない。

（完）

三　文廟釋奠の儀式

△

敬啓者以本月十五日水曜（陰曆八月初七日上丁）
上午九時在本院擧行
文廟秋期釋奠尙祈
尊駕屆期參拜爲荷順頌
時安

△

この漢文體の朝鮮書翰を受けたとき、明確には讀み得なかつたが、文廟の秋期釋奠の案内狀であることを知つた。文廟の祭は春秋二季に於ける上丁の日を選んで執行されることになつてゐるが、その理由は、令集解學令に、二仲月者、取日夜中分也、上上也、始也、丁壯也、盛也、爲相半、爲令盛長學業、上丁之日耳。と記し又、日夜等分、爲令得學生中正、とあるのが正しい説と思ふ。又上丁日は鬼神よく奠を享くる日といふ信仰に基づくものであると云ふ説もある。兎角この春秋二季の上丁日に當つて、この祭が鮮内各地で執行され、孝子順孫の表彰などが行はれる。

文廟の數は、大正十三年九月の調査によれば、各道所在のものは、三百二十四に達してゐる。

△

朝鮮の文廟中京城に於ける經學院の掌祀する院は、最も大規模のものであるが、この經學院はかつては朝鮮の最高學府として、古い歴史を殘してゐるものである。今は官制によつて補命せられたる、大提學、副提學、祭酒、司成等によつて、春秋二期の祭祀を主として、平素の事務が執られてゐる。京城の郊外、東北の靜閑の地、清冽なる小川の囁きと老樹鬱蒼と茂つた中に、朝鮮式の古錆びた建築物は、孔子を祀るに相應しい、この經學院の一區劃である。

正面に平入り切妻屋根の神門が、塗られた紅色も、古色蒼然と、南向きに建ち、左右に脚戸が開かれてゐる。此の門に續いて高二間半許の築地塀が、左右に十五間程も延び、それから各東西に小門を構ひ續いて廻廊風の建物がシンメトリカルに建ち、中庭の二方を劃してゐる。この建物を東廡西廡と稱し、東廡には、金鄕候澹臺滅明以下五十六名、西廡には、單父候宓不齊以下五十六名の聖賢が各祭祀されてゐる。この東西廡の北端からやゝ間隔を置いて、入母屋造りの大殿堂が、高さ一間位の石壇の上に建ち、正面の軒下に大成殿と刻された、朝鮮式の額が懸つて居る。こは朝鮮建築の標本と見らるべき間口十五間、奥行十間位の崇嚴な建物で木質は朱色に塗られ、垂木は朝鮮特有の丸太材の扇垂木で、木口には極彩色の模樣が影薄く殘つてゐる。薄桃色の壁と朱の構材は美しい調和を保ち、春日神社の建築美に相對の感を持たせられる。

とゝまで述べた諸建築が文廟の規模であるが、附屬物として、祭器を納むる倉庫や宿直員の詰所や碑閣等があり大成殿の裏には經學を講じた明倫堂があり、これに附屬した建物も非常に數多く建つてゐる。

大成殿正面三ヶ所の扉は、式前に既に開かれて居り、扉の外に懸つてゐる簾は高く卷き揚げられてゐた。この殿の中央奥(正位)に大成至聖文宣王(孔子)が祀られ、東前に配位として兗國復聖公顔子、沂國述聖公子思、西前に配位として郕國宗聖公曾子、鄒國亞聖公孟子を祀り、又同殿內離れて東(東從享)に貴公閔損外七名、西(西從享)に鄆公冉耕外七名が祀られてゐる。祭神多くは經學に偉功のあつた支那人であるが、この文廟には朝鮮人儒者が十八名へ祀られてゐる。

釋奠の式場は、大成殿と東西廡と神門とに圍まれた、廣い平坦な所であつて、神門から大成殿の中央に向つて一間巾の苔蒸した瓦敷きの神路がある。この神路は石壇の下にて左折れて、石段となり、昇階に中央を避ける支那朝鮮の特徴を示した構造になつてゐる。

△

儀式の始まる前に、祭場舗設の大體を見た。

神門を入つてすぐ左右の地上に偉大な樂器が配列されてある。これを軒架又は堂下樂と云つて、大成殿石壇上に配列されてゐる登歌又は堂上樂と相對した樂所である。この兩樂は場所によつた區分であるが、式中次第の異なるところで交互に奏樂されるのである。

朝鮮樂器は玄琴伽耶琴鄕琵琶大笒大金等を除く外は、殆んど支那傳來のものではあるが、現今は支那本元に滅し、ひとり朝鮮にのみかそけきながらも生存を續け、東洋樂の精華を物語つてゐる。現今李王職雅樂部に保存されてゐる樂器は、五十四種の多きに達してゐるが、これら樂器の一部分の紹介にもと式場に配列されてゐた極少の樂器に就て、その大體を述べて見やう。

軒架には高麗朝三十三代恭愍王の時に支那から傳はつた、身高七寸三分、柄高二寸の鐘十六個を、八個づゝ上下二段の横架に吊し、大きな二個の獅子の形をした臺の上に、六尺に八尺位もある外枠を以て編鐘と名付くるものと、これと略同形のもので、鐘に代ふるに十六枚の曲つた石（磬）を吊した編磬とが、最も大きな姿をして神路の西と東とに各々置かれてある。この西側の編鐘と神路との間に高さ一尺三四寸で一尺七八寸角の木箱の中央に木の棒を立て、此棒で奏樂の始めに箱の底を突いて拍子をとる柷(椌)があり、編磬の東側に長三尺位で高一尺位の木製の虎の背に鋸歯をつけ、奏樂の終る頃に籈で撫で雑音を出して結びをする敔(楬)がある。敔の東に高六尺位の木枠の中央に、二つの長細い太鼓を十字形に重ねて懸吊した路鼓があり、編鐘の西側には、路鼓と相對に、晋鼓が置かれてあるこれは長五尺直徑三尺五寸もある大きな太鼓を四脚臺の上に横へてあるものである。猶東西各々に鼗鼓と缶といふ樂器が置かれてあるが、路兆鼓は長い柄の先に木彫の白い一羽の鳩をつけ、その下に小さな太鼓を二つ付けた、所謂振り鼓の形をしたものである。缶は土製の大きな椀形の器で、籈を持つて打ち拍子を執るものである。

以上が軒架に配列されて居た樂器であるが、奏樂の時はこの他に、土で造つた、塤五孔の横笛の篪日本の尺八に類した籥、支那の古笛の篴、等が合奏されるのである。

登歌即ち堂上樂は、大體前述した軒架のそれと同一であるが、編鐘の代りに只一個の鐘を吊つた特鐘を、編磬の代りに只一個の磬を吊つた特磬を、路鼓鼗鼓晋鼓の代りに方形臺の上に小形の太鼓を載せた節鼓が備へてあつた。猶軒架に無く登歌に加へるものは、七絃の琴と十二絃の瑟とである。

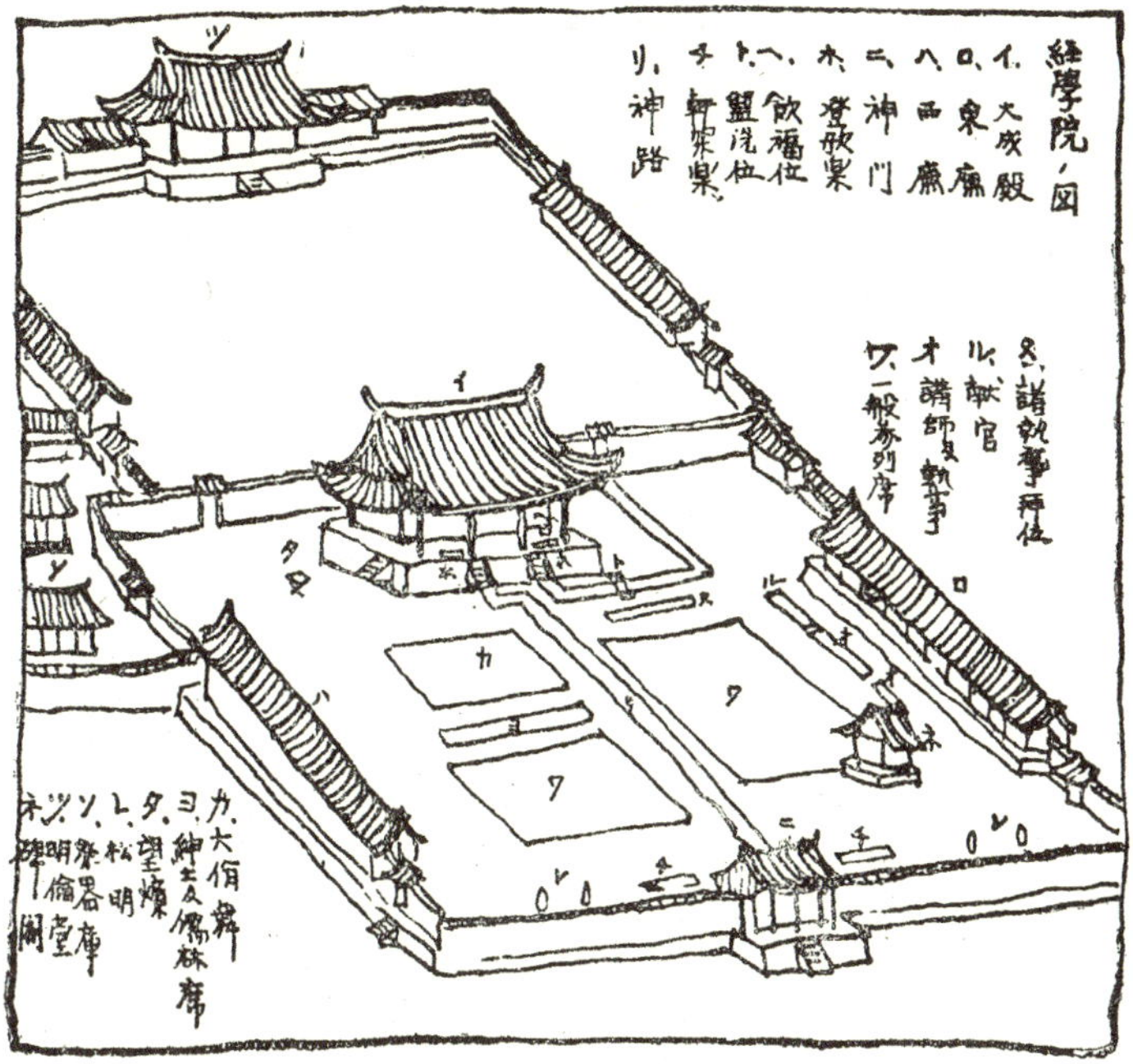

これで大體樂器の舗設を見たが、軒架の樂器の置かれてある東西に、各二本づゝの柴で作つた高さ八尺位もある松明が立てゝある。これは迎神行事の折に火を點ずるものゝ用意されてあるのである。

中庭の神路は、通行が禁ぜられてゐて、路の兩側には紅や青の薄絹で作つた、朝鮮式の珍奇な提灯が各十本づゝ立てられてゐる。神路の兩側に參列者の席が設けられ、東廡の前には、献官講士執事の席が西向に設けられ、西廡の前、石壇の下に六佾舞人の席が設けられ、東方石壇の下には盥洗の器が置かれてある。石壇を上り殿上左右に前述の登歌の樂器が配列され、中央に執禮の席、東南隅に飲福位が設けられ、殿への三つの入口の傍に各樽所(献酒置場)が設けられてゐる。又大成殿の西に火を燃く所が設備されてゐるが、これは後に述べる望燎の場所である。

△

儀式の始まる前に、參列者の各員に式次第が渡されたが、式は次第の如く滞り無く終つた。式次第の文章も、幾分の參考にもと、原文のまゝを載せて、後大略を記して見たい。

一　就位

執禮入就拜位　四拜　就位　○雅樂師帥工人　二舞(文舞武舞)入就位　○參拜人入就位　○大祝及諸執事入就拜位　四拜　盥手　就位　○講士入就位　○献官入就位　○總督帥諸員入就位

典儀の役目を勤め式の終始殿前石壇上にあつて、指揮をしてゐた執禮が、中央の拜座に進んで四拜して、自分の定めの位置に着いて式は始まつた。位は版位といふ名稱で伊勢神宮の儀式次第の中に用ひられてゐるものと、その意味を同じくしてゐるかに思はれて聊か興味がある。この執禮の指圖によつて、雅樂師は軒架登歌の紅團領といふ赤色の制服を着けた伶人を帥いて座につき、文武の舞人(六佾舞)は同じ衣に身を裝ひ前述した位置に着いた。六佾の舞は諸候臣下の舞で三十六人で、帝王の舞を八佾と云ひ六十四人で舞ふのは、支那の式と同樣である。次に大祝及執事が盥手の行事を修し所定の位置に著き、講士は青色の衣で、胸と背とに四角の鳥類の刺繡のされた紅色の布片をつけ、頭には鍾馗の畫に見るやうな紗帽といふものを蒙つて著席し、次に献官は、祭服として古來定められてゐる黑色の衣を裝つて著席した。すべては支那式の服裝で、冠は文官の禮冠で、腰には石帶を結び、前方に紅色の綬を垂れ、握りの所に布を巻き、稍灣曲した象牙の笏を執つてゐた。盥手の行事は神社祭式の手水の儀と同意味のものであるが、眞鍮の金盥に盛られた水で手を洗ひ麻布で手を拭ふのである。そしてこれは直接神前に奉仕する人等のみが行ふもので、參列者等には式場に臨む前にも、これに類した清めの行事もなく、修祓の行事も無い。

二　行事

謁者進請行事　○雅樂師擧麾　○祀雅樂手長繫拍　○軒架(堂下樂)作凝安之樂烈文舞作　○樂八成

式は愈々始められた。雅樂師の會圖によつて雅樂手長は、小板六枚の綴り合さつた拍をガチャッと打てば、軒架に於て凝安の樂を奏し始めた。これは迎神の樂である。祭庭は肅として聲無く、只偉大な樂器の音響が周圍の建物に反響し始めた。六佾の舞人は頭に紙製らしき古文官の冠を戴き、右手に長さ一尺五寸程の柄の上端に龍の頭をつけ、その顎から羽毛の房を三段に吊り下げ、その下端に紅緑の劍形の絹片が垂れてゐる翟といふものを持ち、左手には長一尺四寸位の竹製の前述した籥といふ樂器を持ち舞ひ始めた。舞ひ方は至極簡單で、各自その位置を離れずに、靜かに手を揚げ足を動かし、體を左右に曲げ、又は屈伸せしむる位のもので、至極緩慢に舞としては餘りに物不足を感ぜずには居られないものであつた。これが烈文の舞である。

神門の東西に用意されてあつた松明は灯され、神門の扉は靜かに開かれた。かくて多くの神々は神路を通り大成殿を始め東西兩廡の各位に著かれたのである。

三　四拜(參列者一同拜禮)

献官以下在位者皆四拜（先拜者不拜）○樂九成止　○樂止

四　奠幣禮

初献官盥手詣正位神位前跪○登歌（堂上樂）作明安之樂烈文之舞作○初献官三上香○初献官奠幣○初献官詣配位神位前跪○初献官三上香○初献官奠幣○樂止○初献官降復位

奏樂裡に全員自座に於て四拜し、後奠幣の禮が行はれた。初献官が手水を了し、正位の神前に進み跪き、三度焼香して後幣を奉つた。幣は白苧一端（反）を竹で編んだ盆形の篚といふものに戴せて奉られた。正位を終つて次に配位の神前に進み、同じ行事が終つて後階を降つて自座に復した。此の間登歌に於て奠幣樂の明安の樂が奏せられ、六佾の舞人は文の舞をやつた。

五　初献禮

初献官詣正位神位前　跪　○登歌作成安之樂　烈文舞作　○初献官献爵　○初献官少退　跪　○樂止　○大祝進跪（神位右側東向）讀祝　○樂作　○初献官詣配位神前　跪　○初献官献爵　○樂止　○初献官降復位　○軒架作舒安之樂　○文舞退武舞進　○樂止

第一次に神酒を献ずるもので、他の數多き神饌は豫め献ぜられてゐる。神饌を釋奠式では禮饌と稱するが、正位に陳設する禮饌の名稱と數とを左に記して見たい。（配位　從享　廡等に供する神饌も大體同じものである。）

籩（十）黒餅　白餅　鹿脯　芡仁　菱仁　榛子　黄栗　乾棗　魚鱐　形監

豆、十　鹿臡　菁菹　醓醢　韭菹　筍菹　兎醢　芹菹　豚拍　脾拍　魚醢

爼(三)牛腥　羊腥　豕腥
簠(二)稻　粱
鉶(三)和羹
犧尊(二)醴齊　明水
甑(三)大羹
象尊(二)盎齊　明水
山罍(二)清酒　玄酒

このやうな數多い神饌が供へられて居り、初献官は酒を爵に汲んでこれに加へ供するのである。先づ正位の神前に進み、樽所より汲みたる酒を献ずる。この間登歌に於て初献の樂が奏され、舞人は文の舞をする。次に大祝が神位の右側に東向に跪いて、祝文を讀む。この間同樣に樂が奏せられる。次に初献官は、正位の左右に祀られてゐる、配位に神酒を供し終つて自座に復す。この間軒架に於て舒安の樂が奏せられ、文舞を舞つた人々は武舞の舞人に變るのである。

六　亞献禮

亞献官盥手　詣正位神位前　跪　○軒架作成安之樂　昭武之舞作　○亞献官献爵　○亞献官詣配位神位前　跪　○亞献官献爵　○樂止　○亞献官降復位

神酒を献ずるのは三度行ひ、供する人が代るのであるが、讀祝の無いことゝ、文舞が武舞になることが異つてゐる。軒架に於て亞献の樂が奏せられ、先に文舞を行つた者が、手に持つものと冠とを代へて武舞を奏した。昔は文武の舞人は全然異つて居て、こゝで交替したのであつたが、舞人の節約から輕便に同人が舞ふことになつたのである。この武舞は頭に鉢の如きものを冠り、左手に長一尺三寸六分巾五寸位で、その面に龍の彫がある干を、右手に長一尺六分の柄の頭に龍の頭を付けた戚（斧）を持ち、これを打合せつゝ舞ふもので、文舞よりは稍力強い所はあるが、動作の平凡さは同一である。

七　終献禮

亞献官盥手　詣正位神位前　跪　○軒架作成安之　樂昭武之舞作　○亞献官献爵、○亞献官詣配位神位前　跪　○亞献官献爵　○樂止　○亞献官降復位

終献の行事は亞献と同様である。

八　分献禮

分献官盥手、各詣神位（東西從享位及東西廡位）前跪　○分献官献爵　○分献官降復位

東西の從享位と東西廡位とに、分献官が酒を供するもので、この時は奏樂は無い。

九　飮福禮

初献官詣飮福位　跪　○大祝以爵授初献官　○初献官受爵　飮　○大祝以爼授初献官　○初献官受爼　授執事　○執事受爼　出　○初献官降復位

飮福は直會の儀とも見らるべきものであらう。堂上右側に飮福の席が設けられてゐて、そこで初献官のみが撤下の酒と爼を拜戴するのであるが、實際は口に爲ない。

十　四拜

献官以下講士皆四拜

十一　添香禮

總督添香　○參列諸員添香

献官以下講士は一同神前に進み四拜し、次に總督以下參列者が燒香をする。

十二　徹籩豆

登歌作凝安之樂　○大祝徹籩豆　○樂一成　○樂止

神饌を撤するので、この時登歌に於て徹籩豆の樂が奏せられる。然し供物の全部は徹せられず、爵のみを形式的に徹するのである。

十三　四拜（參列者一同拜禮）

軒柄作凝安之樂　○献官以下在位者皆四拜　○樂一成　○樂止

十四　望燎

初献官詣望燎位　○樂作　○燎祝幣　○樂止

これは即ち祭文と幣帛とを燎にて燒き棄てるので、場所は大成殿の西側である。此時軒架で望燎の樂が奏せられる。

十五　禮畢

總督帥諸員出　○献官出　○大祝及諸執事皆四拜出　○參拜人出　○雅樂師工人二人舞出　○執禮四拜出　○廟司徹禮饌　闔戶　出

軒架に於て送神の樂が奏せられ、神路を通り神門から神々は歸られ、參拜人は一同退出した。禮饌を徹するのは、參列者等一同退出の後である。かくて釋奠の式は終つた。

△

朝鮮に於ける儒敎の發達は、こゝに詳述するの必要はないが、現在に至る信仰思想が、殆んど全部この敎に育まれてゐることとは異論のないところである。

經學院は國學。大學。國子監等の格稱のある通り、かつては朝鮮の最高學府であつた。大祖大王時代の創設にかゝるもので、第二世定宗大王の時と第十四世宣祖大王の文祿の役との二回燒失し、宣祖大王の三十四年に修築したのが現在の建築物であるといふ。經學院と改稱したのは明治四十四年九月で、それ以前は成均館と稱してゐた。この釋奠の行はれる文院は經學院附屬の廟である。かゝる歷史を持つた經學院より、數多くの偉人を產み出し、文化の中心として敬せられて居つたが今は只文廟の祭をすることとのみになつてしまつた。

この祭は前述した如きものであるが、獨り文廟のみに限らず、宗廟の祭もこれと大同少異のものであり、又各個人の家の祖先への祭祀の形式も、規模は勿論小さいが殆んど同じものである。かく論じ來れば、朝鮮の祭祀と云ふものが、大體前述した形に於て行はれることを知るのである。

以上の祭祀が我が神道の行事と相似てゐる諸點を見出すとき、そこに文化の流れ、傳統などの關係を想起されて興味深きものがある。

大寶元年二月丁巳に既に我國でも釋奠が行はれてゐる。令の制度にも記載されてゐる。貞觀二年に釋奠式を作つて諸國に頒つたといふ外、釋奠に關する記述は我が國の古書に隨分多く見ることが出來る。江戸時代に於ける全盛を物語るものも今は內地に於て釋奠の行事も行はれては居らない。湯島の聖堂では釋奠が行はれてゐるかのやうに聞いてゐたが現在は如何かを知らない。

この釋奠式が神道への儀式にいかに影響をしてゐるかは、今更論ずるの要もないが、前述した式次第の中から相似點を摘出されることは、讀む人の意に任せることにする。

昔は經學院の釋奠式も隨分盛大に行はれたことであらうが、參列者の人數を以つてバロメーターとすることは穩當ではないかも知れないが、甚だ衰微の態であるかのやうに思はれる。嚴肅なるべき祭儀は至極亂雜になり、次第に確然とした區劃も無く、堅張味を持たないのは參列するもの丶等しく不快に感ずるところで、現在の朝鮮人の朝鮮を表現して餘りあるかの如く思はれた。

この經學院の現在の經營費は、我皇室から下賜された二十五萬圓の利子と、年々の國庫補助金六千圓を以て充當されてゐることを附記して置く。

△

この稿の終りに、一寸附け加へねばならないことがある。それは大正十五年九月十五日に行はれた釋奠儀式は、前述したものと相違のあることである。その相異は二つであつて、一は飲福禮の全然略されてゐたことゝ、一は奏樂と舞が無かつたことである。飲福位の席の設備は無いが、樂器の配列と樂人との六佾の舞人の紅團領を裝つて着席してゐたのは前述の通りであつた。この二つが省略されたことは、李王家の喪中にあることによつてであつた。

四　日鮮注連繩考

この一篇は、日本の注連繩と同樣なものが、朝鮮にも存在してゐるといふ事實を記し、その語源の比較上からも、日鮮が密接な關係に結び付けられてゐるといふことを考察するにある。

一　朝鮮注連繩の稱呼

日本の注連繩と同じものを、朝鮮では、クムチウル(Kumchiur)インチウル(In-Chiur)ウインサッキ(Win-Sakki)等と呼んでゐる。

クムチウルのクムは漢字の禁の朝鮮音で、チウルは純朝鮮の言葉で、繩といふ意味を有つてゐるが、この名稱は多く公的に用ひらるゝ注連繩の稱呼である。

インチウルのインは漢字の引の音であると思ふが、チウルは前と同樣に繩の意で、クムチウルが比較的公な儀式的のものに用ひられてゐるに反し、一般民家等に用ひらるゝ通俗的な名稱で、注連繩を表す言葉としてはこの語が一番多く使用されてゐる。

次のウインサッキは公私兩用に稱せらるゝもので、只その材料と構造とから生れて來た言葉で、ウインは左の意、サッキは藁繩の意で、左綯の藁繩といふ實物を說明する言語で注連繩を呼んでゐるのである。

二　注連縄の構造

朝鮮注連縄の構造は、日本に於けるそのものと少しも異つた所は無いが、然し縄の處々に藁の端を垂れ下げた現在日本の注連縄の如き構造は、朝鮮にはその姿を見せず、たゞ單純に左綯にしたゞけの、何等の技巧變化も加へられて無いのがそれである。

釋日本紀や世諺門答に、注連縄は左縄によつて、縄のはしをそろへぬものであると記してゐるのや、諸社根元記に注連はうたぬ藁を以つて左縄になう物也等と記してゐるのは、縄の端をそろへぬものであるといふ箇所には、多少の疑義があるとしても、他は總て朝鮮の注連縄を説明するに少しも差支の無い記述である。

ウインサツキ(左綯の藁縄)といふ言葉で、注連縄を呼んでゐるのが、直ちに構造をも示してゐる直覺的な言語であるのは、以上のことを立證して餘りありといふべきである。

故實拾要に、注連とは縄に紙を切垂也と説明してゐるが、この紙垂を注連縄に挿むことはかなり古くからの風習と思はれる。勿論有職的に一定の紙垂を付することは後世のことゝ思ふが、注連縄の用途上から、その存在を明瞭に他に知覺せしむる爲めに、一筋の縄よりも更に目立つべき白い紙片や布片を附したといふことは、推想するに難くないことであらう。

日本書紀通釋に、田沼善一氏の説として引くところによれば、しりくめ縄の意義は、明著《シル》く見え縄といふ言の約つたもので、藁を下げるのもこの意からであると云つてゐるのは、注連縄の語源は兎に角として、構造の變遷を適確に語る消息として肯定される。

現在日本に於て行はれてゐるやうな、一定した型の白紙垂を附することは無いが、朝鮮の注連縄にも紙片を挿む風はある。寺の入口の門に張られた縄の中央に、かなり大きな紙片に、「禁雜人」の字を書いて挿んで下げられるのも、要するに紙垂の原始的意義を物語つてゐるかと思はれる。又寺院の周圍の軒下に張つてある縄にも、五寸位の間隔を置いて紙片が挿まれ、いづれも清淨觀を意味する「眞觀清淨觀」「發大清淨願」「或漂流巨海」等の各々變つた文字が書かれてゐるのを見るが、それが凡らく經文の字句であらうとは推察されるが、日本の注連縄の構造と根本思想に於て共通點を見出し得るのである。

京都の加茂神社に張られてゐる注連縄は、他に見られぬ變つた構造として珍らしく見受けるものであるが、一定の間隔を置いて榊の枝が挿まれてゐる。遺憾ながらまだその起因を知ることが出來ないけれど、朝鮮にもこれに類似した構造の注連縄が用ひられてゐるのを見るのは興味深いことである。

榊の枝に代へるに竹や松の小枝や唐辛が用ひられ、木炭まで挿まれてゐるのを見るが、何れも注連縄の存在を強むる爲であらうと推察する。然し、松の小枝や唐辛が産家の入口の縄に挿まれるのは、出生兒の男女を表示することや木炭は邪氣を祓ふ等の信仰があることは後に述べようと思ふ。

以上の如く、朝鮮と日本との注連縄の構造は殆んど同じもので、又これが門戸に引く方法も同一である。自分の見た範圍では、この縄の綫り始めの方が門戸に向つて右にされ、その綫り納めの方は左にされてゐる。日本に於ける注連縄も、嚴島神社の例を除いては凡らくこの形に張られるのが、普通に行はれてゐるものと思ふ。

かく日鮮注連縄の類似形狀を擧げ得るが、只朝鮮のは簡單に左綯にした一筋の縄が主體であるに反し、日本には處々に藁を添へ端を出したものもあるといふことに差違を見るのである。然し、注連縄の原始的構造は、朝鮮に於て現在用ひられてゐる如きものであつて、その他の技巧を加へたことは、後世の所作として後に述べたいと思ふ。

三　注連縄に對する信念

注連縄の用ひらるゝ場合は、日鮮ともに變り無く、淨不淨を分ち内外の境界の標として引渡すものであるが、見方によつて二つの意義を有つてゐる。

その一つは神聖又は清淨の區域を表示して、不淨のものゝ入ることを禁ずるもので、他の一つは穢の場所であることを表示して清淨なるものは入るべからずと云ふ標に用ひられてゐるのである。

日本に於て現在用ひられて注連縄は前者に屬するものであるが、朝鮮の民間では不淨を表示する後者のものも用ひられてゐる。

日本の注連縄の起原として從來說かれてゐる、天岩戸のそれは、後者の意義を多分に有つてゐるもので、現在神社等に使用されてゐるのとは、少しくその趣を異にしてゐるものと思はれる。淨不淨を區劃する點からは同一用法であるが、注連縄を張られる對象物が、天岩戸の如く嫌忌されるべき表示に、現在の朝鮮民間に殘されてゐるのは注意すべき事實であると思ふ。

四　注連縄の用ひ場所

大木に注連縄を張り神在などゝ稱してゐることは、樹木崇拜の遺物として現在日本に數多く見る現象であるが、今昔物語の本元興寺を造るの條に、大木を伐らむとするや、祟りを怖れて先づその木に注連縄を張り、供物や幣を奉り中臣祓を奏して後に伐つたと見えてゐるのは、記録されたものゝ中の古いものであらうが、然しこの風習は明かに原始人の信仰を現在にまで物語るものと云ひ得るであらう。

この風習は現在の朝鮮にも同様に残されてゐて、曰くのある大木には注連縄が巻かれてゐる。又朝鮮部落の祭に洞祭(Tom-Chai)といふものがあるが、洞は村里の意であつて、悪病が流行せぬやう、その他村中の年中の平穏無事を祈り豊作を祈願する一村擧つて行ふ盛大な祭である。洞祭を或はトオタムクッツ(Totamkuts)とも稱してゐるが、これに祭らるゝ神は洞内の安寧を守る神で、コルモギニムノ(Korumokinimno)と云ふ神で、日本の鎮守の神に對する信仰と同一である。この洞神は古木に宿るもので、その古木には必ず注連縄が張られるのである。

この洞祭は原始的のもので、齋主は洞民中、喪期にあらざるもの、家族中に出産者や妊婦のないもの、子供の澤山ないもの、等の最も清浄なしかも尊敬さるべき年齢四十歳以上の村の第一人者が選ばれるのである。この齋主に選ばれた人の家の門戸には、祭の前後に渡つて注連縄が張られるが、齋戒中に不浄の輩の入ることを禁ずる爲である。この注連縄は勿論左綯の藁縄であるが、縄の所々に白紙片や松や竹の小枝が挿まれるのである。

寺院の入口の門や、軒下の周圍にも注連縄が張られるが前述したやうに縄には白紙片が挿まれるのが多い。

以上は公的に用ひらるゝ注連縄であるが、私的に一般の家庭に用ひらるゝものに、出産の時や私宅の祭や鬼防け等の場合がある。

出産した家では必ず一週間乃至三週間の間、左綯の藁縄を門口に張つて産屋であることを表示する。そしてその期間中は他人の入ることを禁じてゐる。この縄には松枝唐辛木炭等が挿し垂らされてゐるが、それは男子出生の時は木炭と唐辛、女子出生の時は木炭と松枝といふやうに區別が付けられてゐる。松枝と唐辛を以つて男女の區別を表示することは明かにしないが、木炭を挿むことは、秋苑日渉に、炭亦辟邪氣と記し、本草綱目に、白炭除夜立二之戸内一亦辟二邪惡一と記されてゐるが、同一思想から用ひられてゐるものと思考する。

民間に於て注連縄を用ふる他の場合は、或る祭をその私宅に於て行ふ時である。巫俗を招いて祭祀を行ふとき、その祭の前後に不浄の者の侵入を防ぐ爲に左綯の藁縄を張る。それは出入する戸口の中間に張るもので、その家の人々はこの縄を掲げて出入するのである。こは門口の上部に張られたものが、注連縄の實質上の效用から中間にまで下げられたものであらうが、京城などの都會地に於ては、一層實際的になつて、注連縄を張ることは略されて、その期間扉を閉ぢて出入を禁ずるといふ方法を取るやうになつた。
次に一般民家で注連繩を以つて惡鬼を防ぐといふ、防遏の用に供せられるものが鬼防けの時に使用されるのを見るが、こは朝鮮の注連繩を考察するに一種異つた立場に置かれなければならないので、項を新にして述ぶることゝする。

五　鬼防けの注連繩と支那思想

朝鮮の民間信仰に鬼防けといふことがある。これは正月元旦の夜、夜光といふ鬼が天より降りて來て各家の入口に忍び込み、自分の足に合ふ履物を突つて追ぐるといふことである。この履物を盗まれたものは、一年中惡運が續き災厄に遭ひ、萬事休すといふ狀態になるといふので、この惡鬼の災から免れようとすることである。

この災を免れん爲めに、戸口に左綯の藁繩を張り、鬼の入來を防ぎ、屋根の上には目籠を高く揭げ、一方家の內では履物を全部室內に納め、鬼の目に觸れぬやうにするのである。

この注連繩の用途は、淨不淨を區劃する本來の使命から離れて、鬼神防遏の手段として用ひられたもので、朝鮮古來の注連繩に支那思想が影響されたものと見るべきである。出產の時に木炭を挿んで邪惡を碎くることも、勿論これと同思想であることは疑ひの無いところである。

鬼神に關する信仰は、朝鮮古來の原始信仰で無く、支那から齎された道教思想の影響であると見るべきが至當であらう。かく見るとき鬼神防けに使用される上述の注連繩も純なる用途から轉化したものと思はれる。

晉書禮志に、歳旦設二葦茭桃梗一磔二鷄於宮及百寺之門一以禳二惡氣一と記されたのや、荊楚歳時記に、正月帖二畫鷄戸上一懸二葦索於其上一挿二桃符其傍一百鬼畏レ之、と記されてゐるのは、葦索が注連繩の構造と同一であるかどうかは詳にしないが、繩を門戸に張つて惡鬼を防ぐと云ふ思想は現はれてゐることゝ思ふ。

括地圖や應劭風俗通や潛確類書に載つてゐる物語は、前とほゞ同様な思想であるが、鬱と壘といふ二神が葦索を執つて惡鬼を縛するといふところまで徹底してゐるが、要するに惡鬼を防遏すべく繩が用ひられた支那思想は、朝鮮にまで移され、又日本の正月の注連繩にまで同一思想が影響されたことゝ考察するのである。

上述した支那の注連繩は正月行事に用ひられてゐるもので、朝鮮の鬼防けも正月の行事である。日本に於ける正月の注連繩も、現今神社等に用ひらるゝ注連繩や鬼防以外に用ひらるゝ朝鮮の注連繩の起原とは、自から別途の發達段階を辿つて來た道教思想の流れと見られる。

この事柄を一層明かにされることは、支那で用ひたものは葦縄であるといふことゝ、朝鮮や日本には古來葦で作つた縄は用ひられてゐないといふことである。朝鮮の證據を確實なものとしてこゝには擧げ得られないが、倭名類聚抄に葦索のことを書いて、蔡邕獨斷云、懸二葦索於門戸一以禦レ凶也。としてあるのを、狩谷掖齋翁は同箋注に、所レ引疫神條文、按未レ聞下皇國有中用二葦索一者上。不レ知源君何以擧レ之、と記したことでも明かなことである。

要するに鬼防けに使用される注連縄は、固有の本質から轉化して、偶然に道教思想の影響を受けて、葦索に對する信念に結び付けられたものと思はるゝのである。

六　言語から観た日鮮の注連縄

前述して來た如く、注連縄はその用途構造意義等から見て、日鮮同様のものであることは領かれることゝ思ふが、こゝに語源の上から聊愚見を述べて、より一層密接の關係に結びつけて見たいと思ふ。

然し、言語の上から見るこの考察は少しく大膽な斷定の嫌はあると思ふが、單なる卑見として記述して、諸賢の一層の研究に俟つべき宿題として提案したいのである。

日本に於ける注連縄の名稱は、各書に散見し書方も非常に多いが、尻久米縄（古事記）、端出縄、…斯梨倶梅儺波（日本書記）、日御綱（古語拾遺）、や注連…之利久倍奈波（和名類聚抄）等がその主なるものであらう。かりしめ、印結、標縄、葦縄、七五三、鎖、安閑注連、等の名は古今神學類篇に記するものであるが、司命索（秩死日渉）志米縄（古事記傳）等の文字とともに、大體から見て記紀に載せられた名稱からの轉語か附會の說により當字と見られるのである。

要するに、日本では注連縄を呼ぶに、シリクメナハ、又はシメナハと稱し、それが最も古い言葉として殘されてゐると云ひ得るであらう。

本居宣長翁は、古事記傳に、シリクメナハはシリコメナハの意で、リクが略されてシメナハとなつたと云つて居られるが、シリクメナハやシメナハの語源を朝鮮のそれに結び付けて、藁の端を込めて作つた縄であるから、シリコメナハと云ふ等の無理の解釋から遁れたいと思ふのである。

朝鮮の注連縄の稱呼は、クムチュル、インチュル、ウ、ンサッキ等と云つてゐるのは前述した如くであるが、ウィンサッキはウインチュルとしても、言葉の意味からは變りはないことである。かく見るときチュル（縄）の語は何れの言葉にも附加してゐると見ることが出來る。

日本の古代語が、いかなる系統を有してゐるかの問題をこゝに述ぶる要は無いが、記紀萬葉等の中には、朝鮮の言語がかなり多く含まれてゐるといふことは、既に多くの學者の認むるところである。かゝる前提のもとに、日本のシメといふ言語も、實物とともに朝鮮のチゥルの語から轉化して移入されたものではないかと思ふのである。

こゝに朝鮮の藁繩をチゥルと片假名で記號したが、眞實の朝鮮音を表すには誠に不充分な符號である。眞實の發音を繰り返すとき、シメに近きものとなつて來るが、シメも朝鮮語音を寫した日本の古代語であると假定して見るとき完全な寫音では無かつた筈である。

かゝる妄說を恣にすることを許さるゝものとして、チゥルは藁で作つた繩であり、ナハは藁のみのものとは限らずに繩の總稱であると見るとき、朝鮮で淸淨を區劃すべく用ひるチゥルといふ繩といふ意味に書かれ、チルゥナハとなりシメナハとなつたのでは無いかと思ふ。

チゥルと繩と同意味の字が重ねられることは無理の語法のやうでもあるが、同意義の語でも、それが外來語である場合、その下に同意味の在來語を說明的に添へられて、それが一語として成立つ例は澤山ある。

又、シリクメナハのシリクメは、朝鮮語のクムチゥルの二字が轉倒して發音され、チゥルクムとなり、それに前同樣に說明語としてのナハの字が添加されたものと見らるゝのである。日本書紀に、端出繩をシリクメナハと讀ましてゐるのを、朝鮮の言語に比較して見るとき、このクムチルになるのは以上の說を立證するに力を加ふるものである。

卽、端の漢字朝鮮音はタン(Tan)であるが、純朝鮮語では物の端をクッ(Kut)と云つてゐる。出は漢字朝鮮音でチル(Chur)と發音するから、端出はクッチルとなる。クッチルもクムチゥルも音通ずと見て、端出は全く朝鮮の注連繩のクムチゥルの音そのものを取り入れたと見られるが、それがいつか轉倒されて、端出繩と書いてその下に斯梨俱梅儺波と記されるやうになつたと思考するのである。

又注連は朝鮮語でチゥリヨン(Churon)と讀み、實際の發音の場合はチゥルロンとなつて、注の字がチゥルといふ繩の音に通つて來るが、猶所謂朝鮮の國字と見らるゝ中に、漢字音の注に諺文の己(R)をつけて、乼と云ふ字が作られてゐて、この字をチゥルと發音して、繩と同音になることなども、注連繩と比較され面白い現象であると思ふ。

七　結　語

注連繩より觀て日鮮關係の密接さを以上の如く考察するとき、そこに注連繩の本體が明確になつて來ると思ふ。卽それは單純な左綯の藁繩の構造であることで、現在日本に於て用ひられてゐる如き、所々に藁を垂れたりするものはシリコメナハの古來の解釋に副ふやうに作らたもので、尻は方後の意、久米は限目であるとか、日御綱は日御影之像であるとか、七五三をシメと讀ませることにより、その數に藁を下げるとか、端出縄は藁の端を出すものとか、等々のことから現在見る如き姿となつたかと思はれる。

　要するに本來の注連縄の構造は、左綯の單なる藁縄であつて、その存在を明確にする爲めに種々のものが挿まれ藁の端も出されるやうに成つたと見るべきが至當であらう。そしてこの注連縄は日鮮ともに同樣であつて、言を强むれば、日本の注連縄は朝鮮から移されたものかとまで云ひ得るのである。(注連縄が蒙古、滿洲より移入されたかの考察は後日の記として殘したい)かく斷定しないまでも、日鮮相互間が注連縄によつて、全體の一小部分ではあるとしても、堅く結びつけられてゐるのを考察するとき、想ひは遠く神代の昔に遡り日鮮交通の神話を想起せずにはゐられない。

(昭和四、二、二七)

五　朝鮮神宮御鎮座前後の記

若き日の思ひ出

生れて初めての航海に心を躍らせつつ、関釜連絡船の甲板上に、玄海灘の荒波を眺めながら悠久の歴史を感慨深く想ってゐた。

内地の緑りなす山山の姿から離れて、枯渇した朝鮮の地に着くまで、過去の思ひ出と将来への希望で胸は一パイになってゐた。

それは今から三十余年前のことで、二十九歳の若かりし日の思ひ出である。その覚束なき思ひ出を記し昔を懐しむ術ともしたい。

△

大正八年七月に朝鮮神宮の創立が仰せ出されてから、京城府の市街を一望に見はるかす南山の中腹に建築の工事も進み、漸く御鎮座の式を斎行する期も近づいたので、時の日光東照宮々司高松四郎氏を宮司に、自分を禰宜にとの内命があったので、一先づ下検分にと現職のまま出張が命ぜられた。

大正十四年五月一日の夕暮る頃、京城駅に着き、石黒事務官その他の出迎ひを受け、早速大半竣工した朝鮮神宮現地に車を走らせその夜は天真楼に泊った。それから六日午後十時の汽車で、高松宮司が帰任の途に着くまでは、目まぐるしいプログラムの展開であった。

ところが、山積切迫する創立神社の事務や鎮座祭の準備等のため、意外にも自分一人は帰任することが許されずに残されてしまった。着替も持たず折鞄一つを抱へたまま、着のみ着のままの下宿生活がつづき、明治神宮に帰任して正式のお別れの挨拶が出来たのは、それから二ケ月の後であった。勿論その間に明治神宮の主典を辞し、朝鮮総督府から朝鮮神宮事務嘱託の辞令を受けたことであった。

△

高松宮司のお伴としての京城での六日間の日程は、晝夜を分たず招宴と会議と打合せが続いた。朝鮮神宮のことに就てであることは勿論であるが、何れも重要のことで、この六日間に大きな基本方針は決定された。

その頃の主要関係人物は、朝鮮総督斎藤実氏、政務総監下岡忠治氏、内務局長大塚常三郎氏、地方課長石黒英彦氏、建築課長岩井長三郎氏、技師中島猛矣氏、嘱託渡辺彰氏等で非常に御世話になったが、今は大方此の世を去られ当時を回想して切切たる情胸にせまり感慨無量である。

△

旅の姿で一人ぽっちになった自分は、昼夜兼行で奮闘をつづけた。鎮座祭前後の諸祭儀の準備立案だけならば、明治神宮での四年間の記憶を辿って祭式次第や用具等の準備は出来さうに思ったが、竣工には遙かに間のある社務所その他の建築物や調度備品は勿論、御霊代奉遷に関する一切の企画やこれが予算の請求までに至っては真に重責でもあった。それに何と云っても宮司との連絡は遠すぎて急場の間に合はず処置する苦労が多かった。自分が朝鮮神宮事務嘱託として、総督府地方課内に机を与へられるまでは、永年の間宗教課に席を置いていた渡辺彰老がこの事務に当って居られたのである。

△

当時を回想して、ここに朝鮮神宮御鎮座前後の記を記すことになったが、祭儀の模様や神賑等の詳細な表面のことは既に印刷にもなって、発表されて居るのでここには省略することにして、その裏面史とも見られることを記して見る。勿論前後の大体の経過をも記述しなければ意を尽さないが、この度は略述したい。

鎮座祭の日も迫る頃、一番大きな問題として取扱はねばならなかったことは、何と云っても小笠原省三氏が中心となって、内地有力者から提案された御祭神問題であった。

これに先立って京城神社の主任神職であった金光慥爾氏を中心とし同神社神職上杉一枝氏、同西田福市氏等と氏子総代を廻る波乱は、全員辞任に依って治まったとは云へ、何か割り切れないものが残されてゐた。既に民社京城神社が鎮座されてゐる都に、隣を接しての官社である、朝鮮神宮創立に就ては何かにつけ関係も生じ、慎重な考慮を廻らさざるを得なかったことも事実であった。

朝鮮神宮創立の由來とその調査

神祇を尊崇して孝敬をのべ報本反始の気持を表したいといふのは、わが国古来の尊い信仰である。まして、この風習を移して、新開拓の地の朝鮮全土に普及して、精神的中心基盤を求めたいといふのは、統治上の問題ばかりでなく止むに止まれぬ内地人の要求であったのである。勿論内地人の移住するところ、集団ともなれば何れの地にも神社が建立されてゐるが、既に朝鮮全土には多数の神社が奉斎され故郷を想ひ和楽の中心ともされてゐた。しかし朝鮮全土の総鎮守として敬仰すべき社がなく、官民ともにその創立を希って居ったである。

そこで、大正元年から同四年に渉って、創立準備費が予算に計上され、帝国議会の協賛を経て確定せられ、大正二年以来専門の技術官を内地に派遣し、諸社の構造形式等を調査研究して参考の資料とした。

かくて大正三年一月以降、土木局と内務部との関係者が度度会同して御造営に就ての協議が進められたが、工学博士伊東忠太氏が顧問格として参与されたのであった。

奉建地の選定

神社創立の基地は、永遠に変らないことを本旨とすればその選定は最も慎重を期し、重要視して先づ全道に最適地を探ねた。

しかし、明治より現代に到る最も関係があり中心ともなるべき地は、何と云っても京城の地であった。

尤も昭和になって扶余の地に扶余神宮が創立され、完成真近に大戦終止となり鎮座を見ずに終ったが、ここも当時候補地の一つではあった。

京城の地には景勝の地が多い、漢陽公園、倭城台、奨忠壇、孝昌園、社稷壇、三清洞、北岳山麓、神武門外等々実地踏査もされたが、結局松樹茂れる南山、全市を一眸に收むる漢陽公園の地を最適の地と定められた。

ここに八千坪を開いて神社の敷地とし、周囲約二十万坪を内外神苑としたのであった。

祭神と社格の詮議

朝鮮神宮の御祭神を定むるに付ては、慎重審議が繰り返され、案を具して内務大臣に照会が発せられた。内務省としては神社調査会の意見を徴された上、回答を寄せられ、その結果　天照大神と明治天皇の二柱に決定を見たのであった。

手元に保存してゐる記録によって、その概要を記して見る。

大正七年三月三十日附、内秘第一四五号を以って、長谷川朝鮮総督から水野内務大臣宛に、朝鮮神社の祭神に関する件で左記の如き照会が発せられてゐる。

「今次予算決定を経たる朝鮮神社建設の儀は大正七年度より着手する都合に之有而して其社格は官幣大社に御治定相成様思料致され候に付ては此に始めて日鮮人崇敬の一大中心点を得同化上至大の関係を生ずべくと存候随て

同社祭神の義は単に内地人に対する外朝鮮人の崇敬上種種の方面より最も慎重に決定せらるべきものと被存候由て本府に於ては反覆審議の結果　天照皇大神　明治天皇二柱の御神を奉祀すること最も適当なりと思考候処一部有識者間に於て右二神の外更に素盞嗚尊を合祀するを可なりとするの説も有之就ては同尊の御事歴御神徳等詳細調査の上府議を定め上奏致度存候得共事態甚だ重大に有之一応貴省神社調査委員会の意見承知致度候条同会に御諮問の上至急何分の御回報相煩度此段及御依頼候也」

かくて内務大臣は神社調査会に諮問し、同会の決議を以って大正七年七月四日附で回答をよせて来た。

会が議決した答申意見の要旨をこゝに記して置かう。

「按ずるに朝鮮神社は既に決定せる如く　天照大神　明治天皇二座を奉祀するを以て最も適当とすべし、素盞嗚尊は新羅国に降り曾尸茂梨の地に居給ひしこと見え、早く神代の往昔に於て韓国に渡り給ひし神なれば、前記二神の外に倘ほ祭神を求むる時には必ずや其の撰に当り給ふ神なるべし、然りと雖既に皇統の始祖にまします天祖の威霊と鴻徳偉業前古未だ曾て聞かざりし、明治大帝の神威とを仰ぐ以上は他に其の神を求むるを要せず、随て素盞嗚尊は必ずしも之を奉祀するを必要とせずと認む、倘素盞嗚尊が新羅の地に居るを欲せずと興言し給ひし古史の所伝も参考すべきか」

以上の回答を得た総督府としては、祭神決定に就ては自信を持って進行したことであった。

朝鮮神宮創立詮議方

大正七年十一月二十八日附、内秘第四二四号で、朝鮮総督から内閣総理大臣宛に、朝鮮神社創立に関する件の左の文が発送された。

「併合以来百揆振暢して皇化率土に普ねく民風習俗亦年と倶に融合同化の度を漸むるに至れり、然れども未だ朝鮮全土の民衆の一般に尊崇すべき神社なく民心の帰一を図り忠君愛国の念を深からしむる点に於て遺憾とする所なき能はず、依て此の際国風移殖の大本として内鮮人の共に尊崇すべき神祇を勧請し、半島住民をして永へに報本反始の誠を致さしむるは朝鮮統治上最も緊要の事と存候、就ては玆に皇統の始祖にまします　天照皇大神と鴻徳偉業前古未曾有にして朝鮮の民衆に対し亦無比の仁恵を施こし給へる　明治天皇の二神を奉祀致度見込を以て社殿造営費を大正七年度より同十年度の予算に計上致候に付社地を別紙図面の通り京畿道京城府南山に相し前記二柱の神を祭神として二座に奉祀し社号を朝鮮神社と定め社格を官幣大社に列せられ候様御詮議方御取計相成度候也」

この本文に、左記の如き詳細なる理由書が添へられてゐる。

朝鮮神社の祭神竝に社格詮定理由

「朝鮮神社は朝鮮全土の総鎮守として官設官営に属する大社なれば其の祭神竝に社格を定むるに付ては最も慎重の考究を要するや論を待たざる所なり。

而して朝鮮神社の祭神を選定するに就て第一考慮を要すべき重要事は朝鮮と縁故深き神神を択んで奉祀すべきは勿論なりと雖も其の選択に方りては単に内地人の感想のみを標準とすべからざること是なり。

元来神社は国家の宗祀にして報本反始の誠敬を捧ぐる斎場なれば崇敬の対象たる祭神は内地人と朝鮮人との間に意識上支捂扞格なき感情共通の神を選んで祭神を定めざるべからず。之を史乗に繹ぬるに古来朝鮮に縁故ある神として素盞嗚尊あり神功皇后あり、又人臣の列に在りては武内宿禰、豊臣秀吉等あり。而して素盞嗚尊は朝鮮に渡御あらせられたる史伝ありて関係頗る深しと言ふべく内地有志者にも是非祭神となすべしとの説多きが如しと雖も其の史伝あると同時に〈此の地吾居るを欲せずとて埴土を以て舟を作り之に乗りて東渡云々〉との史伝あるのみならず、神統系譜の示す処に依れば素盞嗚尊は傍出関係の神にして直系正宗の神に非ず新領土に於ては数多の祭神を定むるよりは簡明にして民心に入り易きを尊ぶを以て今強て勧請し奉らざるを適当の措置となすべし。

又神功皇后、武内宿禰、豊臣秀吉等は軍を朝鮮に進めて勇武を示し威圧したりと云ふに止り布徳、行恵等の事蹟伝はるものなきを以て此等の人人を朝鮮人に崇敬せしむるとするも必ずしも良好の感想を以て奉崇すべしとは思考する能はず。若し内地人の感想のみを標準として上記の神神を強て祭神と定むるときは其の表面は順応調和の風を装ふべしと雖も其の衷心は常に悦ばずして感触に疎隔を来すこと蓋し疑を容れざる所なるべし。

然るに　天照皇大神は我が国祖にして皇宗にましませば内地人が祖先来崇敬して止まざるのみならず、朝鮮人の今日あるは蓋し我が皇祖天照皇大神の御稜威に出づるものなれば、朝鮮人も亦之を崇敬せざるべからざる理由あり。又　明治天皇の聖徳鴻恩に至りては朝鮮全土に洽ねく一人として恩波に浴せざるもの之れなきこと今更縷述する迄もなく最も顕著なる事実なれば朝鮮神社の祭神としては、天照皇大神、明治天皇二柱の神を奉祀するを最も適当のものと認められ候。而して台湾、樺太等に於ける先例に依れば朝鮮神社の社格は官幣大社に列せらるるを相当の儀と思考せり」

祭神に就ては内鮮関係を特に考慮し研究調査を重ねたことで、その考証は文面に躍如として現はれてゐる。かかる自信を以って総督府に於ては滞りなく万事進捗して御鎮座の日を待つのみとなったが、その御鎮座の日をま近にして、御祭神問題が内鮮に於て起って来たことは夢想だにしなかったことであった。

御祭神追加の輿論

小笠原省三氏が主宰をしてゐる、神道評論社から「神道評論」誌が発行されてゐる。

大正十四年八月二十日発行の第四巻第六号は特輯号で「朝鮮神宮と内鮮融和策の研究」が採り挙げられてゐる。大正十四年八月十日に顕彰日本社から出版された小笠原氏記述の「朝鮮神宮を中心としたる内鮮融和の一考察」のパンフレットの全文が再録され、又「朝鮮神宮御鎮座を一年延期せよ」の標題のもとに熱列なる論評を記し、檀君を追祀し、建築様式と調度、音楽、祭式を改造せよと叫んでゐる。

朝鮮神宮の御祭神に朝鮮国土創造の神を加へ、摂末社に内鮮の偉人、傑士を奉祀せよとの意見は、肥田景之氏、今泉定介氏、星野輝興氏等も異句同音に唱ふるところと同誌は報じてゐる。又葦津耕次郎氏は「総督府や宮内省が分り切らねば致し方はないから、檀君奉祀の民社を新に内地人が作り、内鮮両地の長所を採った社殿祭式により祀り、ここに皇室から祭祀料を供進するようにお願するのだ」とも記載されてゐる。

又「朝鮮神宮を中心としたる内鮮融和の一考察」のパンフレット配布後の反響として有力者の賛成と激励の手紙の一端が記載されてゐるが、肥田景之、葦津耕次郎、三上参次、長岡外史、今泉定介、笹川臨風、斎田元二郎、金子力三、高山昇、酒井勝軍、宮田光雄等々の諸氏の顔振れである。

内地に於けるかうした運動に加へ京城の新聞にも論ぜられたので、朝鮮総督府としてもそれに対する方策を樹て調査もし、民間の情報等を採集し、再度の結論を得るために特に力を致された。

時の主務課地方課長の後記した「檀君奉祀に対する反対意見書」は総督の手元まで提出されたが、勿論秘の文書で他には発表されず今日に至った。これは小笠原氏に対する蔭の答でもあった。

その反対意見書は後に掲げることにするが、小笠原氏の投げた石は政治的問題としても大きな波紋を画き、内地警視庁を始め特高課の活動ともなったのである。同氏の赤化防止団の幹事長としての肩書が時局柄神経を尖らせたことでもあった。その情報報告書が関係者の一人として自分の手元にまで回覧されてゐたが、当時としては極秘の文書であって見れば、親友であったとて小笠原氏に通報するわけにも行かず、人が悪いかも知れぬが只一人で微苦笑してゐたことであった。

報知新聞の記事の報告

東京の朝鮮総督府出張所赤沢主任から、大正十四年八月二十六日付で、当日報知新聞上報導された記事を写して石黒地方課長宛に報告があった。

二十六日報知新聞に「朝鮮神宮鎮座祭を待構へて一騒動か」と題し概要次の如き記事あり。

「御神体を天照大神と明治天皇との二神を移奉することに対し、鮮人側は朝鮮建国たる檀君や中興の功労者等を合祀せぬは怪からぬとの理由で、鮮内と在京鮮人相呼応して反対し、一方内地人間にも日本の神学上遙拝所としてならば差支なきも御神体を他に移すことは絶対に出来ないと主張するものあり、神職連中にも同意見が多く、為に此程来内務省及朝鮮総督府に向って反対運動を開始した。警視庁方面ですらも朝鮮民族の思想に猛烈な何物かを植付くることは、政策上面白くないとの意見多く、本問題は益益大きくなるらしい。」

本件は最近警視庁詳報の旨、及他にも高松宮司排斥運動者ありて材料を与へたものと認めらる。在京鮮人に在りてはその声を聞かず為念。

動きはだんだん大きくなり、朝鮮軍司令部でも憲兵隊が情報の採集に乗り出して左記の如き詳細なる聞取りの報告までされたのであった。

朝鮮神宮の檀君合祀に對する感想の件

大正十四年九月二十二日朝司第一六五四号で、軍、中、警局、内局、朝各隊に発送した報告書

朝鮮神宮の祭神問題に関し赤化防止団幹部小笠原省三等朝鮮の国土創造の偉人檀君を明治天皇と御同列に併祀し、

其の他日韓併合の加労者を末社に奉祀し、以て内鮮融和の神と為さざるべからずとの議論は、八月二十九日以後の京城日報に数日連続掲載発表せられたるも、之に対し京城地方に於ては未だ特異の反響を認めず極めて冷静に経過しあり。

而して内地人一般は、史上其の存在さへ疑はしき檀君を明治天皇と御同列に奉斎する如きは、神威に関するものとして反対する者多く、鮮人側にありては纒りたる感想を有する者少く、又諺文新聞等にも何等の論評ありたることなく、従て一般は寧ろ馬風牛の状態にあり。只朴箕陽及金宗観等一部貴族階級に於て、檀君竝李太王殿下の併祀を云々し居れるも之とても熱ある希望にあらず。従って小笠原の所説の如きは朝鮮の実情を知らざるに因るものにして、却て平地に波瀾を起すの嫌あり。相当取締を要すべきものと認む。

以下内鮮人の感想左の如し。

一、内地人側

イ、多年我宮内省に於て研究詮衡の結果、朝鮮神宮の神霊は天照大神と明治大帝とに定められ、其の建築も官幣大社の方式に則り設計せられたるものにして之れ以上の守護神なし。然るに東京に於ては、一部過激なる売名的憂国の士等盛に鮮人の感情を刺戟して之に中傷を唱へつつあるは、信仰道徳を紊すものにして却て朝鮮統治を困難ならしむるものなり。

彼等の所謂檀君又は箕子は朝鮮創設の始祖なりと雖一種の神話乃至伝説的のものにして、朝鮮人中真に之を崇敬するは極めて僅少に属し、一般鮮人の畏敬する所に非ず。故に此の種の無格神霊を苟も官幣大社に合祀する如き、日本人として常識ある沙汰と思はれず。朝鮮神宮の鎮座は一面は信仰の統一にして又内鮮両族の永久鎮守たる意見を有するなりと。(内地人有力者の言)

ロ、朝鮮神宮に明治天皇の霊を奉斎するは、独り京城市民のみならず、全鮮の守護神として最上の霊なりと信ずるも、朝鮮の始祖檀君を合祀する如きは賛同する能はず。吾吾は渡鮮以来日本式の神社なきに多年不足を感じ居たる処今回官幣社の鎮座あるは内鮮人の信仰思想に好影響ありと信ず。(内地人実業家の言)

ハ、朝鮮神宮の奉斎は有意義の効果を齎すと思料す。朝鮮側の神霊合祀は日韓併合上よりせば或は適当ならんも、朝鮮の神霊にして天照大神又は明治天皇と併祀する丈けの神あるを認めず。其の尊厳を保つ上に於て当局の措置を適当と信ず。(内地人基督教牧師の言)

ニ、檀君は歴史上朝鮮の始祖と雖も内地に於ける我等が始祖とは全然趣を異にし、現在の一般鮮人に対しては崇敬せしむべき神威なし。僅に檀君教なるもの存して少数の信徒を有するのみ。故に之を以て信仰心を蒐めんとするが如きは鮮内の事情に通ぜざる者の論なり。又日本国民全体の敬仰する明治天皇と合祀すべしと云ふに至りては我祖先の御威徳を損ずる妄論なり。又朝鮮の神霊を合祀せざる為日鮮融和に支障を来すとは何等理由とならず。（京城消防組頭某の言）

ホ、朝鮮の始祖檀君を同く主神として合祀し、併合に功ありし者を摂社又は末社として之に奉斎し日鮮民融和の基礎たらしむべしとの意見を新聞紙上に見受けたるが之れも一理ある説なり。されど檀君を主神として合祀するには其の資格なきが如く感ぜらる。故に檀君を神宮の摂社として想像す。（内地人弁護士某の言）

二、朝鮮人側

イ、朝鮮神宮は最も日本国民の尊敬を受け居らるる明治天皇及皇祖を主神として奉斎し、来る十月十五日之が鎮座祭を行ふことは別に不平とする処にあらざるも、吾吾朝鮮人の遺憾に思ふは日鮮融和を唱へある今日何故朝鮮の皇祖及李朝五百年前の諸神を合祀せしめざりしや。朝鮮の神霊を神宮の一部に奉安せば日鮮融和上の効果大なるべしと信ずるものなり。（上流鮮人の言）

ロ、朝鮮神宮の主神に朝鮮の始祖を合祀せらるるは、鮮内の主護神たる神宮として当然望む所なるも、若し能はざれば現在有名なる神堂は永久に保存する如く総督府に於て何等かの積極的施設を希望す。現在地方の神堂は動もすれば交通妨害その他の理由により取除かれつつあるを見受く。この点甚だ遺憾とするところなり。（上流鮮人の言）

ハ、天照大神を御祭神とするは勿論其の外神武天皇又は我朝鮮と併合の御偉蹟ある明治天皇を奉斎することは当然であらう。然し朝鮮神宮とする以上内鮮人を通じて齊しく敬慕の焦点たらざるべからず。故に我朝鮮の国土創造者たる檀君以下歴代の神様なる箕子衛満其の他李朝の御先祖及日韓併合当時最も縁故深き李太王殿下をも奉斎するは内鮮融和上有意義なることと思ふ。（一部鮮人の言綜合）

一部學生の不逞計畫

大正十四年九月二十八日附、京城本町警察署長から、警務局長宛、朝鮮神宮祭礼に際し、一部学生の不逞計画に関する件の情報があった。

「来る十月十七日、朝鮮神宮鎮座祭施行に関し、鮮人間には種種なる風説を立て不平を洩し居るものありと云ふ者あり府内高普専門学校の一部鮮人学生は、朝鮮には古来より鮮人の崇拝せる神なるものありて、朝鮮神宮なるものの鎮座の必要を認めずと云ふものありて、当日之れが反対示威運動を為すことを内内画策し居る風説あり。之等不逞運動に対しては各校共警戒し居る由なるも尚相当注意を要するものと思料、引続き内査中、右聞込の儘御参考及報告候也」

祭神問題がかくまで発展して来たので、総督府としては確たる決意をしなければならないやうになった。

時の主務である石黒地方課長は左記の如き反対意見書を総督宛に提出して祭神問題に対する態度に一先づ終止符を打ったのである。

石黒英彦氏は筧博士門下中秀でた神道家であって朝鮮から台湾の文教局長に転じ、奈良、岩手の両県知事を経て北海道庁長官となり、次で文部次官となり、後大政翼賛会の錬成局長を勤め終戦前に逝去されたことは惜しみても余りある方であった。

反対意見書も理論整然として堂堂たるもので、自分の手元にある復写文書に同氏の朱筆で訂正されてある箇処もあり、当時を回想して感激無量裡に書き記した。

檀君合祀に關する反對意見

（地方事務官　石黒英彦）

檀君を朝鮮神宮に合祀せんとすることは左の諸点に於て然るべからずと認む。

第一　鮮人に神及神社の観念なきを如何にせむ。

鮮人は吾等内地人が有する神及神社の観念を有するもの皆無と云ふも過言にあらず。此の道の信仰は勿論智識だに無き鮮人を捉へて内地人と同一視し兎角の論説を試みるは大なる誤りと云ふべし。今日仮りに朝鮮の神なるものを求めて之を神社に合祀するも風馬牛たるのみ、寧ろ日本人が政策を弄せりと悪罵さるるにすぎざるべし。畢竟内地人の気安めのみ。蓋し鮮人関係を祭祀するには自ら道あるべし。徐徐に神祇の道を教へ而して奉祀は急ぐべからず。途生ずるを待って発すべし。少しにても無理のかからぬことを肝要とす。朝鮮在来の礼典を加味しつつ神祇奉仕の風を順致し神宮を中心として摂社その他を設け自然の儘に順応するを可とす。

第二　朝鮮には合祀するに適当の神なし。

仮りに合祀せんとするも適当の神なきを如何せむ。世間往往にして檀君李成桂その他各朝始祖の如きを挙ぐるも朝鮮人の多数者に対し果して何等の感を与ふるものぞ。

甲　歴朝の始祖

歴史の事実としては之を知るも之を信奉尊崇するの強き念慮は国柄として存せりとは認められ難し。此の如きものを神宮に合祀するは避くるを要す。

乙　檀君説に対して

一、鮮人は檀君を始祖と信ずとは誇大なり。伝説として知るのみ。三国史記以前に記述なく唯伝説ありしならむ。これを三国遺事に至りて仏教徒の附会着色に始まり再度高麗李朝に至り之を利用したるに過ぎず。

二、鮮人は檀君を始祖たりとすると否とを問はず、左程興趣を感ぜざるものの如し。「易姓革辟」の国何の感ずる所だもなし。

三、檀君教、大宗教等あり。鮮人間に信徒ありとなすは形を見て実を知らざるなり。信徒合して五千余人、而して信徒は檀君を熱列に信奉せるや疑はしく教義立たず。畢竟朝鮮に於ける情況が生める一種の宗教類似の団体たるに過ぎず何等の権威だもなし。

四、檀君は朝鮮民族発達史に徴すれば北朝鮮人の間に伝はれる伝説上のものと見るを得べく、南朝鮮人即韓種の者に対しては何等関する所のものなし。故にこれを朝鮮人の始祖となすは誤れるのみならず、南朝鮮人には一種の反感を生ぜしめ、彼に対して之は赫居世を始祖となす説をとるもの出て愈事態を紛糾せしむるの虞を存す。

五、檀君は支那の国史に対立せんが為めに作成せられたるものとの説あり。

六、三国遺事等に記載ありとなすも一然の私言のみ。僧睦菴一然が僅かに六百有余年前の記述にすぎず。(元魏書等によると称するも徴すべきものなし)悠悠午万年の事実は得て知り難きのみ、況んや往古以来引続き人人は此の伝説に対し信念がありしや否や不明なるに於ておや。

七、東国通鑑及東国輿地勝覧の如き官撰書にありと云ふも官撰したる根拠甚だ薄し。かの三国遺事が此の伝説を仏説と結び王倹に附会したるが如く、王家の確立及民心集攬の具となさんか、為めに高麗の始祖朱蒙と結びて体裁を整へんと試みたるものたるに過ぎず。

八、李朝時代国は檀君を享祀したりと云ふも一つの政策に過ぎず。即ち易姓革辟の国なれば先王を祭りて民心の融和を計らんとしたるものたるに過ぎざるべし。即ち歴代の始祖を祀り並せて檀君を祭りしものなり。勿論檀君の実在につきては深く研究する所なし。而して此の政策が何程の効果を有したるやは疑なき能はず。

九、檀君を奉祀する神祠の如きも霊崇殿及び黄海道九月山三聖祠等あるも唯伝説を信ずるものの奉祀せるに過ぎずして然かも四百年を出でざる近代的のものにかかり、檀君の実在を明証せるものにはあらざるなり。

一〇、結論

(イ) 要するに檀君始祖説、是を文献に徴すれば僧一然の書に始めて表はれたるのみにして、他に徴すべきものなく至って漠然たり。而して時に国家自ら之れを享祀し又は官書に記述すると雖も唯た一個の政策上獨断を以て之を為せるに過ぎず。吾人は之を以て檀君に対する存在を明白にせりとなし難し。依然北方鮮人間の伝説たるに過ぎずと認めざるを得ず。

(ロ) 唯だ仮令その事実が曖昧たりとするも伝説を伝説とし、之を確く信奉して敢て譲らざる国民的信念あらば事自ら別問題なるも、檀君に対する朝鮮人の考察は無関心の状況にして、内地人が天照大神に対するが如き観念あるものにあらず。

(ハ) 故に神宮に合祀すべき神としては全く不穏当のものなり。

第三 今日内地に於て檀君合祀を唱ふるものに對する反駁。

一、典拠すべきものなく漠然たる伝説的存在のみに止まる檀君を、実在明白なる天照大神及明治天皇と合祀することは異論の出づる余地勿論存す。

二、国民信奉の中心たる天照大神及明治天皇と鮮人一小部分の者が伝説に基き始祖となす檀君を合祀するにつきても又異論を生ずるのみならず、寧ろ多数鮮人をして神宮に対し一種軽視の念を抱かしむるに至るなきを保せず。

三、今後京城大学等に於て、勢ひ文学、哲学、人類史等研究進まんか、朝鮮民族の発達の沿革を明にし、神道の根本研究を開始し、祭神の御本質の研究も進むべきは明なることとなり。（朝鮮に信仰の確立せるものなき今日なれば近き将来このことあるは当然なるべし）故に今日之を合祀せんか、其の際に当り空漠なる檀君を俎上の魚として論議し、檀君の存在を全然否定し去るに至り或は又南方鮮人間に一種の偏見を生じ、更に又哲理上、信仰上又事実上堂堂たる神道の神神との関係に於ても、亦非常なる物議を醸すことなきやを恐る。

四、今日内地に於て論ずるものは鮮内の状況を知悉せず机上論をなす輩にして、一見理あるが如きも実際に照せば非常なる誤謬を生ずる恐れあるものなり。況んや政治問題として之を論ぜんとするが如きに至りては、不都合千万とも謂ふべく、此の輩は一部の鮮人と結びて鮮人の希望なりと称す。然かも鮮人の多数は特に在鮮の鮮人は殆んど神社の何ものたるやをも解せざるものなり。然るにその鮮人間に囂囂の論議ありとなすは事を誣ふるものと謂ふべし。

五、上記の如く檀君論をなすものは一部の者にして、斯道の有識者に於ては今日此説あるを聞かず。過日神社調査委員会席上に於て三上、上田の諸博士は神武天皇を合祀すべきものとの意見を語られたりとのことあるを聞くのみ、参考とすべきことなり。

六、結論

如斯漠然たる檀君を且又国民的信奉の念殆んど認め難き檀君を朝鮮神宮に合祀せば反って国民の反対非議に逢着するに至るべし、断じて不可なりと信ず。

第四　現状に對し何の不足かあらん。

神道の精神を簡明し鮮人を導き、他面攝社又は独立神社を創立して内鮮諸神を祭り、以て統一せる体系の下に奉祀の意義を徹透することを可と信ず。

即ち

1　天照大神、明治天皇は日本人の独占すべき神ならず。一切万我万物に光被すべき神なること。此の神の義を明かにして内鮮人一様に奉仕することは最も重要のことなり。

2　明治天皇は天照大神の御心を継ぎて、今日朝鮮開発の祖にあらせらる。朝鮮民の福祉増進せられたる今日より大なるはなし。内鮮人共に此の点を一考せば事自ら明かなり。

3　故に朝鮮神宮は内地の神を祭り鮮人に関係なしと云ふも如上の事実が神道研究を進めたる他日に至りては鮮人中に於ても明に前記の考の謬れるを知るに至るべし。

4　徒に鮮人に気兼ねし鮮人にのみ顧みて皇祖皇考の御神徳を狭小にせんとするが如きは全然反対せざるを得ず。

5　故に皇国の中心たる至高の神を中心とし、この下に攝社等を設けて此の神に融化帰一せしむれば足るにあらざるか。

第五　天照大神は至高の神なり。（素佐嗚之男命又は御直系と合祀に遊すことは先例あるも）

伊勢皇大神宮及賢所の事例に案ずれば他神との合祀は許されざるやに感ぜらる。

仮りに朝鮮建国の祖神なるものあらばその神と明治天皇とを合祀するは可ならむも然し今日体裁の変更は考慮を要す。

（附）

檀君を奉祀せんとせば大体左に依るの外なし。

一、檀君を奉仕せんとせば右文献に徵すべきものなきを以て単に信奉心によるの外なし。而して奉祀は急進なるべからず。徐徐に進まざるべからず。即ち

1　檀君が始祖なることを高唱し

2　鮮民の間に漸次此の信念を作り

3　所在に神祠又は神社を創立し（崇敬者の発意により）

4　鮮人の殆ど大多数がこれを信奉するに至り

5　遂に鮮人の希望として奉祀方を希ふの状あるに至らば

6　始めて之を神宮の攝社等に奉祀すべきものなり。

然るに事ここに出でざれば遂に神祇を奉祀するの途を謬るに至らんことを虞る。

二、神祇奉祀は強制なるべからず。民意を洞察して神祇を祀るべきものなり。民意なきに上独り神を設け之を尊崇すべしと命ずるも之を受け入るべきものなし。一方的に出づる檀君奉祀は前途洵に疑惧にたへざるなり。

御祭神問題に對する筧氏の意見

檀君合祀問題は内地に於て華華しく論議されてゐるとき高松宮司は日光にあって愼重に調査研究を重ねてゐた。筧克彦氏とも会し同氏の意見を求められたが、結論として、檀君に就ては種種議論も生じ不確実でもあるので檀君と限定せず、むしろ「朝鮮地霊神」を相殿に配祀するを可とすることになった。国霊と書かずに地霊の文字を使用して同じく「クニタマ」と訓む事にしたいとのことであった。

このことはかねて宮司の研究された結論でもあったので早速石黒地方課長に直接電報及手紙で報ぜられた。

東京に於ての祭神研究會

大正十四年九月九日に靖国神社々務所を会場とし、小笠原氏の肝入りで、関係有志の会合があった。高松四郎、葦津耕次郎、今泉定介、桑原芳樹、賀茂百樹、篠田時化雄、平田盛胤、猿渡盛厚、肥田景之、武居保、畑道雄、小笠原

省三の諸氏であった。

同会合で朝鮮の神社に彼等の祖神を入れずに我国の祖神のみを祀ってこれが崇敬を強ふることは不当であるとの議は一同異議はなかったが、その祖先神を檀君とする点には種種の異論が出た。

高松四郎氏は当の神社宮司予定者として席にあり、一同の質問に対し大要次の如き意見を述べられた。

「朝鮮の始祖を祀るべしといふ議には同感であるが、その始祖を檀君となすべきや否やは史家亦疑義を有すると聞けば、檀君と断ずるは一考を要する。猶始祖の外に建国有功者をも併祀するを至当と考へるが故に、敢て人名を挙げず、始祖及建国有功者を併せて国魂神の名称を以って配祀するのがよからう。」

会するもの一同はこれに賛成して、国魂神の名称を以ってすることに決し、有志の名で内閣総理大臣に建議することになった。

しかし、これらの経緯やその後の成行きに就ては関係のなかった自分としては、ここに記すよしもないが、小笠原氏を中心とした関係有志の方方も、檀君祭神論から「国魂神」に移り、更に国魂神の究明に拍車がかけられたことはその後の経過が如実に物語られてゐて興味深いことである。

朝鮮神社を神宮と改稱する

朝鮮神社の社号は大正八年七月十八日内閣告示第十二号で、其の位置及御祭神並に社格御治定と同時に勅定されたが、大正十四年になって社号改替の議が起って来た。

神社界では朝鮮神社に対し格段の注意を払ひ祭神の御関係上、神社号は当然神宮とすべく、宮司は勅任待遇とすべき筋合の神社で、特に新領土に於ける最初の御創立であるからこの点神社界の将来を卜知されるものとして重大視してゐる傾向であった。尤も台湾、樺太の創立はあったとしてもその鎮斎の趣は大変異ってゐたことであった。

かくて総督府としては関係方面に内意を探ねたが、先づ宮内省では関屋宮内次官は下岡政務総監に対し同感の意が述べられ、掌典部の佐伯掌典、杉庶務課長、松平式部長官等何れも改称には異議がなかった。

拓殖局では郡山、松田両書記官も同感で、内閣総務課長長谷川書記官は内務省の意見を以って決定するといふことである。

内務省では宮地考証課長、佐上神社局長も異議はなかったが湯浅内務次官は神社調査会の議を経て決したいと云ふことになり、宮地考証課長の起案とはなった。この連絡交渉は主として石黒地方課長が当られた。

宮地考證課長の意見書

「按ずるに朝鮮は古来内地と極めて緊密なる関係を有し之を歴史的、地理的並社会的に見るに台湾、樺太に於けると自ら趣を異にし軽重の差歴然たるものあり。而して本社は朝鮮全土の総鎮守として創立せられ、其性質頗る重きに加へ、祭神は我神祇中最も顕著なる天照大神、明治天皇の二柱を奉祀するものにして、此点に於ても国土開拓の神を奉祀する、札幌神社、台湾神社、樺太神社と同日に論ずべからざるものなり。

更に神宮号を称する古来の例及現今の制を見るに、官幣大社石上神宮、同鹿島神宮、同香取神宮等は古来の称呼にかかり、霧島神宮、宮崎神宮、橿原神宮、平安神宮、鹿児島神宮、鵜戸神宮、明治神宮は明治以来称し奉れるもの、右の内宮崎、橿原、平安、明治の各神宮は天皇を奉祀し、霧島、鹿児島、鵜戸の各神宮は日向三代の皇祖にして、総《す》べて御歴代と同一御待遇の神霊にまします。即ち新に神宮号を称する神社は歴代天皇並に神武天皇以来の皇祖に限るるを知るべし。而して現在皇室の御取扱を按ずるも　天祖天照大神を第一とし以下御歴代に及び奉れり。

思ふに本社はその奉祀する祭神の点よりするも上述の如く特に重ずべきものあり。又その性質よりするも台湾、樺太に於けると自ら趣を異にするものあり。仍て神社号を神宮号とし朝鮮神宮と改称せられ支障なしと認む。

但し本件は事頗る重大なるを以て一応神社調査会に諮問せらるるを穏当とす。

大正十四年四月一日」

神社調査會の決議と改稱稟議

宮地考証課長の意見書によって神社調査会は早速開かれて承認の議決がされた。

その結果は直ちに総督府に回答されたので、大正十四年四月二日附を以て朝鮮総督から内閣総理大臣に請議を提出し、同年六月二十七日に至り内閣告示第六号で朝鮮神社の社号を朝鮮神宮と改称仰せ出された。時の内閣総理大臣は子爵加藤高明氏であった。総督府から提出した改称の理由書を左に記して見る。

神宮號に改稱する理由書

「大正八年七月内閣告示第十二号を以て朝鮮神社創立の旨被仰出候処熟熟御創立の御主旨を拜察するに朝鮮は神代以来特に内地とは緊密の関係を有し一家の態を為したるものと被察候処中世相隔絶したるも先帝の御代に至り朝鮮を併合被遊内鮮帰一の実を挙げさせ給ひ皇国建国の御本旨を

実現せさせ給ひしことは洵に難有次第と被存候のみならず朝鮮には本土と相比すべき国土ありて千七百万人の大衆を擁し居る現況に有之候へば之を歴史的、地理的及社会的に見るも台湾、樺太に於けるとは自ら趣を異にし朝鮮に於ける神社の御創立は国家重要の事に属するを以て特に御祭神は　天照大神　明治天皇の御二柱を奉祀し神社は朝鮮全土の総鎮守として神社中至高のもの一、に列せらるるべき御趣旨なることは炳として明なる次第と拝察仕候

而して古来神社の社号に関する典例に徴するに概ね　天照大神を奉祀する皇大神宮は申す迄もなく代代の　天皇を奉祀する神社は是を神宮、皇族を奉祀するものは宮、其の他は神社と号せらるるを常規とせらるるものの如し、又朝鮮人は古来典礼格式を尊び候に付ては社号の如何が朝鮮人に与ふる感想に就ても洵に深甚の注意を払ふの要あるべく況や神宮の御名は在鮮内地人に対し無上の喜を与ふると共に益崇敬の念を喚起し新領土に於ける開発に関し勇往邁進せしむるに至るべきは疑なき義と被存候に就ては朝鮮神社の御社号は明治神宮、吉野神宮及宇佐神宮等と同じく朝鮮神宮と変更方仰出さるるに於ては名実共に備はるるに至り神威を四方に光被して御創立の御主旨を達するに付き彌彌効果あるべしと奉拝察候、御社号の変更は事固より神事に関し候に付ては最も愼重を要すべき義なりと被存候へ共曩に朝鮮神社と仰せ出さるる様具申候当時と今日の朝鮮の実状とを比すれば一層深く政教の大本を抜き民衆を率ゐる要切なるもの有之様被存候に付以上の如く御創立の御主旨に副ひ典例に準拠し又鮮人伝来の風習に鑑み御社号御変更の儀は今日に於て最も必要なることと存候、且つ偶偶本秋御鎮座祭執行せられ候に付其の前に於て変更方仰せ出さるるに於ては当初より神宮と仰出されたると殆んど異ることなき義かと拝察せられ候」

朝鮮神宮々司は勅任待遇とする

朝鮮神社の社号を神宮と改称するにつけ、同宮司は当然勅任待遇とするの議が起り、内地関係官庁とも打合せが行はれ、職制の上にてその人に不拘勅任待遇とするやう改正された。そしてその選任に就ては非常なる用意が払はれ愼重な詮衡が行はれた。

神職界に於ける第一流の人物を招ぎたく総督府では神社局に内交渉が行はれたのは云ふまでもない。

時の神社局長佐上信一氏は優秀なる適任者を順位を定めて十五名を推薦した。その順位をここに記すことは興味あることだが、未だ健在で奉仕されてゐる方方が七名もあることとて、支障が生じては失礼とも思はれるから省略することにする。

然し第一位に推されたのは当時の日光東照宮々司高松四郎氏であった。

石黒事務官は総督、政務総監の命を受けて、昭和十四年三月八日、日光に趣き高松宮司に下相談をしたが断然拒絶され、更に総監の書翰を携帯して再び日光に同宮司を訪れたが再度拒絶された。

それで手を替へて内務省から招電を発し、同宮司を東京に出張せしめ、石黒事務官は上野訳に出迎ひ直ちに総督府出張所に案内し、政務総監と直接懇談せしめ、懇篤なる勧説により漸く陥落させたことであった。さすが剛直の高松宮司も遂に承認することになった。

朝鮮の事情も知らず、家を持った許りの自分は、高松宮司の推選により石黒事務官の訪れを受けたが、承諾するまでには再度の面談を要したことは云ふまでもなかった。

鎮座祭と例祭日の決定

御造営の工事も予定の如く進捗して来たので祭儀の儀制に則って、御霊代の奉遷と鎮座祭の日取を決定することになった。

十月十五日を鎮座祭とし、後一日を隔て臨時大祭を行ひ向後毎年十月十七日を以って例祭日となすことを最も適当と思はれたので、六月二十日附で内閣総理大臣に鎮座祭及例祭日の治定方並に例祭日の暦面掲載方等に関して具さに申牒した。

かくて九月十四日附で内閣告示第九号で治定の旨の公表があった。

しかしこの決定に至るまでには、総督府として慎重に研究調査が行はれたことは云ふまでも無い。

御例祭日の定め方については、御誕生の日、御即位の日、崩御の日、列格仰出の日等の内地神社の例も調査したが、伊勢の神宮の神嘗祭日、明治神宮の例祭日、併合記念日等は特に考慮されなければならないことであった。

その上に京城府民の鎮守として祀られてゐる、京城神社との関係は特に慎重が期され、内務局長から同神社へ正式に意向等を照会されもした。そして具体的に四案が考へられた。

(一) 秋季に於て日を選定するとせば。

京城神社の例祭日を春祭に変更させ、十月十七日又は十一月三日の何れかに定むること。然し十一月三日は朝鮮全体としては気候稍や寒く一面に於て天長節祝日でもあり、一考を要すべきだとし、十七日が適当であらうとの案。

(二) 春季に於て選ぶとすれば。

御祭神と関係ある日なければ、桜花爛漫たる五月五日の旧節句とすべきか。

㈢　十月十七日とし京城神社例祭日と同日とすること。
　この案は理窟上差支無きも府民として両社の祭事に奉仕することは精神上如何とも思はれるが、時間を変更すれば祭典参列者の関係から都合よろしく、神賑等には府民奉仕の関係から更に盛大さを予想され良案である。
㈣　十月十七日朝鮮神宮例祭。十八日京城神社例祭として連続せしむること。これも良案であると考へる。
　結局京城神社の例祭は十月十七日、十八日（神輿渡御）の両日の従来通りとし、朝鮮神宮は十七日と決定し府民協力して神賑も奉仕することになったのである。

例祭を勅祭とする

　勅使御差遣の上例祭奉仕をさるることとは、官民のいたく望むところで、朝鮮の地に於て更に強いものがあった。

　しかし何分にも遠隔の地であるので、宮内省より毎年参向することは困難と考へられたので、勅祭社として認め、年年の勅使は朝鮮総督が参向し、三年目に宮内省から参向することに決定された。

御社殿以下の建築様式と改造

　御本殿、幣殿、中門、拝殿、神饌所、手水舎等は御本殿の神明造系統に準じて直線式のもので、屋根は銅板葺である。その様式の性格からも寒冷の地の建物として相応しくないことは明かで、寒中の祭祀は殆んど完全な奉仕は出来ないことである。

　勅使殿、社務所等はさすがに暖房の設備もあり、冬の日も春の和みを身に感ぜしめるものであった。けれどその様式は御本殿以下の建物との調和は失はれてゐた。

　内地に於ける朝鮮神宮に関する問題の中には、祭神に関する外に、御社殿の様式のことや奏楽の問題も挙げられてゐた。その風土に相応しいものを採り入れたいと云ふ希望であった。

　けれども、御社殿が神明造系統のもので、檜白木造としたことにも大きな理由のあったことであった。それは、朝鮮には宮殿や廟に、支那建築の影響を受けた豪壮なる古建築物が建ってゐるが、さうしたものに対比して遜色なく、しかも風土に会った建物とするには莫大な費を要することで、建設予算の上からも許されぬことであった。それに、内鮮融和といふ言葉が、鮮人には心地好き響とはなってゐない、政策の語と誤解される恐れもあるので、御祭神も単的に朝鮮の神を避け、建築様式も純日本的のものを特に選定したことのやうにも想像されたのである。然し風雨に吹き曝される拝殿中門等には、冬期の寒気予防のため天幕や幕を張り、後年には唐戸を付けて囲む工風が施されたが、それは頭初からの懸案であった。

高松宮司とともに初めて京城に出張した頃は勅使殿や社務所は九分通り竣工してゐた。しかし上段の間一間を畳敷として外各室全部がコルク張の洋間となってゐて、勅使接見も出来ず、更衣も出来ぬ設計であったので改造し、全部の室を畳敷とし、便所の位置等も変更してもらふまでには滞在中の懇談の結果であった。

社務所も全部洋室で畳敷の室も無く、参籠室もなかったので、急に増築をしてもらった。

潔斎場は水道栓のみの設備で、寒中でも水を被るものと心得て居た設計者であった。

あまりに突飛なことのみ多く啞然たるものがあったが、設計当初に於て斯道の専門家が参与して居なかったのがかかる結果を生んだこととは思はれた。

しかし、神社建築界の最高権威者である伊東忠太博士が参画されてゐたので不思議のことであったが、細部のことは技手の責任であったことでもあったと見られる。

同氏参与の樺太神社も神明造の系統で、朝鮮神宮より先に建てられてゐたので、寒気に対する同様の苦難は経験済のことと思はれたが、如何のことであったらうか。

純日本式のものを外地に建てたいといふ考へ方は一応諒解出来るとしても、元来熱帯地方の建築様式の流れを汲む神明造の形式を、そのまま寒帯地方に建設することは理解に苦しむところであった。

御霊代の奉遷

御霊代の奉遷の姿は、明治二十五年以来御霊代の御本体たる御鏡を宮中鳳凰の間で天覧に供し、是を包装して逘附するお扱となってゐた。御霊代の奉遷と云っても、実は御物の逘附である。鎮座祭の当日招神の祝詞を奏上して始めて御神体たらせらるるのである。

だから奉遷途中では非常な気安さを感じ、万事簡単なお取扱となってゐたものである。

しかしながら御霊代を御物として輸送するのと、御神体として奉遷するのとでは、御祭神の御威徳を創立当初に於て周知せしむるには、非常な距離を生ずるのは論ずるまでもない。御神霊が遙遙海を渡って御来鮮になられるとの感は、人人の心裡に深甚なる刺戟を与ふることである。途中奉送迎の人人に及ぼす影響は更に大なるものである。京城に於ても未だ曾て経験したことのない敬虔の状況は想像に余りあることであった。

然るに単に先例によって默默として輸送が行はれ潜かに鎮座されたりとすれば、御鎮座の意義が減ぜられる。

明治神宮の御鎮座祭に奉仕したときも、この感はまことに深く、当時宮中より御鳳輦によって御奉遷申上げてはとの論もあったやうだが、遂にその事なく前例に依ったものであった。まことに残念であったが宮中の儀は古来容易に変更を許されない慣習であるから致し方もなかった。

栃木県那須郡狩野村石林の乃木大将の別荘地域に日本で初めての乃木神社として創立鎮座されたのは、大正五年であった。その創立の中心となり鎮座の式を執行したのは、亡父元気であった。乃木将軍常用の軍刀を御神体と拜し、赤坂の乃木邸の境内社で御霊を遷し、上野から西那須野駅まで、途中各駅頭に於て盛大な送迎をうけて奉遷の儀が行はれた。鉄道省から一等車の特別連結と無料輸送をうけたことは、当時としては痛快事でもあった。父は衣冠を着用して奉仕した。

続いて大正七年に静子夫人の御霊代奉遷の儀も同様の姿で奉仕され、学生時代の自分も狩衣を着て奉仕の一員に加った思ひ出を持つ。

乃木神社の創立鎮座は宮中との関係もなかったので、思うやうに執行され、一般の方方は非常な感激を持ったことであった。

そんな経験を持ってゐたため、朝鮮神宮の御奉遷こそはより意義深き姿で奉仕したいと念じたことであった。

けれどもその結果は想ふ通りにもならず、折衷を行く形となったことは遺憾であったが、途中奉送迎の人人の感激を受けたことは事実であった。

その大要を記して後の日の参考としたい。

御靈代奉遷御道中

御霊代奉遷に就ては関係方面と慎重な協議が重ねられ、この儀は予定の如く無事奉仕することが出来た。しかし例の特高課から報ぜられる前振れの情報には随分心配もさせられたことであった。京城駅から朝鮮神宮までの間は、狩衣を着用して御霊代のすぐ先頭に立つ自分の事は、何と云っても目に付くことで、爆弾の御見舞は覚悟してゐたことであった。今から思へば馬鹿らしくもある笑ひ事であるが妻は鎮座祭を終るまで街の盛大な催物の賑をも見ずに終始家の中に居って非常時を待機の姿で過したことであった。

御靈代內地より朝鮮に

大正十四年十月十日午后八時三十分、御霊代奉安車は東京駅を出発し、十一日の午后十時下関駅に御着、山陽ホテルの奉安室に約一時間安置された。

東京まで矢島事務官及随行一名が御出迎に趣き、園池掌典次長勅使とし、菱田、村岡の掌典補、外宮属雇等八名の一行が御霊代を捧ぜられた。慶尚南道知事、慶尚南道警察部長其他一行は三田尻駅まで奉迎した。

下関まで岡本主典が出向し、狩衣姿で途中先導の役を奉仕した。

下関から釜山までは、駆逐艦「樫」にて渡航、同艦「桃」は護衛艦として副従した。

港頭官民多数の奉迎をうけて、十月十二日午后四時四十分、無事御上陸、序列を整ひ釜山ホテルに著御、一泊された。

翌十三日午前七時二十五分釜山駅発御、奉安特別列車は途中各駅に於て官民多数の熱誠溢るる奉迭迎を受け、午后五時新装なれる京城駅に着かれた。

近代式に建築された京城駅は、此の日始めて開かれたのであった。

京城驛より南山まで

京城駅頭には李王殿下御代理を初め王公族、総督以下多数奉迎され、同駅から朝鮮神宮までの沿道には各種団体、学校学生々徒、児童等が整列して奉迎した。

御霊代の御奉遷特別列車が静かに京城駅に停車して、列車から、時実京畿道知事、生田総督府内務局長、安藤京畿道警察部長等が降車し、引続き長谷川大尉の指揮の下に、十名の下士卒が下車、奉降所を囲みて整列、抜剣、捧銃、全員敬礼の中に、勅使園池掌典次長は降車、御霊代、御宝剣（宮内省より奉納の宝刀）は、宮内官の手によって奉降し奉安台に奉安された。静粛なるこの光景の中より、桂京城駅長の先導、警部の先駆にて、儀仗兵、禰宜、御霊代、同御宝剣、勅使、宮司、総督、儀仗兵と順序正しく、歩武粛粛と第二歩廊から駅構内貴賓室に奉安の上少憩された。

王公族の奉拝の後、御霊代、御宝剣は諸員最敬礼裡に奉安室より構外に、差廻しの自動車に奉遷し粛粛と行列は南大門に向ひ発御された。途中官民多数の奉迎をうけ、厳かに大鳥居下広場に到着し御霊代は奉降され、広場幄舎に奉安、宮内官の手で外箱から外辛櫃に遷し奉り、宝剣も同様奉降し仕丁の手で奉舁された。かくて抜剣せる儀仗兵に護られ、手塚禰宜先導で三百八十余段の石階を一歩一歩踏しめて登る。午後六時、石階を上り尽し中の広場に達するや、夕陽全く西山に沒し俯瞰する京城の街に燈火煌めき、馬場先一の鳥居を経て勅使館に向った。

儀仗の歩兵中隊は一同捧銃、劉亮たる「国の鎮」のラッパ吹奏裡に、六時五分御霊代は勅使館に入り、宮内官の手で上段の間に奉安された。斯くてこの度の終戦まで、朝鮮の御守護神として、神鎮まりたまふべき、天照大神、明治天皇二柱の大神の大御霊は恙なく御着なされて、次の日盛大なる鎮座祭が斎行されたことは、半島精神の文化史上光輝ある一頁を綴ったのであった。
しかし、その蔭には外地だけに御霊代奉迎不参加のこともあったが、爆弾の飛来もなく無事奉仕を了したことは幸であった。

御霊代奉迎不参加

大正十四年十月十三日附、京城西大門警察署長から、警務局長宛に、耶蘇教系学校の御霊代奉迎不参加に関する件の左の情報が告げられた。

本日朝鮮神宮御霊代奉迎の為府内各学校に於ては、夫夫奉迎準備を整へ、耶蘇教経営の学校にありても、当局の示達により宗教的見解を離れ精神的守護神を崇拝するにあらざるも只敬意を奉する意味に於て参列することに決し、夫夫奉迎場所の割当を受け参列生徒の選抜をも済し居たるに拘らず、昨十二日に至り宣教師間に、守護神を崇敬するは耶蘇教の精神に違背するものなりとて、不参加を主張するものを生ずるに至り、昨夜午後七時頃管内貞洞梨花学堂に於て、ベッカービリングス、クンスミスアッペンゼラー等機密会議を催し、協議の結果左記学校生徒は、本日の御霊代奉迎式に参列せしめざることに決定したりと云ふ。

記

延禧専門学校、セブランス医学専門学校、培材高等普通学校、儆信学校、梨花学校、貞信女学校、培花女学校
次いで十四日付再びその詳細が、同署長より報告されてゐる。

首題に関し昨十三日不取敢報告致置候処猶探聞する所に依れば、十二日夜梨花学堂に会合せる宣教師は監理長老教会に属する者十四名にして、セブランス医宣教師オーエンスは極力不参加を主張し、吾等教徒は天主教堂聖公会堂に安置せる十字架に対してすら礼拝を為さざるに不拘、神霊と称する鏡劍に対し合掌礼拝するが如きは忍びざる所にして、耶教の教旨に背くものなりと称し、穏健派の主唱せる参加説を圧倒せりとの聞込有之候及報告候也

以上のことも当時の社会事情と宗教思想を想起する一つの資料とはなることであらう。
神社と宗教問題に就て京城基督教聯合会から総督府に提出された開陳書を左に記して見る。

神社と宗教問題開陳

「神社と宗教との関係は久しく論議せられ、我政府は夙に両者の区別を立て其混淆を避けんと試みられたる事は我等の諒とする処でありますが、神社に附随する儀式典例其

他公の取扱方が宗教的色彩濃厚にして宗教との区別明確ならざるのみならず、事実宗教的信仰の対象とし真摯に之を礼拝し居るもの少らざる為め、之に対する学校職員、生徒の強制的参拝問題が宗教上の物議を惹起しました事は、我等の遺憾とする処であります。

特に歴史と慣習を異にする民族と融和共栄を全うせねばならぬ朝鮮に於ては、此の観念明確ならざるため往往にして不測の犠牲者を出すが如きは統治上憂ふべきことと存じ我等は久しく此問題に留意し当局の施設宜しきを得んことを希望したる次第であります。先般朝鮮総督府が神社事務の所管を学務局宗教課より分離して内務局地方課に移されたるは、神社は宗教の対象とすべからずとの当局の見解を実現せられたる第一歩なりと認め、之を慶すると同時に更に我等の希望四点を左に開陳いたします。

一、此際地方官吏、警察官吏及官公立学校職員、神職等に対し、当局の見解を徹底的に諒解せしめ、事務取扱上錯誤に陥らざる様注意せられたき事

二、民衆中には神社に対する当局の見解と一致せざるもの尠らず、為に幾多の誤解と犠牲とを生ずる虞あり。此際当局は神社に対する当局の見解を周知せしむべき適当の方法を講ぜられたき事

三、官公吏及一般民衆の多数が神社に対して当局の見解と相容れざる感想を抱く所以は、必竟神社に対する儀式典例その他公の取扱方が宗教的色彩濃厚なるに基因するを以て其見解に一致すべく改善せられたきこと

四、神社に対する取扱が、宗教的色彩を有する間は、学校職員及生徒に対し之が参拝を強制せず、父兄又は各自の自由に任ぜられたき事

以上

大正十四年七月

京城基督教聯合会」

御鎮座祭と例祭

大正十四年十月十五日、朝鮮半島初って以来の盛儀なる鎮座祭が行はれた。その日こそは東の空の朝暾の光りとともに、南山の翠は一きはさやけく明けて、敬ひの日、喜びの日として、京城三十万の府民は勿論、十三道津津浦浦に至るまで、その日の営みを休み、遙かに拝み奉ったことであった。

朝鮮神宮は山県政務総監時代に鎮座地の選定が行はれたが、七ケ所の候補地を選び研究調査が進められ、その結果南山の勝地が神域に決定された。

爾来前後九ケ年の日子が費され、工を起して五ケ年有余にして竣工を見たものであった。此の佳き日を寿ぎ李王殿下御代拝及李鍝公殿下を始めとし、斎藤総督夫妻、各国領

事、各道知事、総督府大官、引田師団長以下軍隊側各将校、各銀行会社、実業家等紳士淑女等約三千五百名が、大礼服又は正装で参列された。

祭は次第の通り順序よく運ばれ厳粛裡に斎行され参列の諸員に深き感激が持たれた。

一日おいて十七日は第一回の例祭が行はれたが参列の諸員は大体鎮座祭の折と同様であった。

十七、十八日が京城神社の例祭で神幸祭も行はれることとて、京城市内は両社の祭典の神賑を兼ねて種種の催物が行はれ、市内は全く奉祝感激の坩堝と化した。

京城駅前に、京城府が設けた大奉祝門、常には淋しい南大門も無数の電燈に飾られ、白光燦として輝き、大浮城の美観を呈した。

街頭の電燈装飾、花電車に晝は平壌航空隊の奉祝飛行、間断なく打ち揚げられる煙火の轟きは、さしもに広い大京城を震はすかの賑ひであった。

東参道畔の全鮮武道大会、二万二千の生徒の旗行列は南山の浮地を旗で埋め、少年義勇団の児童愛護宣伝のお練り、京城運動場の開場式、仮装行列、各町の意匠を凝した屋台等、殆んど毎挙に暇がなかった。

鎮座祭の終る頃碧空高く山頂をかすめて鶴の舞ひ飛ぶ瑞徴を参列の人人も仰ぎ見て当日の吉日を祝し合った。

朝鮮神宮では結婚式遠慮のこと

鎮座祭に次で例祭もすみ、愈愈神徳宣揚への心の準備に張り切ってゐるところに、大正十四年十月二十九日付石黒地方課長から舌代として三ヶ条の命令が自分宛に手紙に記されて便送された。

その第二条に「生田内務局長より、朝鮮神宮に於ては神前結婚を取扱ふことは避けられたき旨申渡されたり、御取り次ぎ申上候」とあった。

文面から見ても、神社祭祀の意義を理解してゐる石黒氏の本意から出た命令でないことも判明してゐた。

生田内務局長とてそんなことに関心は無かったとも見られたが、神社奉仕当事者に取っては大きな問題であった。官幣大社の名に於て祈願、祈禱や結婚式の如き俗な神事は避けた方がよいと云ふ意向でもあった。顧れば真に官僚的な見方でもあった。然しその裏には、前述した京城基督教連合会の希望開陳書の如き機運があり、又京城神社経営の面からする同神社関係氏子総代等の当局に対する懇願等がかかる命令となって表現されたと推察された。

けれども神社奉仕の根本問題に打当れば重大なことで、ここに小笠原氏の活躍が繰り返へされたのであった。警視庁の情報は引続くことになった。

朝鮮神宮祈願祈禱に関すること

鮮高秘第三〇二九号
大正十五年三月二十五日

警視総監　太田政弘

内務大臣若槻礼次郎殿
朝鮮総督府警務局長殿
同　内務局長殿
内務省神社局長殿
内閣拓殖局長殿
社会局長官殿
東京地方裁判所検事正殿
東京憲兵隊長殿
東京警備司令官殿
朝鮮各道知事殿
京都、大阪、兵庫、神奈川、
愛知、福岡、山口各府県知事殿

朝鮮神宮祈禱祈願問題に関する件

赤化防止団幹事長　小笠原省三

右者昨年十月鎮座祭を挙行したる朝鮮神宮の祭神問題に付き不平を抱き当時各神職と共に神道評論及「内鮮融和の一考察」と題する「パンレット」を発行して朝鮮檀君及日韓併合当時に於ける功労者の合祀に関する運動を為し、更に渡鮮して鎮座祭に参拝したる後、同年十一月満洲を経由して帰京し、目下「朝鮮神宮を拝して内鮮両民族の将来に及ぶ」と題する論文の起草中なるが、今回朝鮮総督府当局者に於て、神社は倫理的施設なる理由の下に神前の結婚式及祈願祈禱を不可也と論じたる由、高松朝鮮神宮々司より通信ありたる趣を以て、本名は別紙謄写の如く、本問題は啻に朝鮮神宮に関するもののみならず、神祇道の大不詳事なりとの理由を以て、当局者の責任を詰問すべき計画の下に、被く開催すべき予定なる全国神職会議に本問題を提出して広く輿論を喚起すべく、目下頻りに奔走中なるを以て注意中なるが、朝鮮総督府警務局長(貴官)に於ては之が真相折返し御通報相煩度右及申(通)報候也

謄写になれる小笠原氏の書翰

「拝呈邦家多事真に神道人の奮起を要する秋愈愈御多祥の事と拝察奉賀候。陳者、昨秋来、朝鮮神宮御祭神問題に関し御後援を蒙り千萬奉謝候。吾徒の主張は幸に天下の共鳴を得、昨年十月二十六日斎藤朝鮮総督は、特に頭山満翁を始め期界先輩数氏を請待して諒解を求め、朝鮮神宮に大国御魂神を奉斎すべしと云ふ吾徒の意見を容るるに至りしは為邦家同慶の至りに存候。小生は昨年十月十一日東京出

発、朝鮮神宮御鎮座祭に列し、更に満洲に入りて帰国し、目下「朝鮮神宮を拜して内鮮両民族の将来に及ぶ」と題する論文を起稿近く拜呈可致候。

然るに今年に至り、またまた吾徒の黙視し能はざる重大事に接し茲に貴下の慎重なる御考慮と御後援とを奉願する事と相成候。それは、朝鮮総督府内務局長生田某は、神社は倫理的施設故、祈願祈禱をなすべきにあらずと放言したる一事に有之候。これは啻に朝鮮神宮に関する事のみに非ず、我が神祇道の一大不祥事故、此の際徹底的に神社の本質を宣明し、彼等を啓蒙するは、吾徒の責務と考へられ候。近く有志の御会合を請ひ、此の対策を講究可致候へども、予め高松朝鮮神宮々司が某氏に寄せたる書翰を左に録し、御参考に供し申候。

（前略）朝鮮神宮の創立盛儀を極めたりと云ふものの、内容に至りては真に言語同断、全国神職会はむしろ金を朝鮮に求むるを廃め、金を使って人を派し、当局に対し神社を論ぜざるべからざる程に有之候。朝鮮神宮は総督府内務局主管の処、内務局長は小生に対し地方課長を通じて、神社は倫理的施設なれば祈願祈禱は行ふべからず、神前結婚又不可也との事に有之小生逆襲して一論争を遂げ、結論として、神社は決してさるものにあらず、従ってこの命令は遵奉するを得ずと明言して之を斥け爾来どしどしこれを実行致居候が、局長は神社を以って思想善導をなさんといふが如きは時代錯誤也、朝鮮神宮の創建亦時代錯誤なるも茲に至れるもの故不得止となすものの如く小生に対してはさすがに夫迄は言ひ出さざるも、神符、守札も不都合なりと申居る由、而してこの思想は内務局長に止らず大部分の高官連の意見の趣、小生事宜によりては、総督、総監の御前会議を求めて大いに之を論破せん心算に有之候

右は高松氏私信の一節なれども、斯の如き思想は、従来内務省の一部にも有り、世間往往共鳴する徒輩無きにしも非ざる状態故、此の際神道人の大結束力を以って是が善導解決を致し度く玆に得貴意申候。　敬具

大正十五年三月十九日

小笠原省三

殿」

結び

高松四郎氏が初代宮司を引受けるまでには、再三の交渉があったことは前述した如くであるが、この間将来に於ける奉仕上の抱負が述べられ、その理想実現への行政面は誠意を以って当時の総督府高官達に確約され承諾を得たことであった。

しかるに、これら将来の対策を談合した、内務局長大塚常三郎氏は鎮座祭前大正十四年六月内大臣秘書官に転任し、政務総監下岡忠治氏は上京中病魔に犯され鎮座祭の盛儀に参列もされず十一月東京に於て薨去され、昭和二年三月には地方課長石黒英彦氏は台湾総督府文教局長に栄転する等の異動があった。

宮司交渉当時の当局が鎮座祭前後半歳を出ずに全部が一変したことは、総督府内に於ける朝鮮神宮に関する将来への感覚が変ってしまったとも見られ、万事再交渉の姿となって非常に苦労をした。

前述した祈願祈禱問題もかかる結果の産物でもあった。けれどもその後年の経過とともに、御神威は弥弥昂揚され真に全道の総鎮守となり、次代宮司阿知和安彦氏、三代宮司額賀大直氏と代代の努力の奉仕は弥栄の社頭を顕現しみ国の姿とともに発展の一途を辿って来た。

ところが今次大戦の終了とともに、過去三代宮司の苦心経営も一朝の夢と消えてしまったことは、あまりにも寂しいことであった。

伝へ聞くところによると、昭和二十年八月十五日終戦の日、李鍝公殿下の葬式に当り、かしこきあたりよりの御幣物を奉捧して渡鮮された宮内省式部次長坊城俊良氏によって御霊代及御宝剣は恙無く宮中に御奉還されたとのことはせめてもの慰めであった。

坊城氏は任務終了とともに、朝鮮神宮勅使館に参籠潔斎し、軍の飛行機で御奉遷を奉仕されたのであった。

朝鮮の日本軍飛行機が総督府のために使用されたのはこれが最終の内地への航空であり、外地神社の御霊代が内地に御奉遷されたのは最初のことであったとのことである。

御本殿は解体の上職員の手によって御焚上げが奉仕されたが、御霊代御奉還の儀とともに、非常混乱の中に於ての総督府議決定と機敏の処置は、時の朝鮮総督府祭務官高松忠清氏によって運ばれたのであった。

御霊代の御奉遷鎮座とその御奉還の始めと終が、時代を異にして、高松氏父子が関係されたと云ふことは、真に奇しくも不思議な御神縁であった。

結びはまことに寂しいが、三十年以前のおぼろげな記憶を追って、手元に保管してゐる書類の一部を羅列し、断片的に当時の模様を連鎖して、朝鮮神宮御鎮座前後の記を綴って見た。御諒解を得ずに諸氏の名を列ねた点は改めてお許しを乞ひ、誤った点や記述の漏れたところは関係諸氏の御訂正に俟つことにしたい。

（昭和二十八年三月八日擱筆　京都　松尾大社職舎にて）

II　満州の神社と文化

一　満州の旅に描く

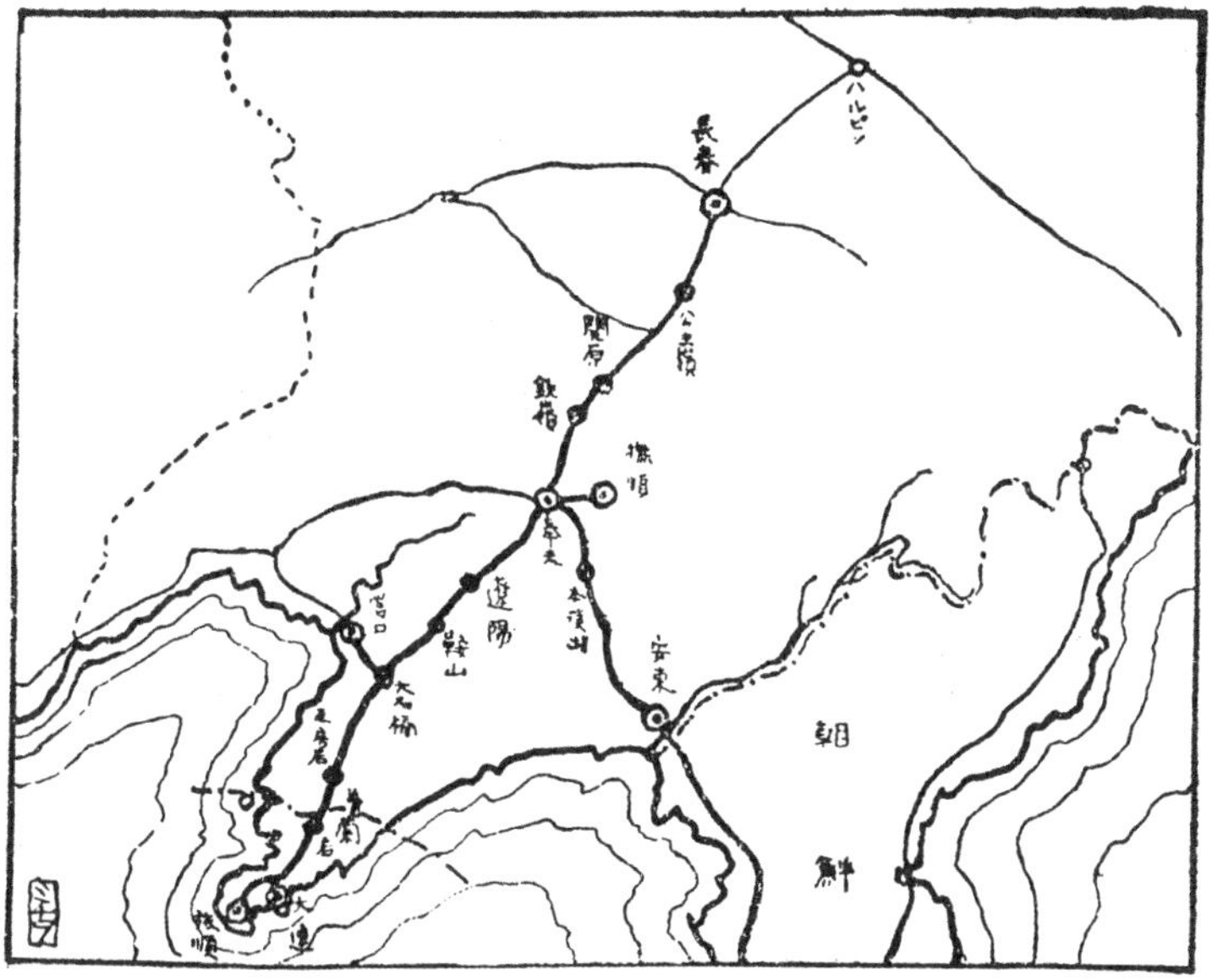

滿洲の旅に描く（一）

１　序

昭和四年十二月、十日間で滿洲一巡の旅を終へた一昨年の初夏、鎌倉の弟が忠魂慰靈祭や講演をして巡つた後ではあるが、自分の旅の使命は滿洲聯合神職大會に關する事務の打合せと、神社經營及社殿防寒設備等の調査であつた。僅かな日程は滿洲の輪郭すら把ることも出來なかつたが、公の旅費を支給されてゐることや、この方面の報告は近く住むものゝ當然の義務とも信ずるまゝに敢て筆を運ばうと思ふ

然し旅の感想や風物を、道行きのまゝに詳述しやうとは企てない。それは多くの旅行案内記や紀行文に譲る方が得策であるから、こゝには神道人として興味を持てるものを、スケッチしつゝ印象をも語らうと思ふ。

滿洲の神社數は四二社で神職數は二二名である。圖中の●點は主なる神社所在地で、●點はこの旅で親しく參拜した神社を示す。

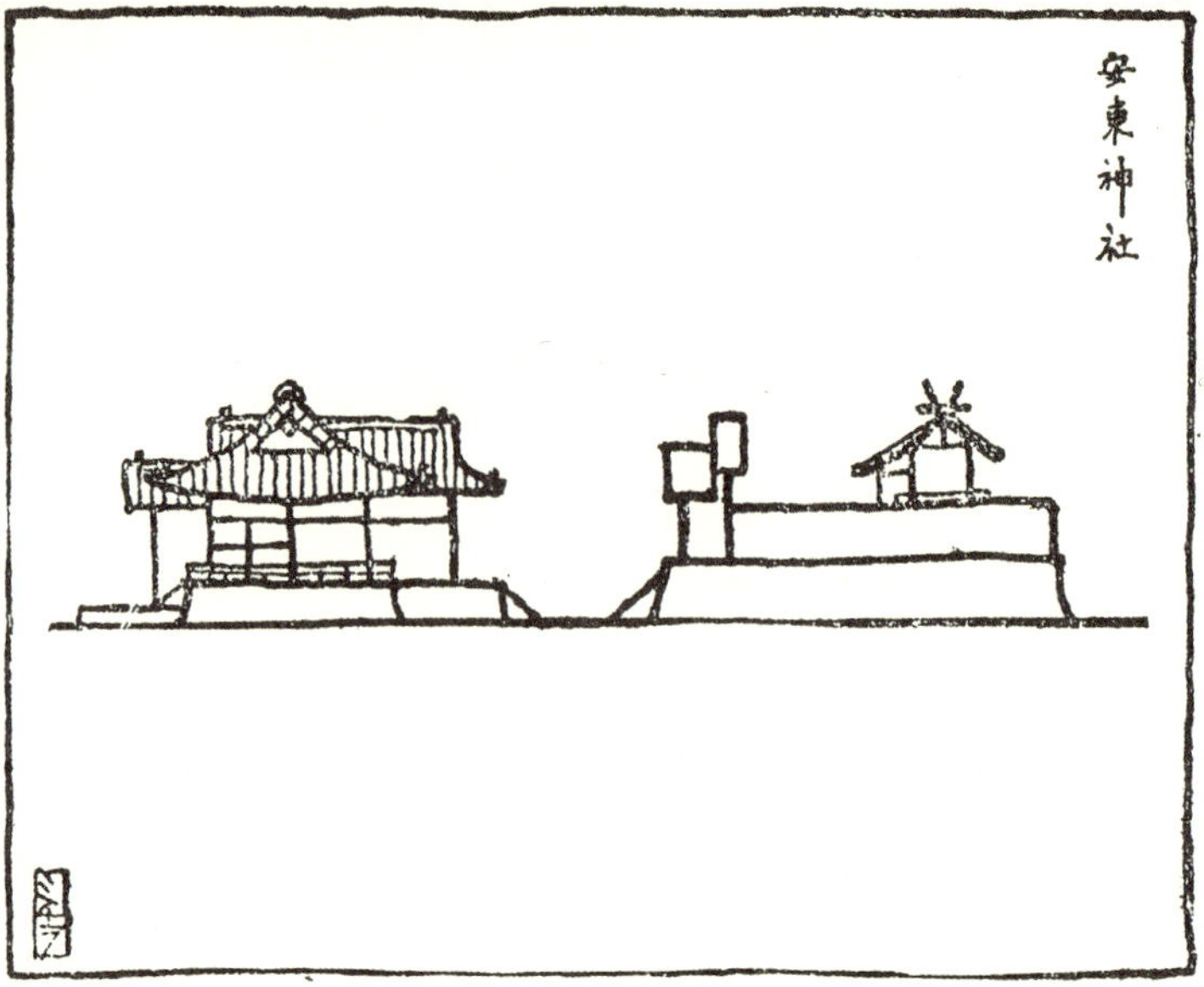

2 安東神社

鴨綠江によつて鮮滿の境界が區劃されてゐるが、安東は陸續きの滿洲への扉であるだけ總ての點に於て重要な都市である。

神社は山の中腹に南向きに建てられ、安東市街と鴨綠江と對岸の新義州まで一望に收め得る景勝の地に鎭座されてゐる。

祭神は天照皇太神、應神天皇、天兒屋根命の三柱で、他に末社が二社ある。

社殿の形式は、本殿流造、拜殿入母屋造向拜付疊敷で、蔀戸に硝子を嵌込んである外、別に特徵は無いが、調つた構成であると思ふ。

氏子は二千五百戸で、經常費七千圓の豫算であるといふ。

社頭の裝飾を始め、廣い境內が整然としてゐて氣持のよいことには、神職都甲惟冬氏の大正六年以來の永い努力の跡が遺憾なく現はれてゐる。

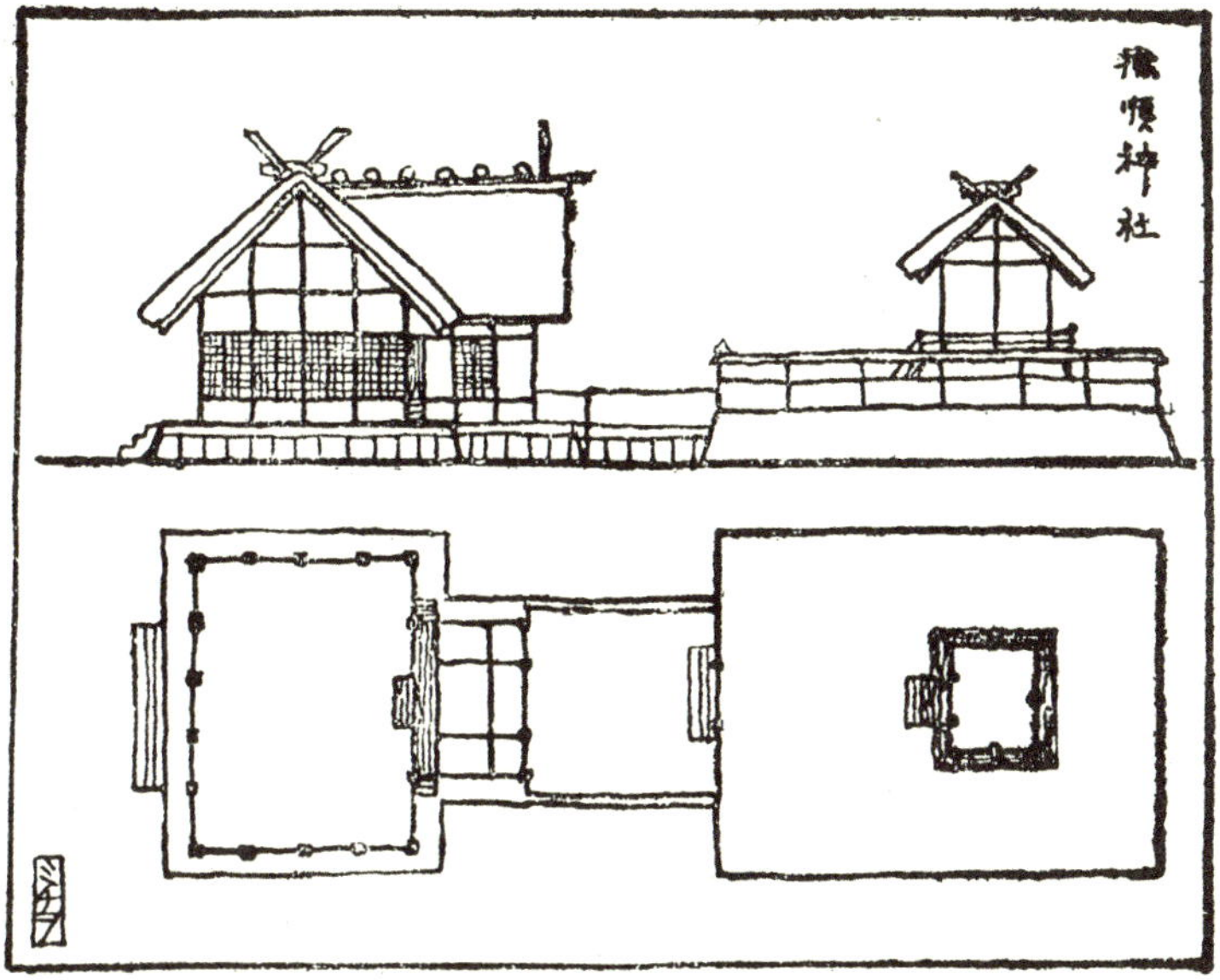

3 撫順神社

撫順炭坑は滿鐵の寶庫であると經濟上から見ても直に永安台に鎭座さるゝ撫順神社の完備した姿を推想出來るであらう。

祭神は天照皇太神、大國主神、金山比古神、金山比賣神の四柱で、創立は明治四十二年といふ古さであるが、炭坑採掘の爲め市街とともに移轉され、全部が竣工したのは昭和三年のことである。

本殿は神明造の木造で十坪あり、拜殿幣殿はそれに準じた直線式で鐵筋コンクリートを主とした建築である。拜殿のコンクリート土間と幣殿の疊敷の連結は巧に構成されてゐて、幣殿正面の大硝子戸を通して、本殿を拜される工夫すらされてゐる。防寒としてはストーブが設けられ、二重戸にしてある。

幣殿と拜殿との建坪を百二坪と算するときいかに壯大な建築であるかゞ推察できるであらう。

撫順神社 社務所 正面

4　撫順神社社務所

滿洲の神社中、社務所で一番内容の完備して、しかも大きいのは撫順であらう。

鐵筋コンクリート造で屋根は瓦葺である。一階は社務室と神職佐々木常磐氏の住宅として使はれ、二階は結婚式場や冬の私祭の祭場として設備されてゐる。各室にめぐるスチームは冬を忘れることが出來る。

社殿の敷地よりも一段低い場所にあることは、二階建でも多少は緩和されてはゐるが、社務所の建物としては想應しくないと思ふ。殊に神明造の社殿と對照して、棟數の多い屋根と白壁と複雜な正面圖の設計は一考を要することであつたと思はれた。

けれど、社殿以下の建物の配置や參道その他の整頓された様は、移轉改築がかく理想的のものにしたとしても、そこに異常なる苦心や努力が存在してゐることはこゝに語るまでもない。

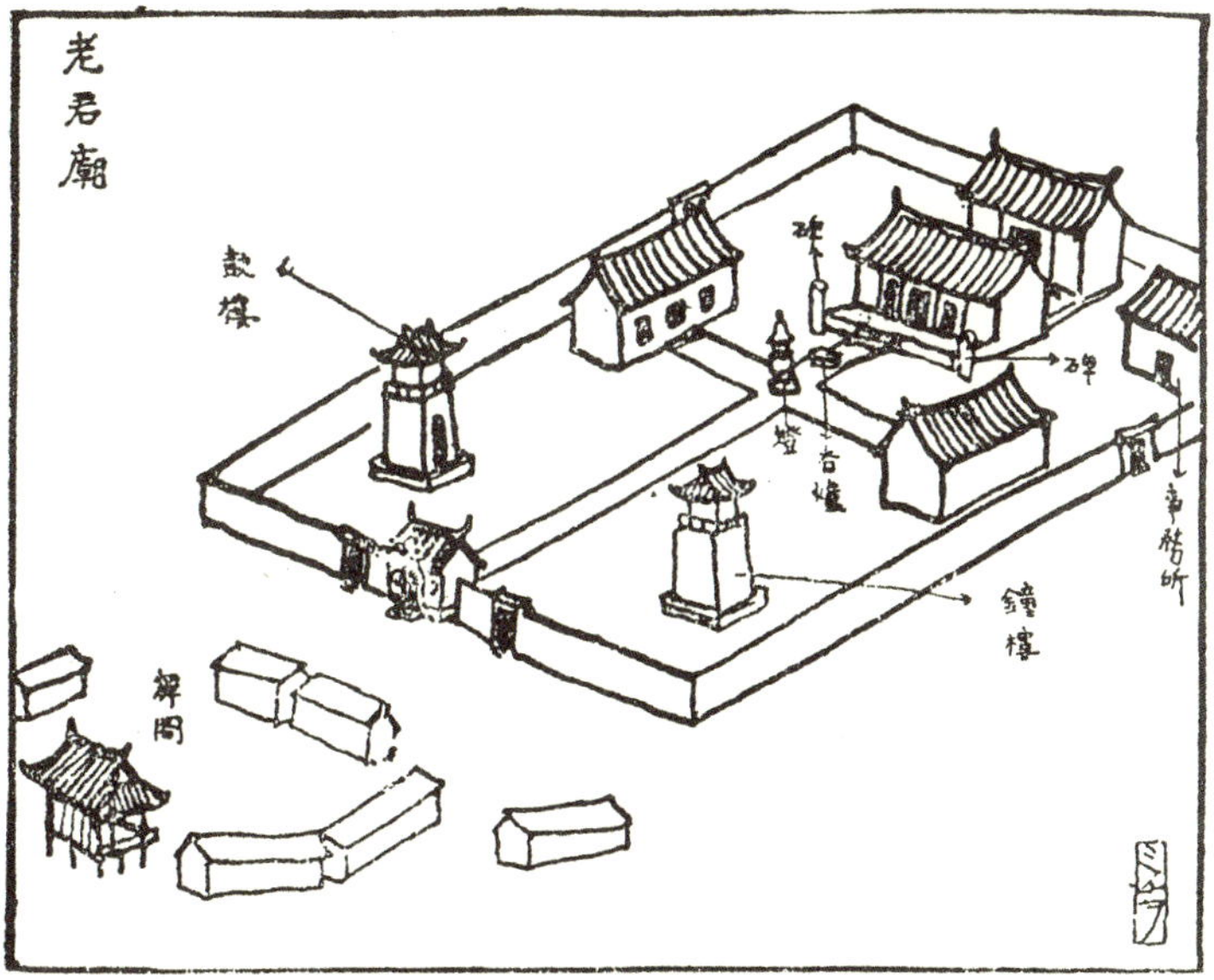

5　老君廟

平康里《ピンカンリ》といふ一區域は、支那の何れの都邑にもあつて享樂機關の備つてゐる所である。

心の糧の欲求を充す爲めに、撫順の歡樂園の中に大正十四年一つの廟が建てられた。老君廟と云ふが祭神の像や祭器具等から推察すれば、支那の宗教の相合された理想廟のやうに思はれた。

神門を始め正殿鐘樓鼓樓舞閣等の建物の配置は、外來宗教渡來後に於ける神社建築を思考するに役立つものもあらう。

舞閣は神樂殿にも比すべきもので、正殿に面して建てられ、樓敷のある粗末な家が周圍に列んでゐる毎度演劇が行はれ神人共に樂しまれてゐる。

鼓樓の太鼓は、白木胴の太鼓で、鐘樓の鐘は八蓮花の支那式のものである。神門の入口に獅子狛犬が立ち、門の兩袖には馬を牽ける神像が立つてゐた。

6 奉天神社

満洲の首都であるだけ、奉天神社の總ては完備されてゐる。祭神は天照皇太神、明治天皇の二柱で、平地に鎭座され境内は九千餘坪である。流造の本殿入母屋造向拜付の拜殿(五十七坪余)神門、祝詞舍、授與所、社務所、神庫、社宅二棟を中に、周圍は筋塀を以つて廻らされてゐる。氏子七千餘戸、經常費一萬五千五百餘圓と掲げることによつても、その盛況を察し得られよう。

本社の創立は大正五年であるが、昭和四年に、御大典記念としての本殿、祝詞舍、中門、透塀等の改築が竣工し、輪奐の美、愈加はり、神威尊嚴に仰がるゝ。

この完成への事業は、神職山内祀夫氏の不斷の奮鬪と熱誠との結晶であらう。現在は山内茂義氏と父子協力して、更に理想への奉仕を續けられてゐる。

満洲の旅に描く（二）

7　おみくじ

奉天で、とある道教の廟に參拜した。一區域の中に數多くの堂が建てられ、數多くの像が祀られてゐた。支那僧が香を燻ゆらせつゝ讀經に餘念がなかつた。

その中の一つの神像の前の祭壇に、御籤があつた神社に於ける御籤の起原など思ひながら竹筒の中に挿された數多い竹の一本を引いて見た。

竹の串には、第十二番と墨で書かれてあつたが、支那僧は側の澤山の抽出の中から印刷された一葉の紙を取つてくれた。

その文に曰く、

…………………………

呂祖靈籤

第十二籤　　問事

十日坐　一日行　磯頭有水　不碍利前程　問

到如何境　劉阮天臺不悞人

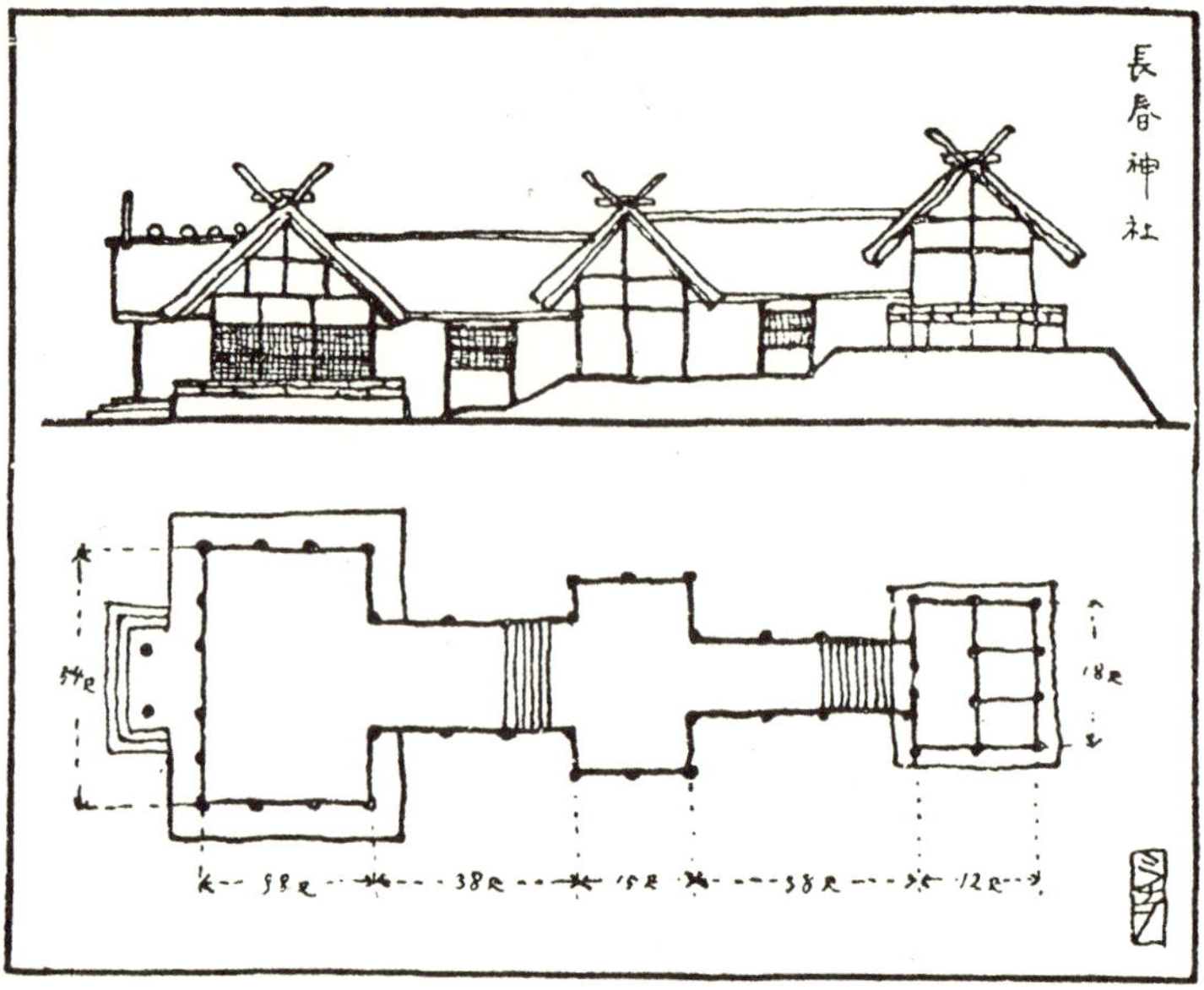

8　長春神社

長春は満鐵の最北端である。ハルピン行きの乗車券は日本の貨幣では求められない。

神職井上香木氏は白髪を撫でつゝ、元氣よく話し出された。

「當神社御祭神は、天照皇太神、明治天皇、大國主神で、この社殿は御大典記念に改築したが、總工費三萬餘圓である。構造は建築上新例を作つたもので、內部は鐵筋コンクリートに外部に木材を張り覆つた。高野山の寶庫もこの形式に設計されたとかいふことである。社殿の總坪は百二十坪で、すべてコンクリート土間で本殿大床まで續いてゐる。本殿だけは內外白木で包んである。氏子は二千四百戸で昭和四年度の豫算は一萬圓餘である……」

神明型の直線建築を巧に連結してゐて、プランにも遺憾は無いが、大床までのコンクリートと內部の洋館化には意見がある。

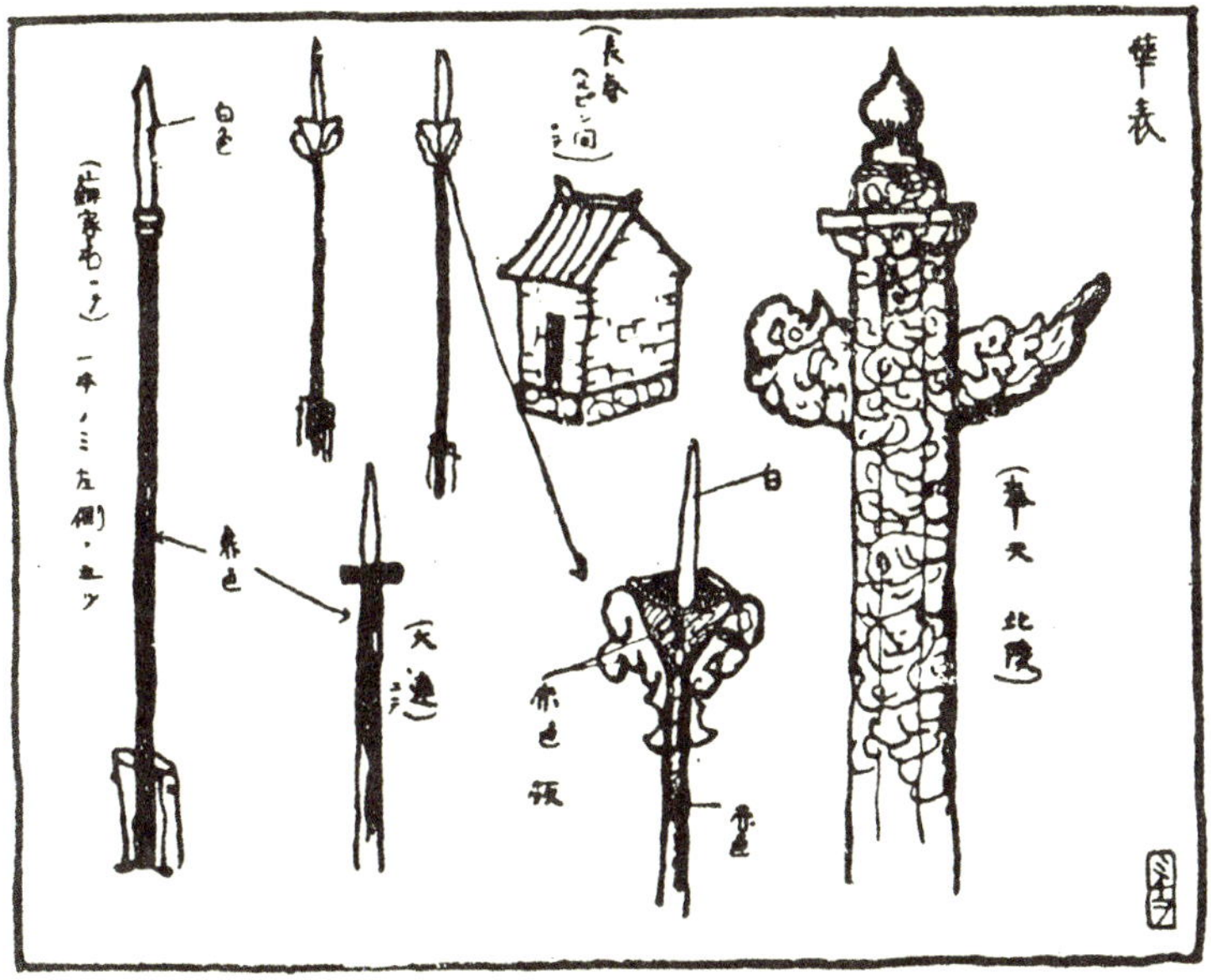

9 華表

漢文學の悪い影響だらう、鳥居を華表と書いて得意がつた時代もあつた。華表は鳥居の如く廟や祠や陵の表示として又門としての共通性はあるとしても決して同一の型ではない。奉天の北陵では、入口に經三尺高三間位の石造の華表が數對立つてゐたが、細密な彫刻が施されてゐる一つの藝術品である。又各地に小さな祠があり、廟といふ字で呼んで居るがこの祠の前には必ず一對又は一本の華表が立つてゐる。然し、形式は一定して居らず小さなものは大概木造である。

神宮を大廟と書かれることほど、嫌な感のするものはないが、滿洲では何神社と云つて尋ねるよりも廟（ミヤウ）と云ふ方が、支那人には直に理解されるそこに神社と廟との共通點の多いことも頷かれて、一種の皮肉を感ぜさせられた。

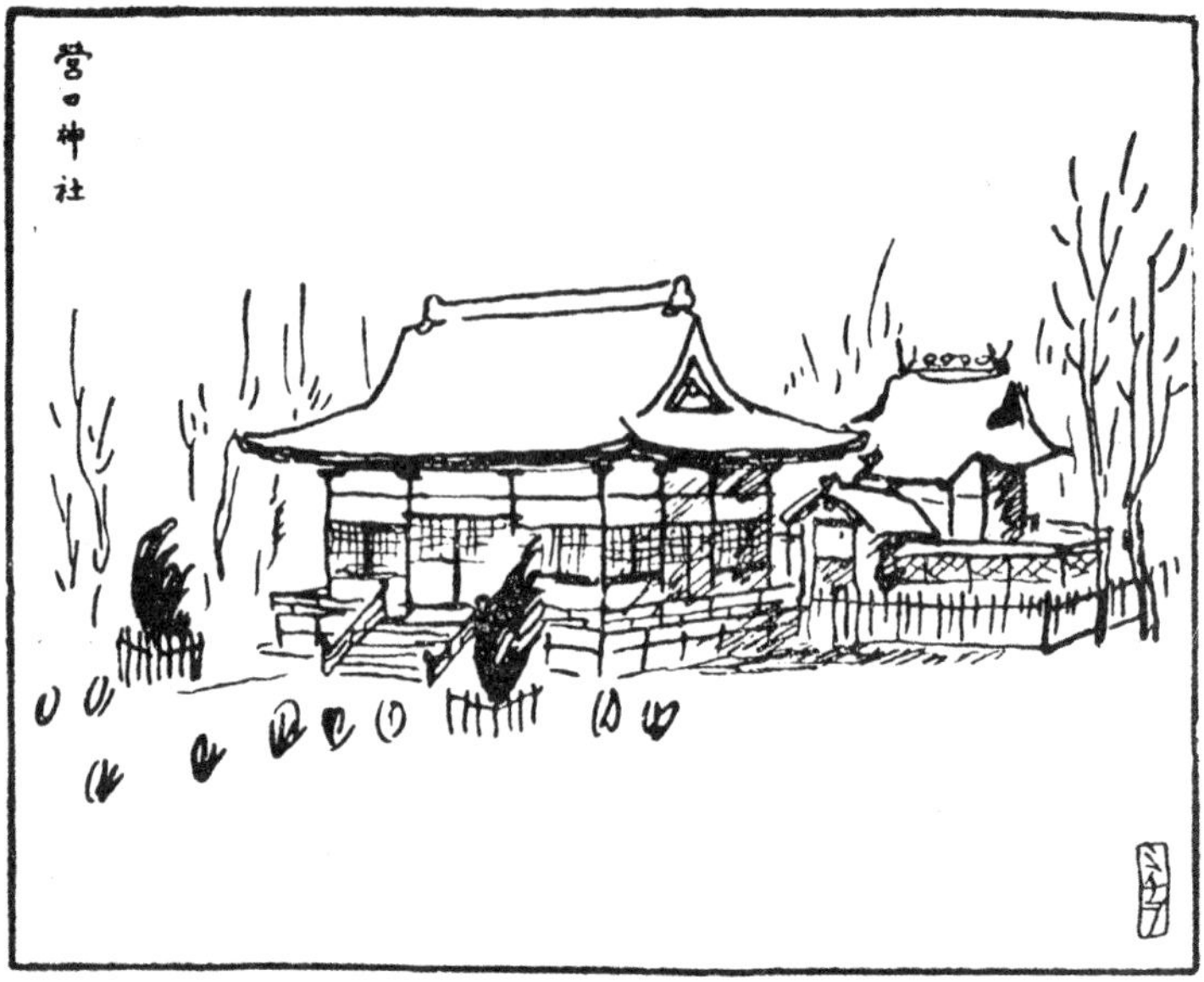

10　營口神社

水深い遼河の流れには、數千噸の船が岸にまで着くといふ營口の街は古い開港場である。

市街地の雜沓に反して、神社は靜かな場所に清楚に建てられてゐる。本殿と中門と拜殿と鳥居とは、形式からも大きさからも調和のよいすつきりした感のする社である。すべてが木造であるといふことゝ、燈籠や獅子狛犬などが無いといふことゝが、この氣分に導いてくれたのであらう。

社務所は赤煉瓦の建築で、神職福島正雄氏の社宅兼用となつてゐるが、位置の關係からか、目障りにはならなかつた。

祭神は明治天皇、昭憲皇太后の二柱で、代々木の杜の思出を遠き滿洲の地に耽けることが出來た。境内坪數二千九百九十七坪、氏子七百四十戸、經常費四千圓、創立は大正九年十月である。

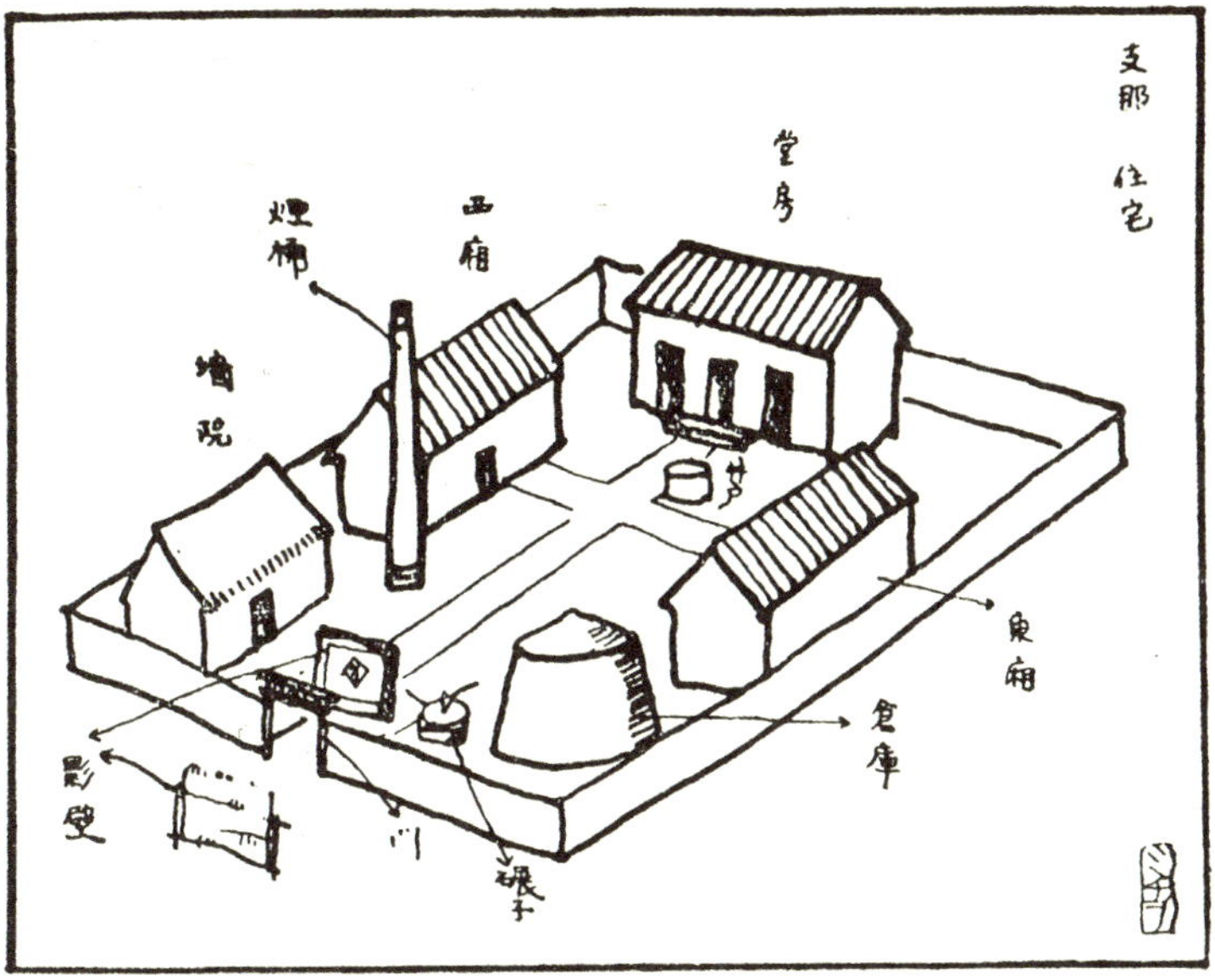

11 影塀

滿洲の住宅建築の標準を畫いて見た。これが一般に共通した規模である。この建物の一つ一つに就て説明を試みやうとは思はないが、興味を以つて見られるものは影塀である。

この塀は正門の正面、中や外や、中と外とに建てられてゐて、よい物は練瓦で築かれ、中に赤紙に、「壽」といふ字などが書かれて張られるが、柴や黍殼で作られてゐるのも多く見る。

この塀によつて日滿の關係を斷定する暴擧は敢てしないが、用途の上から、伊勢の神宮や、津島神社等にある、蕃塀と同一種類のものであることには考へられる。

鳥居の型をした門の内外に、作られた影塀を見るとき、原始建築の流れが同じ思ひ付きと構造とに至つた、興味ある題材として描いて見る氣持になつた

12　大連神社

大連神社の氏子は一萬六千戸と數ふるとき滿洲に於ける內地人の第一都市であることが明かにされやう。

祭神は天照皇太神、大國主神、靖國神の三柱であるが、靖國神の柱數は多く、日清日露の兩役に殉ぜられた忠魂の英靈を、かく總稱して勸請されたものである。

現在の社殿は、本殿は大鳥造とも云ふべきもので拜殿は入母屋造である。大連市としては物不足を感ぜられるが、近く三十萬圓の豫算で大改造が行はれんとし、土工の眞中であつた。

御改築設計の靑寫眞で、境內建物の配置は兎に角として、本殿の神明造、拜殿の入母屋造の構成上の錯誤が感ぜられた。

神職は水野、原本、鈴木の三氏が奉仕されてゐる

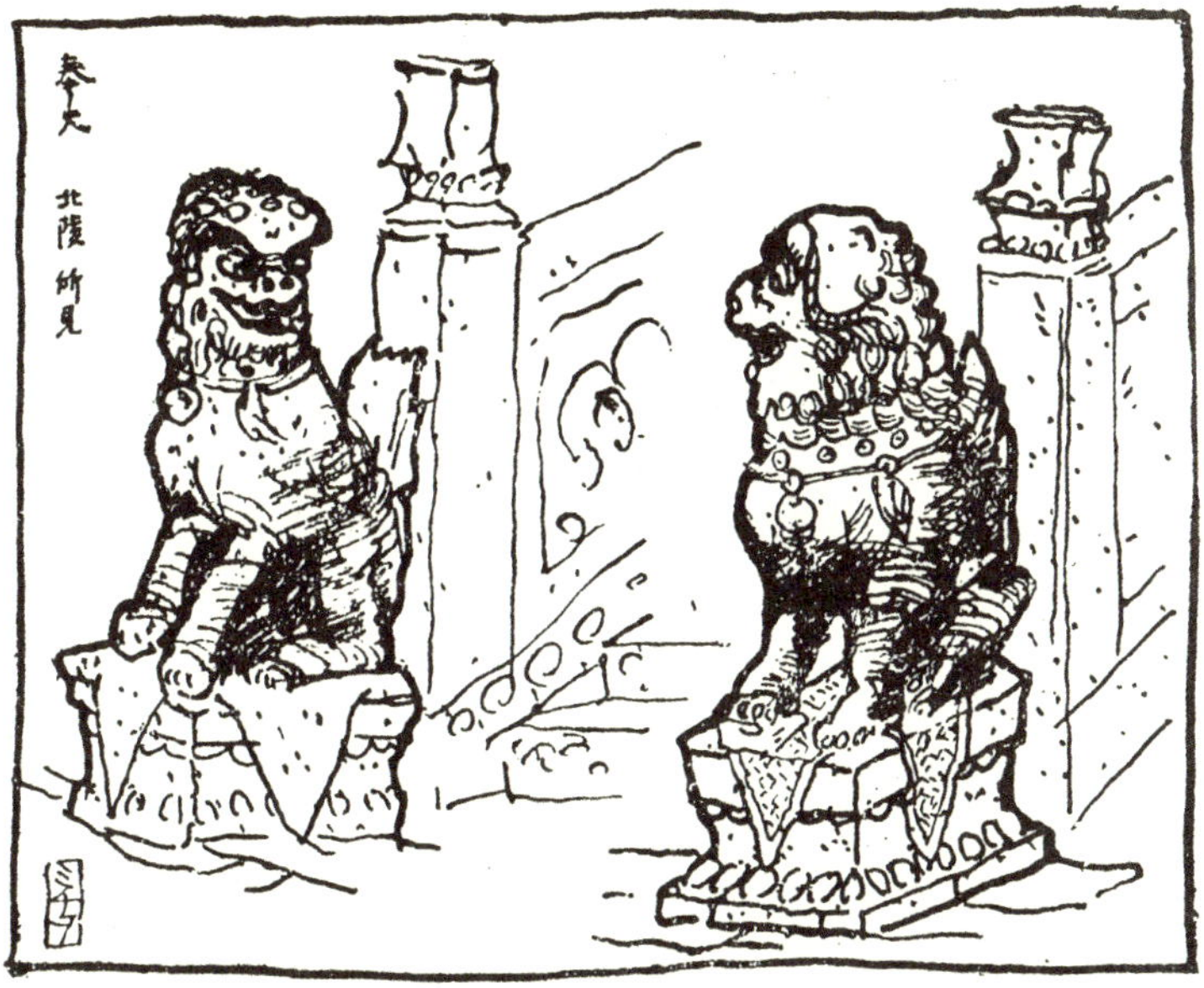

滿洲の旅に描く（三）

13 獅子狛犬

内地の神社でもさうだが、滿洲神社の殆んどが神明造の拜殿の前にさへ、定つた型のやうに一對以上の石造の獅子狛犬が置かれてゐる。

獅子狛犬の起原に就ては、古來種々と說かれてゐるが、滿洲の廟や陵の門の兩側や入口に、優れた形の苔蒸した獅子狛犬が必ず立つてゐるのを見るとき、その起原の一說もこゝに求められて面白い。

新しく建てられるこの地の神社に、内地風の獅子狛犬が造られて行くのを見るのも、更に興味深い現象と見る。

支那の獅子狛犬の實物は、撫順の老君廟、奉天の北陵（澤山に）、山内氏の宅（瀨戸燒）、旅順の博物館等で見ることが出來たが、こゝには北陵の二つを描いて載せることにしやう。

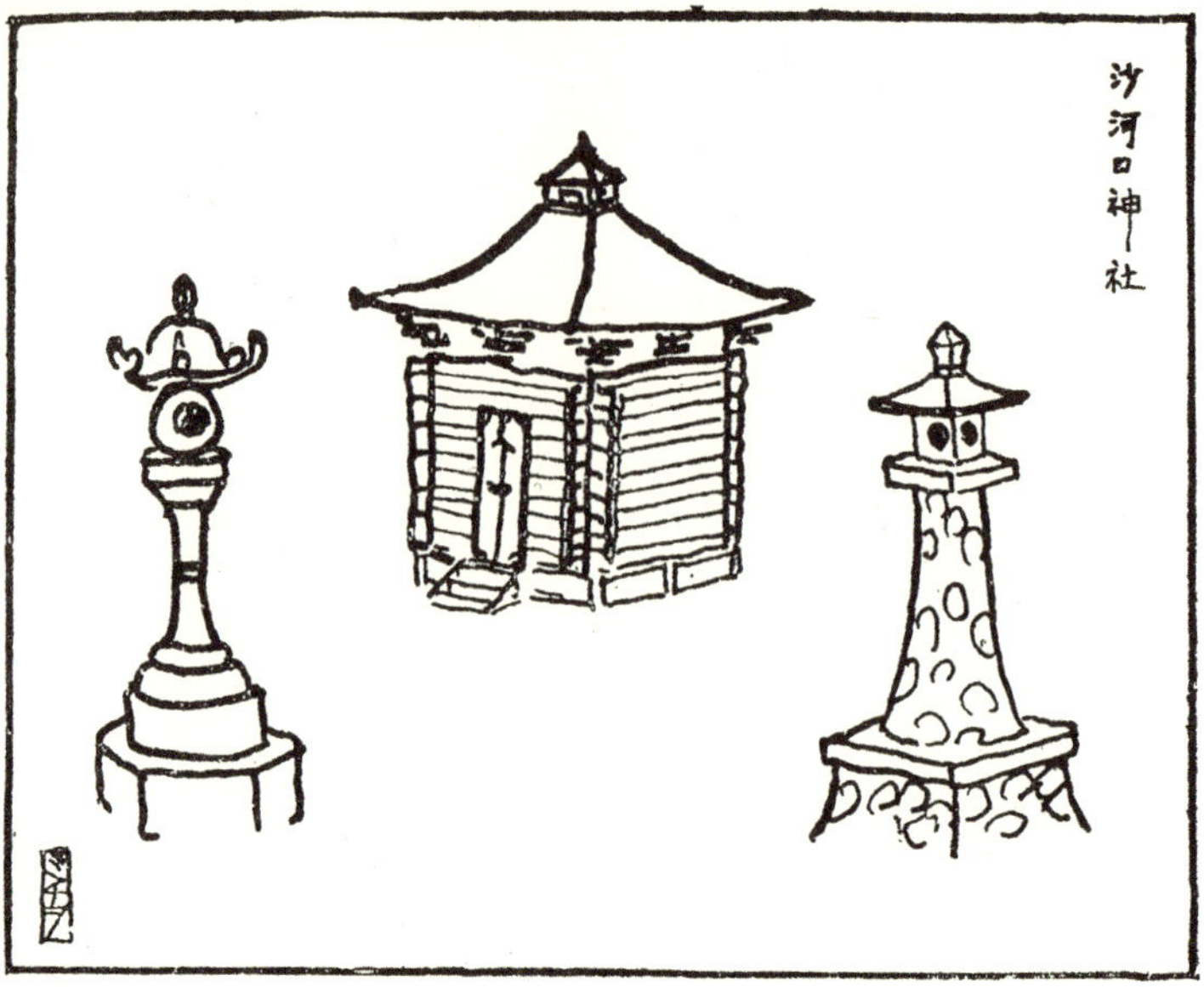

14　沙河口神社

大連市の延びゆく姿は、沙河口方面に見ることが出來る。

祭神を天照皇太神、大國主神とするこの神社は簡素に調つたものとして建てられ、環境も位置もよい。

變つた建物として神庫と燈籠とを描かう。

神職は河野謙氏で、氏子二千五百戸、經常費は五千圓である。

參道入口の制札には左の文字が記されてゐた。

……………………

定

一、車馬ヲ乘入ル可カラズ、一、鳥獸ヲ捕獲ス可カラズ、一、樹木ヲ伐折ス可カラズ、

大連民政署

譯文

大連民政署　　爲

示禁本社係神明重地、凡在境內車馬區入或捕促鳥獸或伐折樹木等　事一概禁止

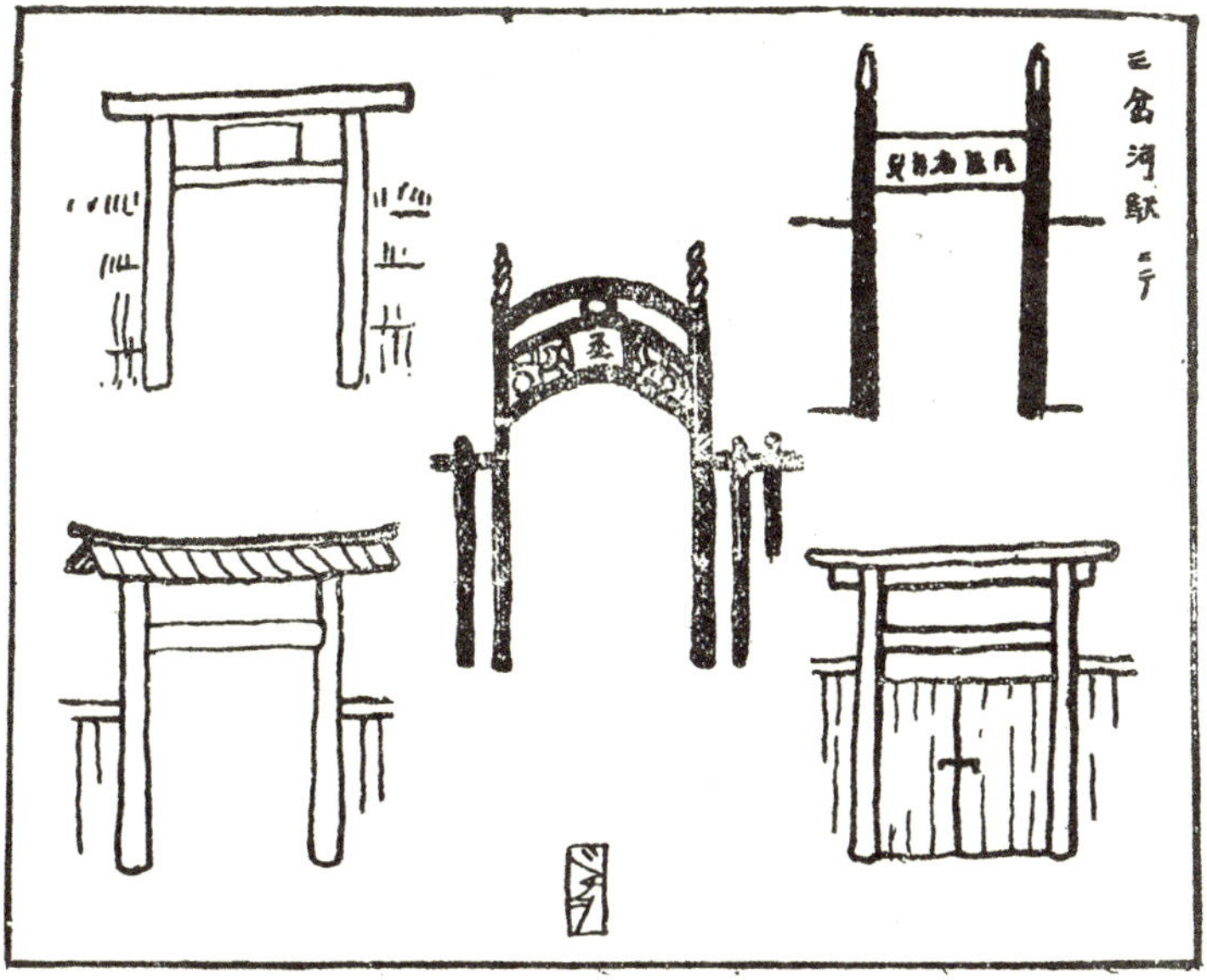

15 鳥居門

華表と鳥居とは型の上からは、明確に區別付けられるが、滿洲各地の住宅の門と鳥居との型の相似たものを至る所で見た。門の原始的構成の偶然の類似ではあるとしても、そこに一脈の流れも想像させられる。

鳥居の起原は、種々に牽强附會の說が生み出されてゐるが、結局原始人の當然に造り得る門だといふ歸結にはなるまいか。

滿洲住宅の門は、多くの鳥居の如く孤立しては存在せずに、必ず兩側に土塀・板塀、柴塀が連續されてゐる。然しこの連結の姿も神社にその例を多く見ることが出來る。

三岔河驛にて見た門の形を載せて一考の料としやう。勿論その材料は、鐵あり、白木あり、黑木あり、黑、白、赤、靑等に塗つたりしたものもある。

16　金刀比羅神社

大連市には神社が四社ある。大連神社、沙河口神社、惠比須神社と當社とである。當社は別に氏子を持たず、一萬二千戸の崇敬者によつて維持されてゐる。

金刀比羅神社は大正七年十二月に、神職瀧山氏によつて創立され、社殿の本殿拜殿と社務所、鳥居等が建てられてゐるが、充分には調つてゐない。

現在の神職平田勝重氏は、鎭座第十週年の記念事業として、五萬五千二百四十圓の豫算を以つて參道石段改築、玉垣の築造、社務所、神庫等の建築から、境内整理、樹木植栽等の計畫をされてゐるが、熱のある氏の手腕は直に實現せしめることであらう。

17 旅順の納骨祠

日露戰爭の戰跡を訪ねて、始めて當時の激戰を目のあたり見る感じがした。

この地の一木一草一石の悉に靈の存在を感じた。

旅順には神社が無い。滿洲神宮建設の議も生れた理由が察知せられる。現在では事あるごとに白玉山上の納骨祠の前に集つて、感情を捧げることにしてゐるとのことである。

納骨祠は石造の神明造の小さな祠で、その祠の下が廣い地下室となつてゐて、それに攻圍軍戰歿將士二萬七百名の遺骨が納められてゐる。

旅順は靜寂な都である。戰を偲ぶに相應しい都である。自然と涙が湧いてくる都である。

戰跡に立つて當時を思ふとき、乃木將軍の氣持を今更のやうに推察することが出來た。

一戸砲堡に立つて、明治神宮々司一戸閣下の偉勳を偲んだ。

（完）

二　滿洲の神社と神職會

……「滿洲の旅に描く」の後記……

滿洲路の繪物語が拙劣な散文詩的卽興で終らうとするとき、この旅の報告を完結せしむるには、滿洲に於ける神社行政と神職會との概括的記述の必要を感ずる。

◇

南滿洲には、關東廳と南滿洲鐵道株式會社（以下略して滿鐵と記す）との二大勢力がある。前者は關東州內を統轄しつゝ總ての施設經營を爲し、滿鐵附屬地の警察權を有し且滿鐵を監督する立場に置かれてある。そしてこの區域に住んでゐる人民は、公費を同廳に納入してゐる。後者は鐵道附屬地に占據して、各地に地方事務所を置いて、鐵道港灣運輸製鐵產業その他の事業を經營し、更に敎育土木衞生等の施設を爲しつゝある。そしてこの區域に住する人々は滿鐵に公費を納めてゐる。

南滿洲に於て我が統治權下にあるものは、關東州二百十七方里、滿鐵附屬地十六方里の合計僅に二百三十四方里の面積であるが、勢力範圍は南滿洲一圓に及んでゐる。百萬の日本人は神社を中心として、日夜孜々として滿蒙の啓發に努力しつゝあるのを見るとき、自から感激の念に充される。母國より遠く離れて異境にある人々が、母國を懷しむ心として、堅く神社に結び付けられることは、當然のことであらう。

かうした行政上の實狀は、滿洲の神社問題を考察するには、度外視することの出來ない大きな存在である。先年滿洲神職會の總會で、議題の一つとして論じられた、該會活動單位を關東州內と滿鐵附屬地內とに分離するの件も、兩者の間に介在する神社としてのヂレンマから生れ出た事實と見られる。

神社の形式上の行政方面は關東廳で行はれ、維持上の物質的方面は滿鐵に負ふところを多とする神社の歸結には、デリケートな問題が存することは、想像するに難くないと思ふ。

◇

滿洲に於ける神社事務は、現在關東廳學務課の管掌するところで、その直接之に當るものは關東州では民政(支)署長、滿鐵附屬地では警察署長である。前述した滿鐵側の事務所長と警察署長との權限問題は時々總ての行政上に起ることのことであるが、神社に於ての事實は後述することにする。

凡そ神社の設立は、日本人の住む所には必然の要求であらう。神社行政は設立の後に生れることの當然さも滿洲の地に見ることが出來るが、大正十一年五月勅令第二百六十二號に依り神社行政に關する關東長官の權限が明確にせられ、同年十月關東廳令第七十七號同第七十八號を以て神社規則の公布を見て、內地神社に準じた行政統一の一段階が作られたのである。然し社格制度、幣帛供進の制度、神職待遇に關する制度等々あまりに多くの懸案は未公布のまゝに殘されてゐる現狀である。

◇

現在の神社數は關東州內十社、滿鐵附屬地內三十一社、領事館管內一社、合計四十二社であつて、公認を得たのは孰れも明治四十一年以後のことに屬してゐるが、それ以前明治三十八年創立された安東神社の如きものもある。

これらの神社に奉齋されてゐる御祭神は、主として天照皇太神で三十三社の多きに達してゐるが、これに配祀されてゐるものや、單獨に奉齋されてゐる御祭神とその社の數とを、同一御祭神でも別名を以つて祀られてゐるのを區別して擧げて見やう。

大國主神十五社、明治天皇十二社、靖國神三社、事代主神、崇神天皇、應神天皇、金山比古神、各二社、宇賀魂神猿田彥神、照憲皇太后、豐受大神、神武天皇、金山比賣神天兒屋根命、保倉神、稻倉魂神、各一社

◇

滿洲神社の設備は內地延長の形式で、別に地方色として認むべきものは無い。氏子數少數の爲め維持經營に困難なるものを見るとき、拜殿社務所その他の附屬建設物の完備

されない神社のあることも想像に難くないであらう。

然し有數の神社に於ける規模は、內地に於ても稀に見る所のものゝあることは、繪物語に書き盡してゐると思ふ。神社の建築に大きな地方色の無いといふことは、新しく生れる神社として當然のことで、そこに神社建築の特徴が存するもので、台灣の建功神社の様式の如きは、例外と見るのが至當であらう。けれども、滿洲は寒帶地である。この自然の環境から當然工夫されなければならないのは社殿の防寒設備ではあるまいか。

この設備に對しては、多大の期待を持つて居つたが、實際の現狀を見てこの豫期は裏切られた。壁面を以つて社殿內を包んだこと、拜殿と幣殿と或は本殿とを連結してその場所內で祭儀を行ふこと、扉を二重にしたこと、ストーブを焚くこと、火鉢を置いて炭火を燃すこと、だけでそれ以外の工夫はされて居らぬ。

廣い社殿內に於ては、二つのストーブや數個の火鉢位では、室を溫めるだけの熱量は出ない。要するに經費の問題が防寒設備、採暖裝置の不備を餘儀なくしてゐることゝ思はれる。

神前に供へられた瓶子の酒が、板壁を以つて圍まれた社殿の中でさへカサカサに氷る朝鮮の地より北の國の冬の祭儀は、內地に住む人々の想像の出來ない現象であらう。

◇

滿洲神社の境內は、鞍山神社の二萬九千四十坪を最大として、次は沙河口神社の一萬三千九百九十八坪で、草河口神社の七十坪を最少とするが、四十二社の平均坪數は三千百八十四坪である。然しこのやうに數字的區劃を示され、事實上境內として關東廳には屆出てられてはゐるものゝ、滿鐵附屬地に於ける神社の境內は、法規上實際問題として神社の所有であるか、滿鐵の所有であるかは疑問が存するといふ變態にあるのである。

◇

神社の經費は氏子又は崇敬者の負擔に依るを原則としてゐるが、實情に於て稍異るものもある。一般經費の資源は內地神社と同様に、賽錢、初穗料、基本財產收入、寄附金補助金、神饌幣帛料、及氏子の供進金等より成るが、滿鐵附屬地に於ける內地人は、少數官吏及農商工業者を除く大部分は、滿鐵の關係者であるので、該會社側と神社とは密接な關係を有し、經費の收支等神社の會計は、滿鐵地方事務所經理課長に依賴して之を處理してゐる。神社の會計が直接に神職の手に無く、その出納は氏子總代その他の人々に委ねられてゐる狀態は、滿洲の多くの神社及朝鮮に於ける數社の實狀であるが、一つの理想として見ることで內地には數多く無い現象であらう。

氏子の供進金は公費の一割乃至三割位で特殊の徴集法によつてゐる。

滿鐵附屬地の神社が、かくも密接に滿鐵と關係付けられてゐるので、神社の創立移轉等には常に多大なる援助が與へられ、毎年度の經費中へも、一社に付百圓乃至六百圓位の補助が供進されてゐる。

撫順神社の移轉費の大部分や奉天神社改築費への一萬圓の補助供進等の滿鐵よりの寄附があつたが、奉天神社等に對する關東廳よりの供進は無かつたさうである。

然し大連神社の造營にあたり、關東廳から五萬圓、滿鐵より十萬圓の補助供進がある等の事實は、關東廳としては滿鐵附屬地の神社と關東州內の神社とに區別を付けた形となるが、關東廳の理由とするところは、滿鐵附屬地の住民は前述の如く關東廳に公費を納めぬからといふことにあるらしい。

かうした取扱の差違が、劃一的にさるべき神社行政上に或る暗い影が生ずるが、滿洲の一般行政を窺う一片ではあるまいか。

猶關東州に於ける大連神社は、大連市より補助金を、大連民政署より神饌幣帛料を供進され、沙河口神社は、滿鐵と特殊の關係を有するが故に、滿鐵より若干の補助を爲される等、同州內に於ても相違を見るとき、南滿洲一圓の神社の維持經費統一は可成困難なことゝ推察するのである。

昭和三年度に於ける各神社の經費豫算は、大連神社の二萬九百五十七圓を最高とし、奉天神社の一萬五千五百九十五圓之に次ぎ、以下四十社合計十一萬六千七百二十四圓となり、一社平均二千八百四十七圓である。

大正十三年度の經費は合計九萬三千八百七十二圓であつたが、かゝる膨脹の數字は、漸進的の盛況を物語るものであらう。而して大正十三年度に於ける滿鐵補助金及幣帛料は合計一萬二百六十一圓に達してゐる。

◇

祭典は大中小の各祭に別れ、內地神社に準據して執行されてゐて、供進の制度はないが、大祭には各社に供進使が參向されてゐる。關東州內にあつては、民政署長或は市長が之に當り、滿鐵附屬地に於ては多く地方事務所長が之に當り、供進使として參向されていと嚴かに祭儀は執行されてゐる。新しい神社の例として、特殊神事は多く見ないが神輿の渡御は各地に見られ、撫順神社の鑛山祭は神賑の盛大なものとして有名な一つであらう。

一昨年の大嘗祭當日の祭儀には、各神社に供進使が參向されたことは當然のことであつたが、滿鐵附屬地の神社に於ては、關東廳よりの供進使として警察署長が、滿鐵よりの供進使として地方事務所長が、同時に二員の參向を見た神社もあつた位で、その場合席の上下等の問題も起つて來たのは必然のことであらう。

これらのことも內地に於て聞かれぬ珍らしい挿話の一節であらう。

◇

神社には一人以上の神職を置くことを原則とするも、維持經營等の關係上專任者を置くことの出來ない神社もある。四十二社に對し神職は二十二名で、專任神職を置ける神社は十八社で、他の二十四社は全部之等神職が兼務奉仕してゐるのである。此の數字の上から滿洲の神社の經營狀態に懸隔があり平均されてゐないことが推察出來るであらう。

神職の名稱は大正十二年迄は、宮司、社司社掌等區々に自稱されて居つたが、法規の發令とともに總て神職と稱呼されるやうになつた。然し一社に數名の神職が置かれる所では、主なるものを主任神職の名で呼んでゐるが公の名稱では無い。

これらの神職任用の資格は、內地に於けるものと殆んど同樣であるが、氏子總代の推薦によつて關東長官が許可をすることは、內地の補命の形式とは相違のあるところであらう。

神職の俸給令は無いが、最高四五百圓位から三十圓位まであるといふことであるが、この懸隔も甚しい感がする。

◇

滿洲の神職會は大正九年六月に創立され、全滿洲の神職を以つて組織されてゐる。會の目的とするところは、內地の各神職團體と別に變つたことは無い。

事務所は現在關東廳內に置かれ、會長は內務局長、副會長は滿鐵地方部長、幹事長は學務課長として下に神職の幹事四名、關東廳屬の書記一名が役員である。

創立以來の會合は、各年一回の總會を始め幹事會談合會委員會等隨時隨所に開かれ、大正十二年には氏子總代會さへ開催された。民衆への働きかけとしては、講演會が時々各所に開かれ、講師は會員が當つたり、又は內地から名士を招いて居る。活動寫眞により斯道宣傳の如きも昨年總會に於て決議されたやうである。

神職自身の修養としては、講習會講究會等が各所に開かれるが、全國神職會へ會員を派遣し、支那や朝鮮等へ視察員を派遣することも一つの事業と見ることが出來る。

日露戰役の際殉國の志士として偉勳を立てられた、沖横川兩氏以下六烈士の哈爾賓に於ける招魂祭は、大正十三年より每年出張の上執行されたが、昭和三年以後種々の事情で廢されてゐる。旅順白玉山招魂祭へ同會員を派遣參拜されることゝ同樣に、滿洲の地の神職會としては最も有意義のことであらう。哈爾賓出張の復興とともに、日露戦争の殉國者の總員の慰靈祭を毎年會の事業として執行さるゝやう切望して止まない。鎌倉の弟が先年狩衣や烏帽子を抱えて廻り各所の忠靈碑の前で、慰靈祭をして歩つたときの感想を聞き、此の度自分が親しく古戰場を訪れ、忠靈塔の前に額いたときの實感から、事業としてのこの祭の執行は滿洲に住む神職の方々の第一の使命と信ずるとき是非お願ひしなくてはならない。

今年は第二回の鮮滿聯合神職大會が、滿洲の地に於て開かれる豫定で、その際兩會員の聯合で全殉國者の慰靈祭を執行しやうといふ議もあるが、滿洲の地に開かれる神職會としては最も有意義なことであり、特に自分等にのみ與へられる特權であり義務であると思ふ。

これらの事業の經費は、昭和三年度の豫算を見れば、收支二千七百九十四圓で、その内關東廳より七百五十圓、滿鐵よりは千圓、恩賜財團教化事業奬勵資金より二百圓の補助金があるが、會としては惠まれた援助であるだけに、會の成績も大いに認められてゐることを裏書するものと思ふ。

疏略ながら十日の旅の收獲を記したが、多少の誤記があるかも知れない。妄評妄言の數々とともに滿洲の方々の御許を乞ひつゝ、神社調査會の開かれてゐる今日、外地神社考察の資料の一部ともなれば幸甚としつゝこの報告を終る。（昭和五・二・七）

Ⅲ　九州神社絵物語

一　九州神社絵物語

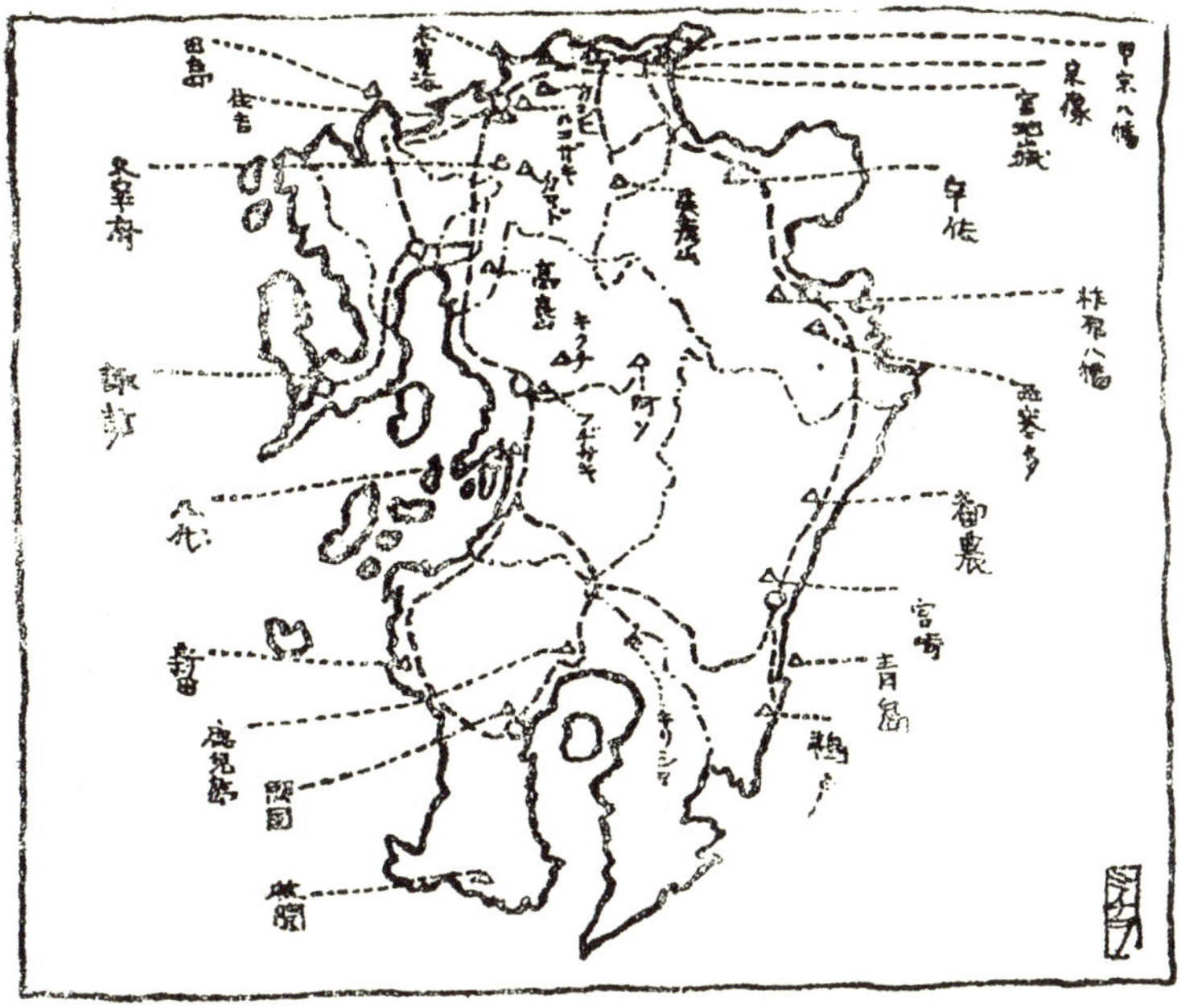

九州神社繪物語（一）

序のことば

昭和二年九月から十月にかけて、三週間の日程を九州神社の巡拜に忙しい旅を續けたが生れて始めての九州路は印象深い思ひ出として残された。

行程は偶然にも、當山氏の後を追つた形になつたから、その參拜記の詳細は氏の稿に譲り、再び記する愚かさを避けて、遲れながら、氏の稿への挿繪の役目をも兼ね、興味ある他の方面の紹介にもと、スケツチブツクの一部分を轉寫して見やう。

そこに、理窟を探し出したり、批評を試みたりせずに、只存在のまゝの姿として、善惡の判斷には無頓着に、輕い感じで地方色を描き出さうとするのである。然し時に脱線の災は免れ難いが、そはペンの輕さと、速度に原因を負はしむることゝして、關係の方々に豫め御許しを願ふ。

參拜巡路は、北から西へ南へ東へ北へとの一周で、地圖は參拜した神社の所在を示したものであるが、志賀海と枚聞には參れなかつた。

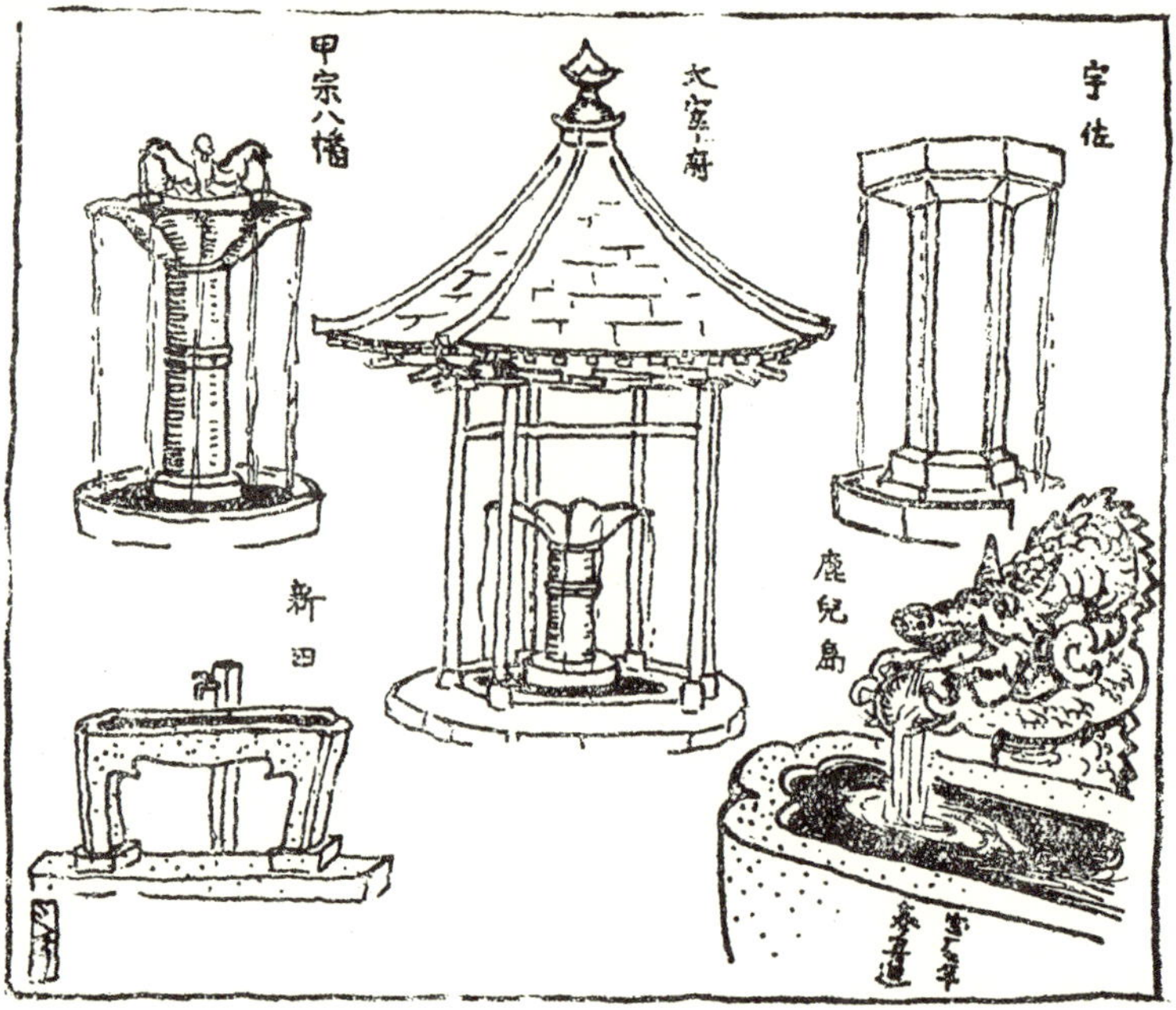

九州神社繪物語 (二)

手水盤

いづれの神社に參拜しても、手水舍の水盤には淀みなき水の流れが工夫され、清冽な飛水の囁きさへ心地すがすがしく聞くことが出來る。

その中から、幾分か特徴を持つたものを集めて見ると、やゝ同一系統の型に、門司の甲宗八幡と太宰府と宇佐等があり。甲宗八幡と太宰府との水盤は、青銅のブロンズ製で、蓮華の形を採つたことに類似點を見出すが、宇佐のは白い大理石かと思はれる大規模なもので、多角形直線式の構造である。

霧島でも見た形だが鹿兒島に古色を帶びた石造の龍の口から、水盤に水を落す工夫がしてあつた。兩神宮の本殿向拜柱に彫刻されてゐる龍の裝飾とは相應しい對照ではあるとしても一種異樣の感を受けた。

山の上の新田神社に、最近小さな水槽が設けられた。それから導かれた手水盤への口は、水の節約から必然的に栓口の金具を取り付けねばならなかつた。

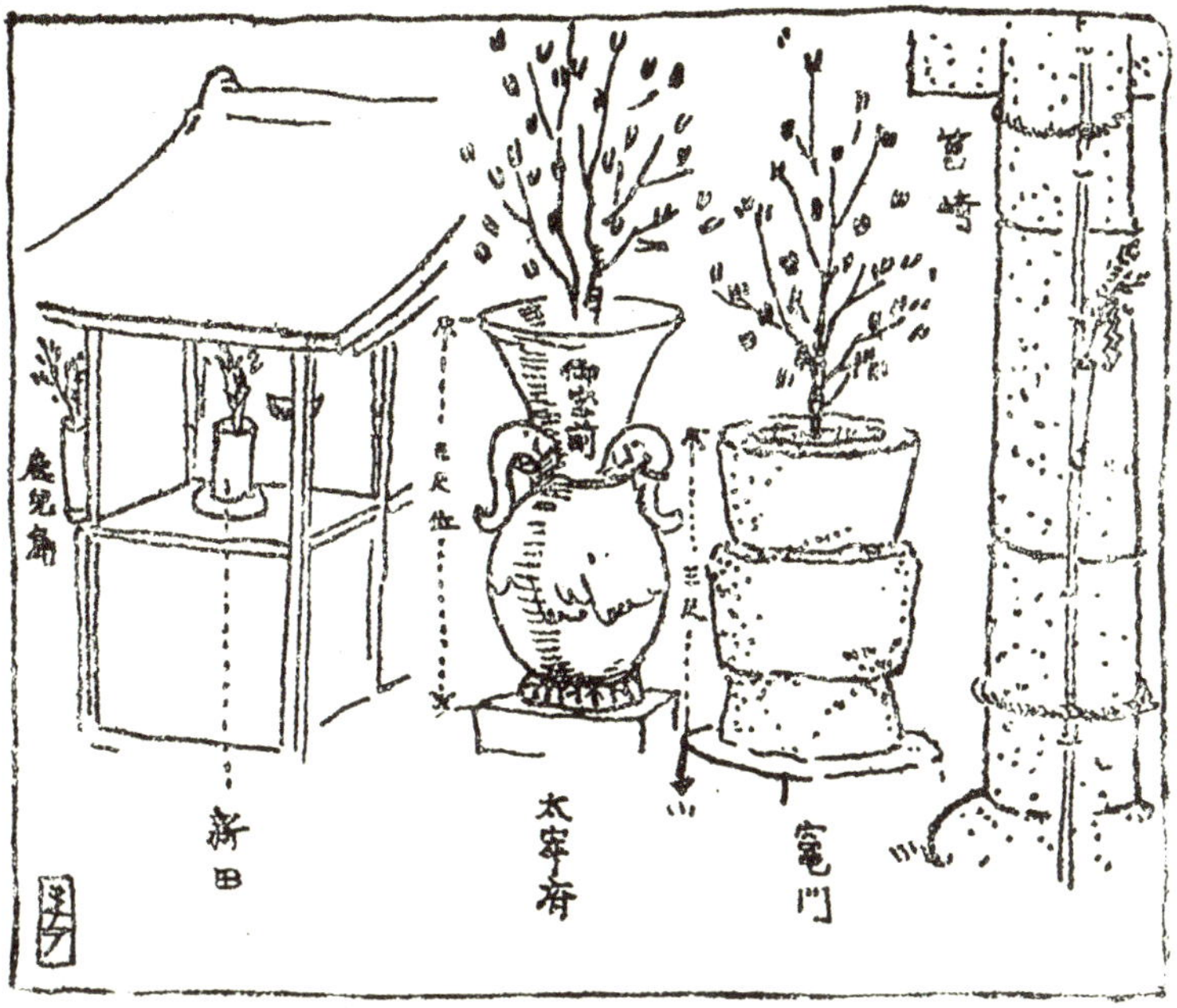

九州神社繪物語 (三)

榊立

神社へ榊を供へることは、幣帛の轉化とも見られるが、門や鳥居に付けられるのは、靑柴垣の遺風で淨域の神聖化を表徴するに役立つものとなつたのではあるまいか。

拜殿の兩側に各一基づつ、大きな石鉢に植えられた、竈門神社の榊鉢と、同形式ではあるが靑銅の鉢に挿されて、本殿の兩側に置かれてある太宰府の榊鉢とは、形の上から見て佛前に供へる生花の流れを汲むものとも見られる。

新田と鹿兒島の攝末社に見た形式は、至極簡單なもので、新田の白い陶器の筒と石を繰り抜いだ臺とは、神さひた祠との對照に映らない感がある。此點からは鹿兒島の竹の筒は、宮崎のそれと同様な簡素さで、古い祠や苔蒸した鳥居には相應しいとも思はれるが、然しいかなる意味を有つ神前への榊にしろ、五色絹と鏡玉劍とを懸ける眞榊の如き、社頭の裝飾化にまで轉じて來たものもある現今にては、これらの榊立にも一段の技巧を要しはしないだらうか。

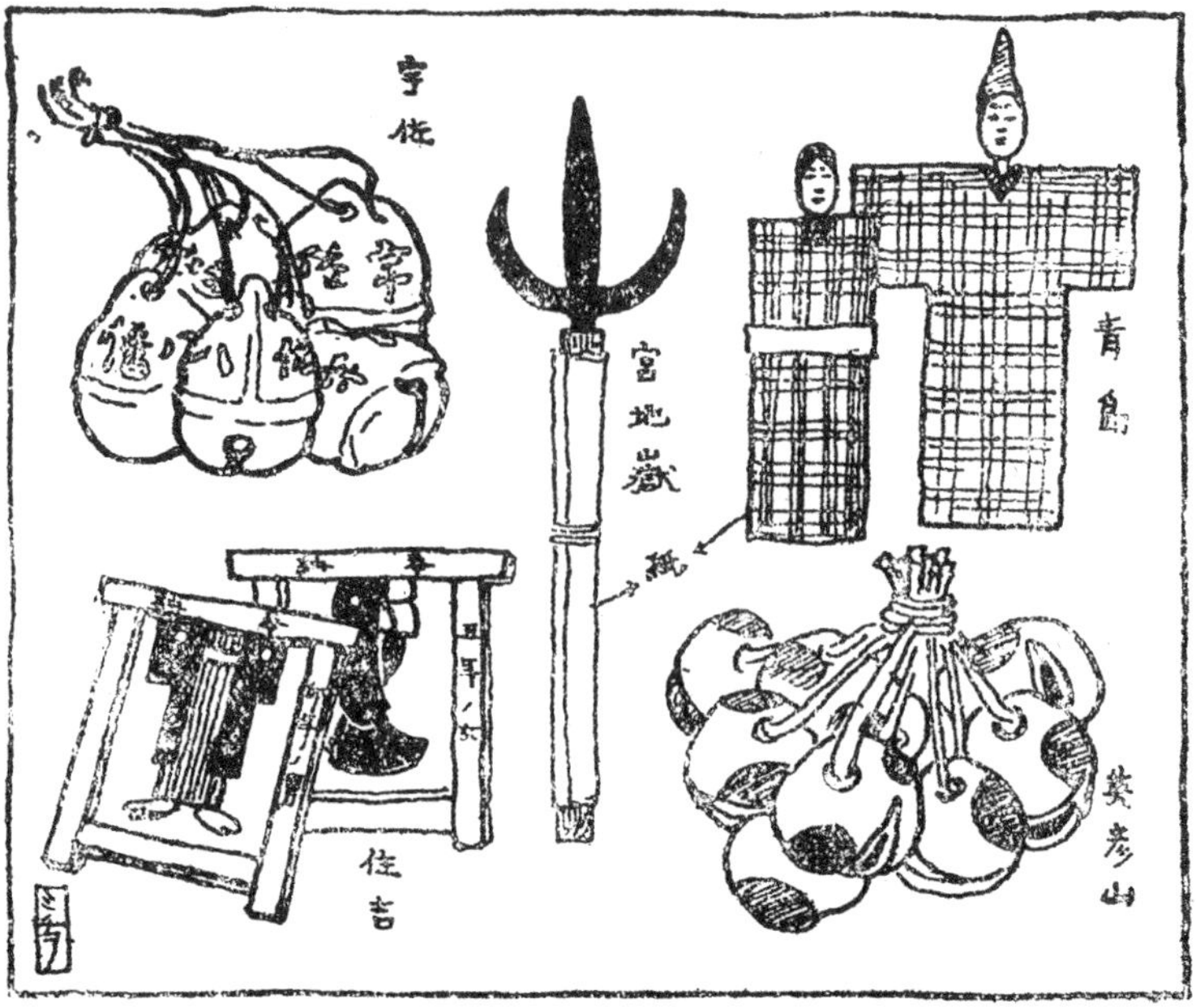

九州神社繪物語（四）

神社對民衆

神社から授與するものと、神社へ奉納するものとは、神社對民衆の深い信仰の今昔を物語りつゝある。

宮地嶽へ奉納する三本鎗は、何の意味を含むものか。御奉仕の方からさへ正確の答は承れなかつたが、稲荷信仰の如き理論を超越した根强い信仰は、案外に多く、この社もその例に漏れぬものであらう。

住吉の末社に日本藥師雄祖神の社がある。祠の前に供ふる線香の煙も變つた趣であるが、男女の下半身のみを描いた數多い奉納の繪馬額も他社には見られぬものであらう。

青島神社から授與してゐる紙製の男女の人形はクラシカルなものだが、男女關係の信仰か。

宇佐と英彦山との鈴は何れも素燒の土鈴であるが五色の人造絹の紐で結ばれた宇佐鈴は、蔓で束ねられた原始的の英彦山鈴とは自から進化の程度を表してゐる。ともに悪鬼祓に民家の門口に吊すといふ。

近年香鹿神社へ英彦山鈴が輸入されたとかいふことも一つの挿話であらう。

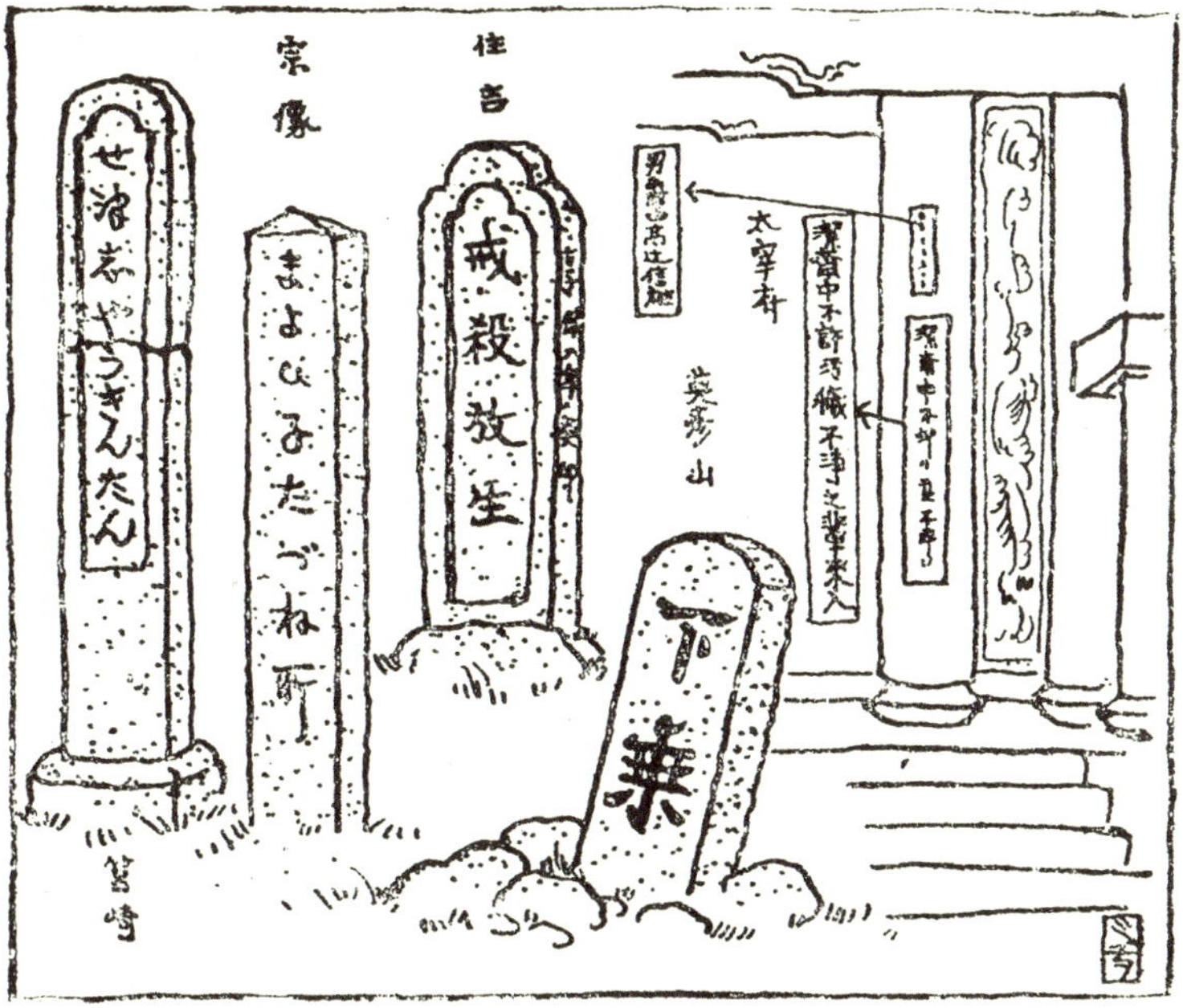

九州神社繪物語（五）

標　石

宮崎の裏參道入口の右に、制札と並んで苔むした碑が立つてゐる。全部の文字が假名で刻まれ「たん」に濁點の無いのも面白い。

同じ意味の標石は、福岡の住吉にも見出したが、昔放生會が行はれたといふ功德池の中島（簑島）にありし日の盛儀を物語りつゝ立つてゐる。亨保八年癸卯と刻されてゐる。

宗像の神門を入つた右に建てられてゐる「まよひ子」の標石は、大祭の折に人出の多いとき、迷子を探す標示としたのであるが、祭毎に立てる煩を避ける爲め、かく永久的のものとして、明治三十七年頃に建てたといふ話である。

英彥山の下乘標は、山の八合目位の道の左側にあるが、苔さへ生ふる大石が、土の中から生えた姿は修驗道の靈場としての昔を忍ぶに充分な遺物である

太宰府の宮司邸の彫刻の多い唐破風付白木の門はその壯大さよりも、名札の下の文字板が、神つかさ人の住む邸としてふさはしい。

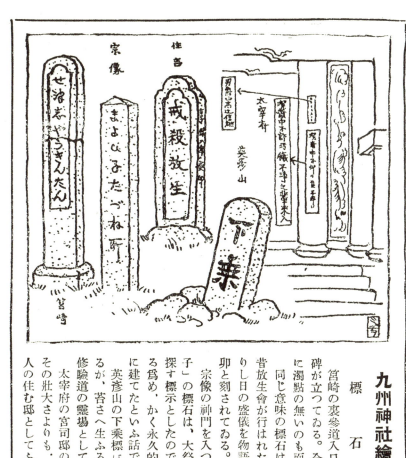

九州神社繪物語（六）

祠

鵜戸の末社に整つた形の祠があるが。石の祠として立派なものに、藤崎の末社天滿宮がある形そのものよりも、復雑な斗組まで彫刻してゐる技巧の細やかさが目を引く。

高良山下社は、國幣大社の高良山とは、現在關係なく民社となつてゐるが、石の扉が開かれて中まで拜されるのは、恐れ多いことである。

藤崎にも祠型の古い神符の納め場所があるが、鹿兒島のは小さく整つたものである。

住吉の簑島の名は、簑を着たやうな祠の存在から出たかとも推察されるが、高三尺位の古祠が島の中に建つてゐる。板石四枚で圍み上に笠石を置いた祠で常に誰といふことなく、この周圍に注連縄を幾重にも卷き、上から上へと卷きつけて絶えないといふ祠には祓所の神が奉齋されてゐる。境内整理の計畫で、いづれこの祠も他に移したいといふ神社の方からの御話があつたが、むしろこの位置に保存するのが至當なやうにも思はれる。

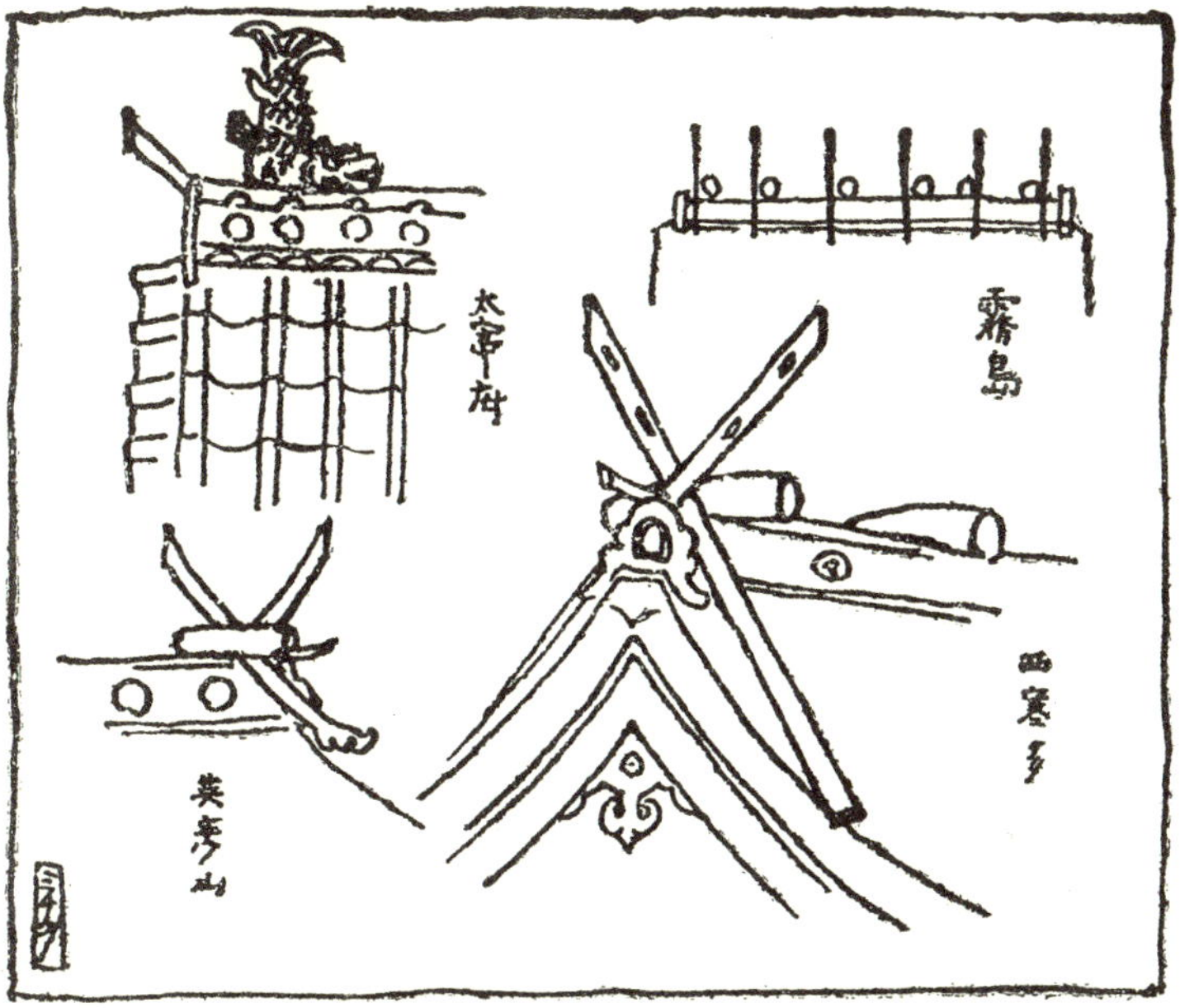

九州神社繪物語(七)

屋根の飾り

千木鰹木は現代神社建築のシンボルともなつたが英彦山本殿の千木は、その下端が日光の東照宮のやうに繰形に止められてゐるのは、一寸變つてゐる。西寒多の千木も同様に置千木であるが、普通に見るものよりも、交叉の下方が非常に長く、上部の三倍もあり、曲線の破風に直線の千木は調和の上からも、かなりに目を惹く。

霧島の本殿の千木と鰹木は、同數だけ置かれてゐる。勿論到る所に見る形だが、九州の官社では此處だけと思ふ。これが大社造神明造に準じて古い形式だと假定すれば、數の多いところから千木は棰の遺物であると意義を變更しなければならない。

宇佐の繪馬殿は瓦葺である。鳥衾の突出してゐるのと、鯱の置かれてゐる棟は、神社境内にある建物の屋根飾りとしては、變化のあるものと云へるであらう。

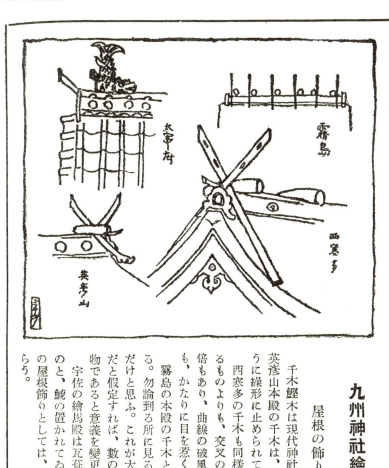

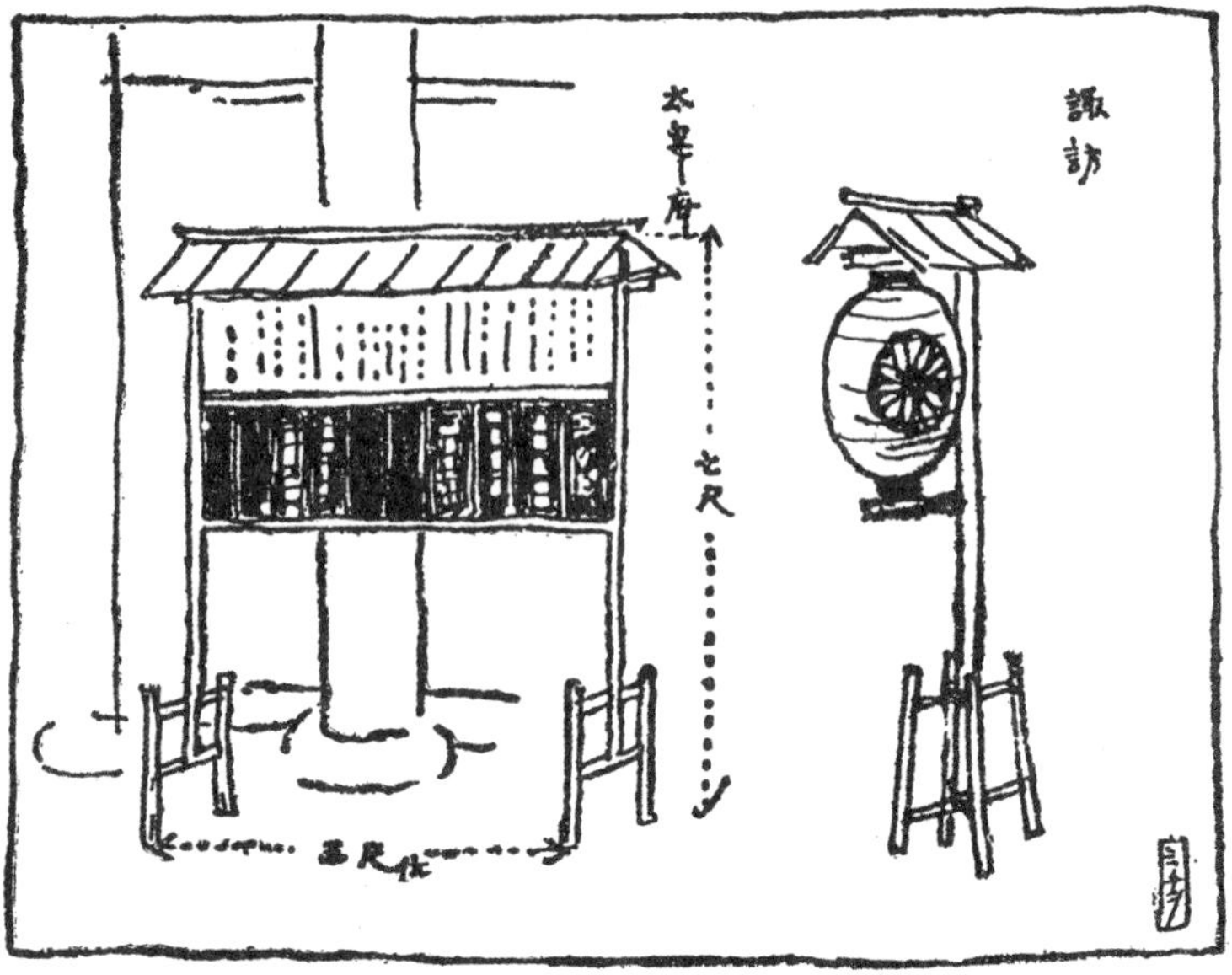

九州神社繪物語(八)

掲示板と提灯臺

祭神•由緒•祭日等を參拜者に知らす爲めに、各神社が種々の趣向を凝し設備をしてゐるが、滿足を與へてくれるものは甚少ない。

太宰府の祭典日の掲示板は、いろいろの點で最もよく工夫されてゐるやうだ。樓門の軒下の石疊の上に置かれてあることは、場所としては如何かと思ふが、然しその大さと、朱塗とは樓門との調和は保たれてゐる。

板面の構造は、上段が白木で、一年中の行事表が記され、下段は黒い漆塗の小板に、最近に行はれる行事のみが黄字に書かれて、塡込式に取替へられるやうになつてゐる。これまでに色彩の調和を考へられたとしたならば、上段の白木板にも、今一段の思慮が欲しいと思はれる。

提灯臺にも種々の形があるが、安定を得た變つた一つの工夫として、諏訪の一脚を描いて見た。然し一年中、晝でも神社の前に提灯が立てられてゐることが、善いことか、惡いことか。

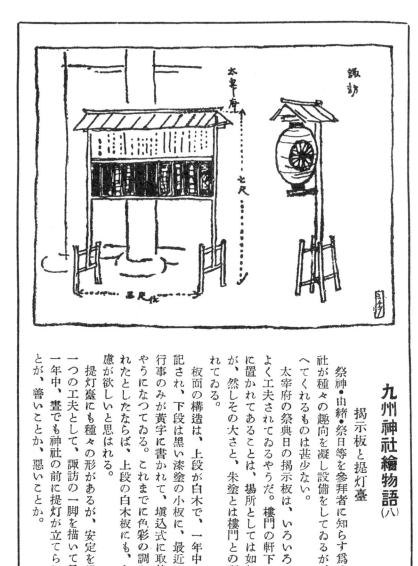

九州神社繪物語（九）

狛犬と懸額

宗像神社の神庫には、石彫と木彫の二對の狛犬が納められてゐる。何れも國寶となつてゐるが、こゝに描いたのは木彫の方で、製作年代は不詳である。國寶としての價値を論じやうとは思はないが、いかにも、靈獸の生々した表現の力と、純化された鑿の跡とは、鋌によつて散逸を免れてゐる兩脚を持つた古物ながら、確に氣品の高い藝術品である。

英彦山の第一の鳥居は銅製で、その大さの點からしても、この山の誇るべき存在である。それに懸けられてゐる額面の文字は、靈元天皇の御眞筆だといふが、額の形が朝鮮式であるといふ點が興味を湧かさしめる。勿論この型のものは大山祇・嚴島・新田・日吉・鎌倉やその他の神社にも數多く見出すことが出來るが、朝鮮の古建築物の殆んど總てに、このやうな型の額が懸つてゐるといふことを云はんが爲めの轉載で、幾分でも朝鮮と內地との交渉を探りたい氣持にもなる。

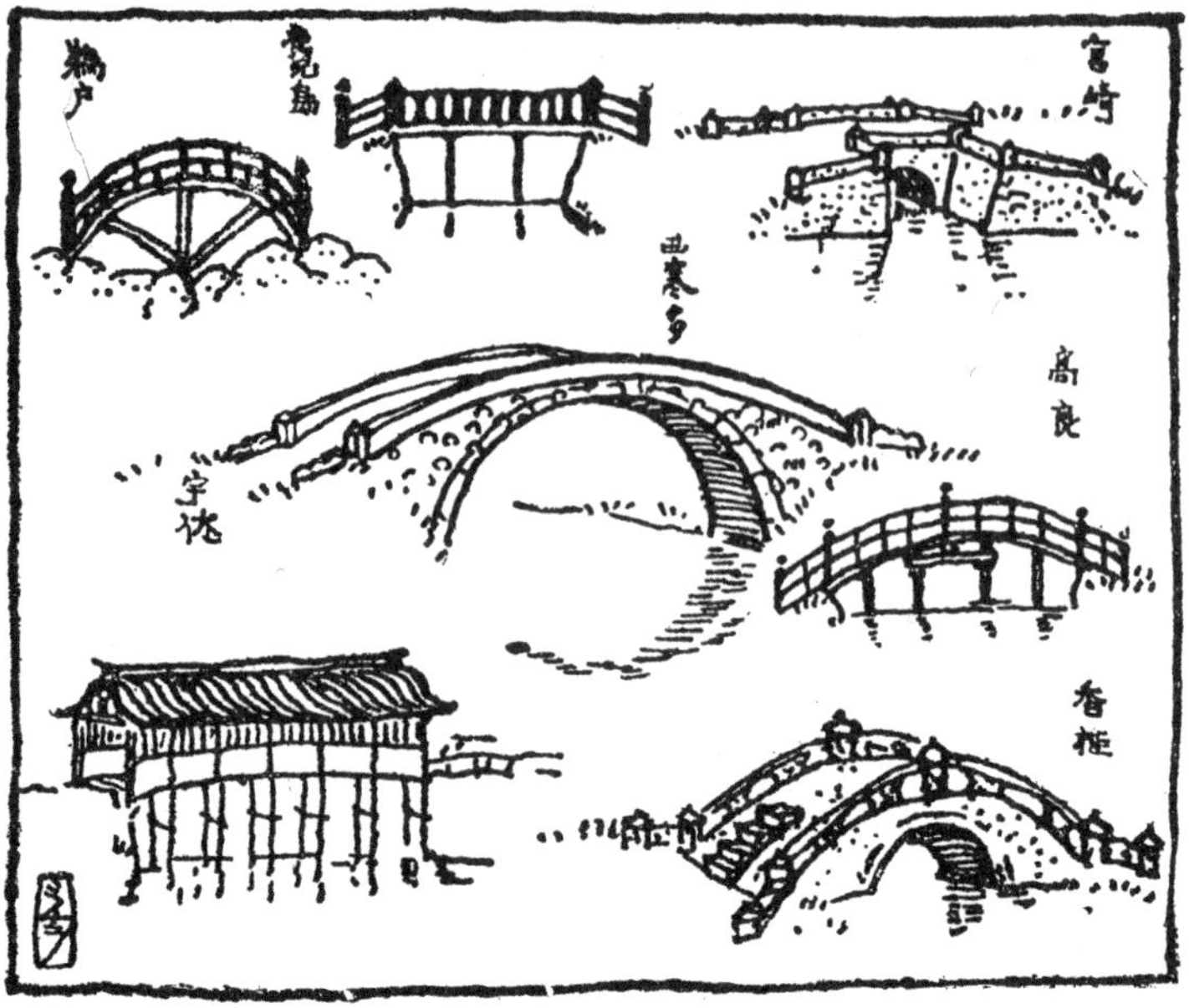

九州神社繪物語(一〇)

橋

參宮道を横切つて、人工的にでさへ水を流し橋を架するといふことは、神社境内構成上の一つの必要條件とさへ考へられる。祓川御手洗川禊川淨池神池等と名付けたりして、種々に思考を凝らされた橋が架けられる。參拜人をして、心境を一轉させる爲めにも、橋とその下を流れる水の清冽な音とは、大切な役目を持たせられてゐる。

宮崎の橋は、土木家の工夫されたらしい、實用的の構造であるが、近い内に感じのよい神橋に架け替へられる計畫があるとのことを、佐藤禰宜から承はつた。香椎の橋の中央には階段が設けられてゐて、足の滑りを防いでゐる。西寒多の萬年橋は文久二年の築造で、下は祓川の流である。鹿兒島の神橋の勾欄は、二段の變化を示してゐるが、恐らく補足修造の部分があるのであらう。鵜戸の橋は、岩の上の陸橋で、所謂必要條件としての具備であらう。宇佐の屋橋は、隨分大きなものである。

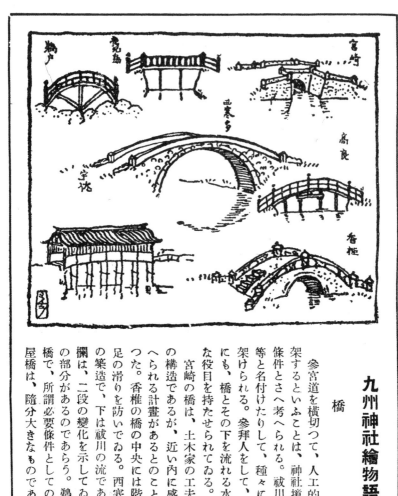

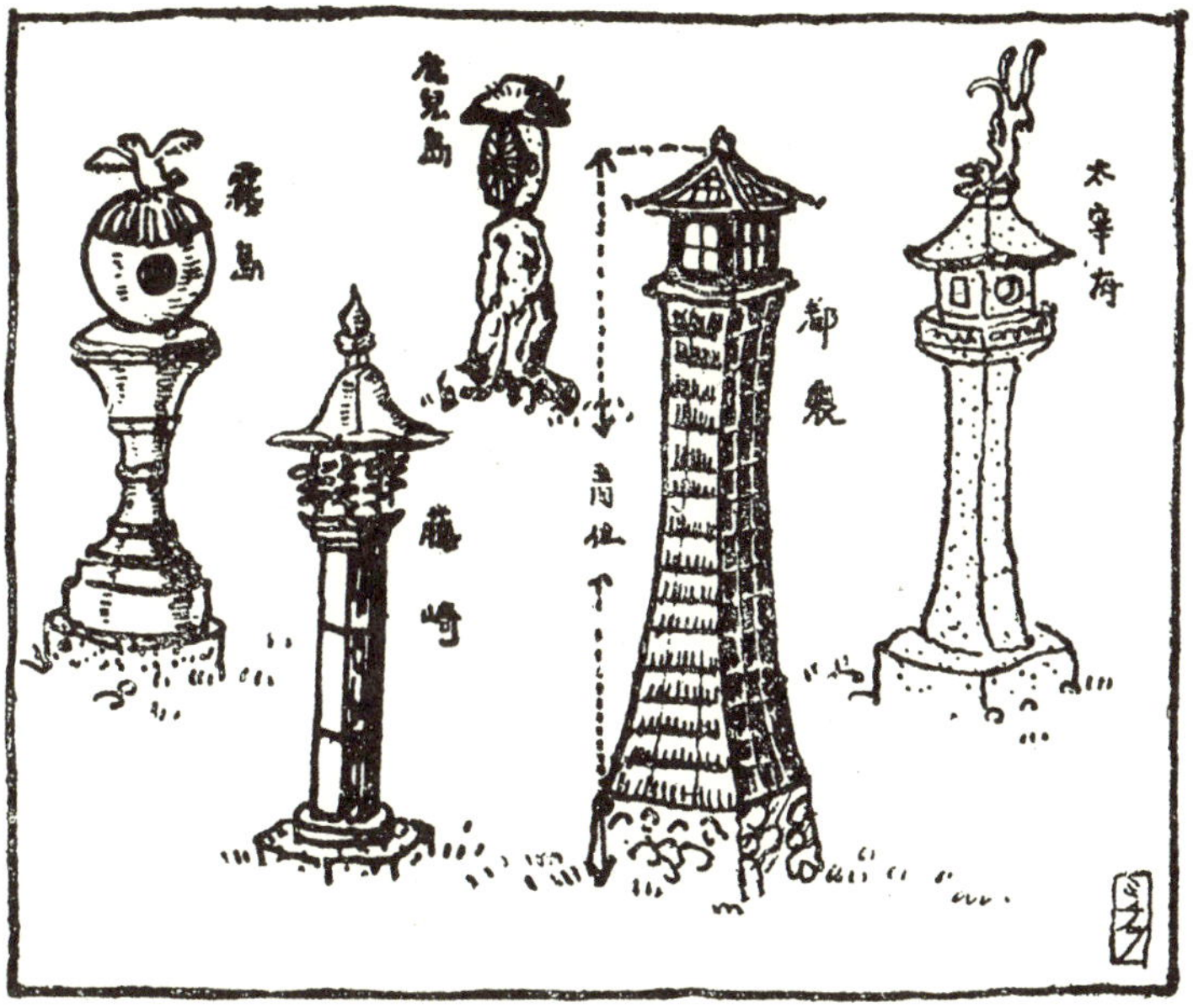

九州神社繪物語(二)

燈籠

社殿の前か參道かの兩側に、一對となつて建てられてゐる、變つた形の燈籠を集めて見やう。

唐津の或る民社と宇佐とにも見た形であるが太宰府の石燈籠の頂に、獅子狛犬が載せてある。苔の色から推察して、太宰府のが最も古いやうに思はれる

都農の燈籠は、參道の入口に建てられてゐるが、高さと形との點から一見火の見櫓の感を持たされる。

鹿兒島のは、正面に十六菊の紋樣がコンクリートで浮されてゐるが、この部分は餘程後の加工かと思はれる。同形のものは照國にもあつた。

藤崎の鐵燈籠は、寛永十四年、長岡佐渡守豐臣興長の寄進と、柱に刻されてゐる。火袋の柱に細い紙撚が澤山に結び付けられてゐるのは、或る種の信仰の現れであらう。

霧島のは、他に類の無い、凝りすぎた形で、青銅ブロンズである。

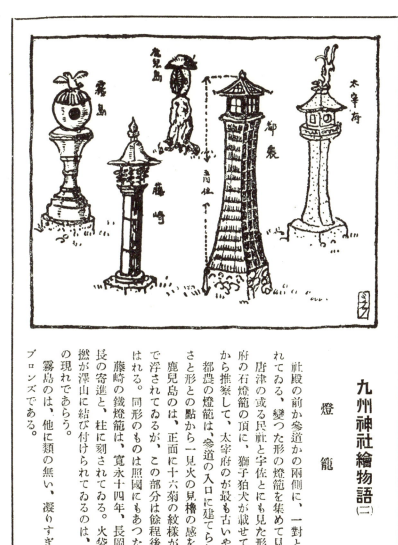

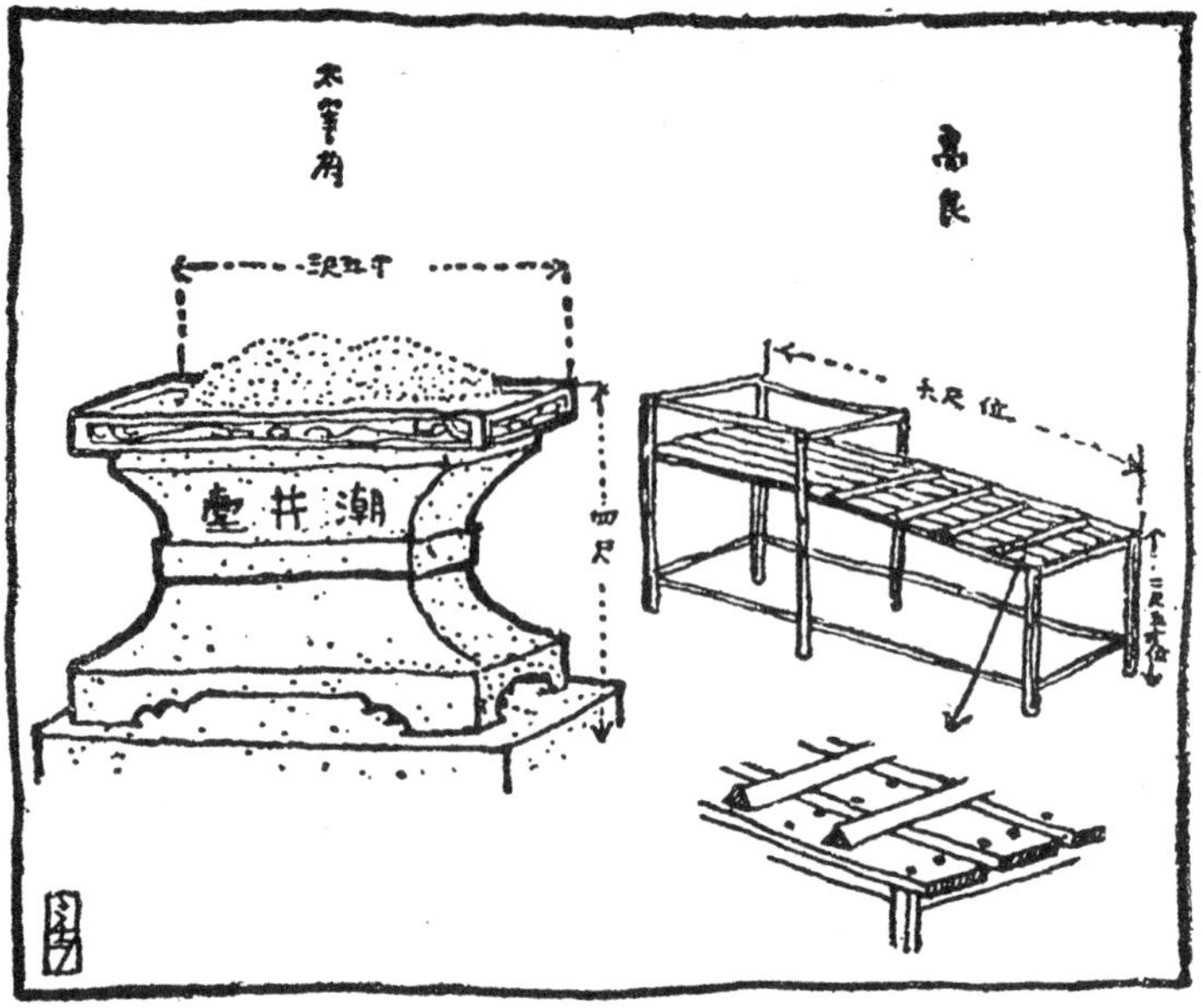

九州神社繪物語(三)

物置臺と潮井臺

參拜人の携帶する荷物や外套を置くべき設備は、神社には必要なものであるが、この設備が整つてゐない所が多いやうである。

高良神社の物置臺は、手水盤の傍に、雨露に曝されて置いてある。水切りをよくする爲めに簀に作り圓い荷物も轉び落ちぬやうに、三角形の細い横棧まで打ち付けられてゐる構造は、少し技巧を弄しすぎた傾がある。

潮井臺は、他の地方に見ることの出來ぬ北九州神社の特徴ある設備であらう。筥崎の潮井濱の清砂が祓の具として一般の民家に使用されてゐる美しい信仰から、此地方の風習を形造り、この臺の必要をも要求されたのであらう。北九州の神社には、この臺の設けがあり、御參拜者が清砂を持つて來て臺に盛り、又他の人がこの御砂を戴いて歸り、祓の具として鹽と同じやうに使用されるとのことである。

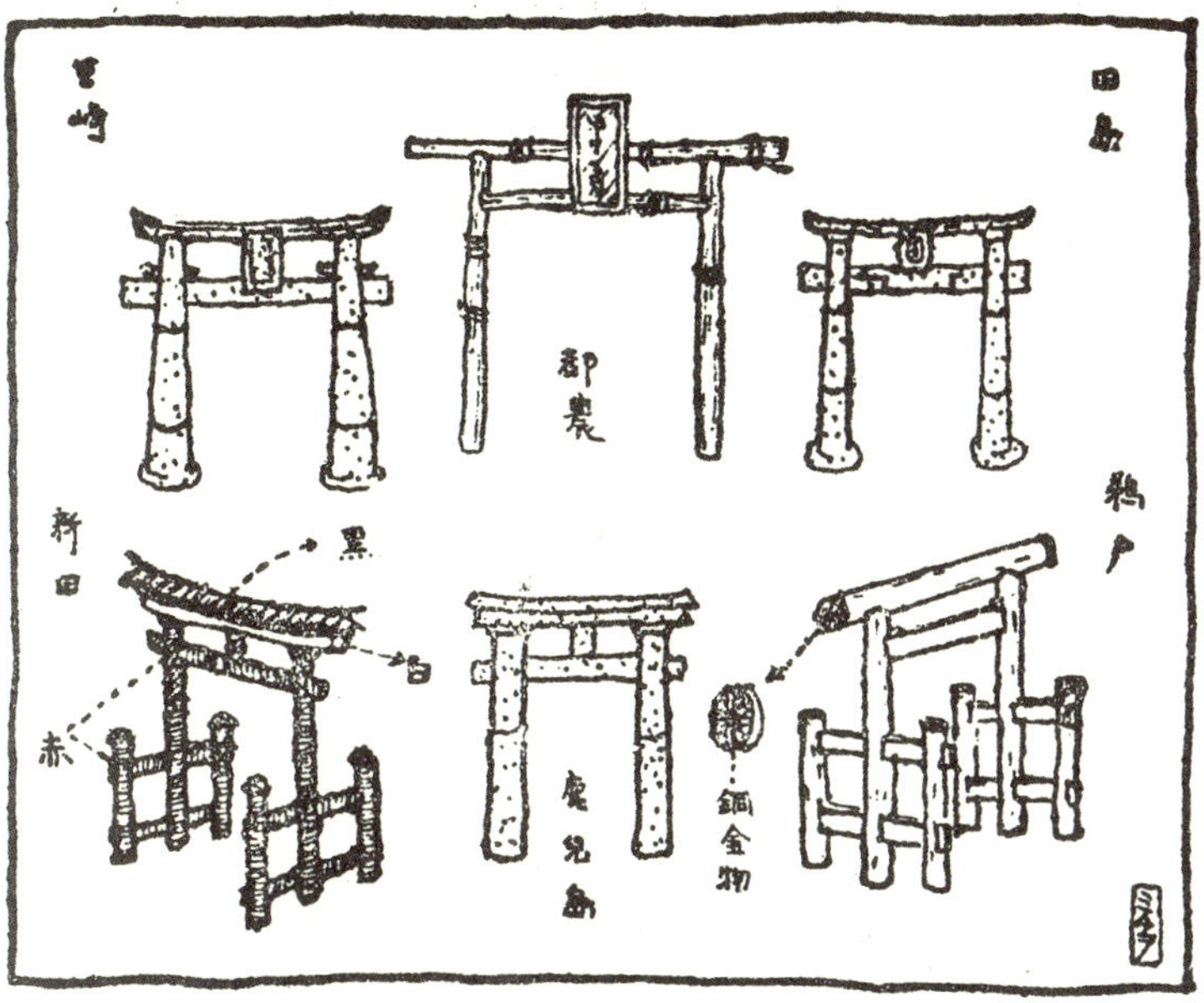

九州神社繪物語 (二三)

鳥居

神社の第一印象を與ふる役目を持つ鳥居の形は、本殿の建築様式と同一調子に構成されなければならないけれども古來無頓着に建てられたのが、地方色として異彩を放つに至るのも興味深いことである。

田島と宮崎とのは、石造の同一系統の型であるが、鹿兒島の石體神社の參道にあるものとともに、他に見られぬ珍しい型である。

鵜戸の社殿は權現造の變態と見られるが、第一鳥居の神明形も、潮風の荒い斷崖の上に立つ關係から自然の要求として枠指形にまで變じて來たが、ここまで變ればそこに調和の接近も見出されるやうな感もする。

新田のは、兩部形として調つた型だが、鵜戸の社殿の前にある一基とともに、三色の變化ある彩色法はこの地方のみの特色であらう。

都農の大きい懸額は、腐朽した鳥居の倒顚を支ふる爲めに所々に、卷かれた針金の弱さに比して、一層の危險を感ぜしめる。

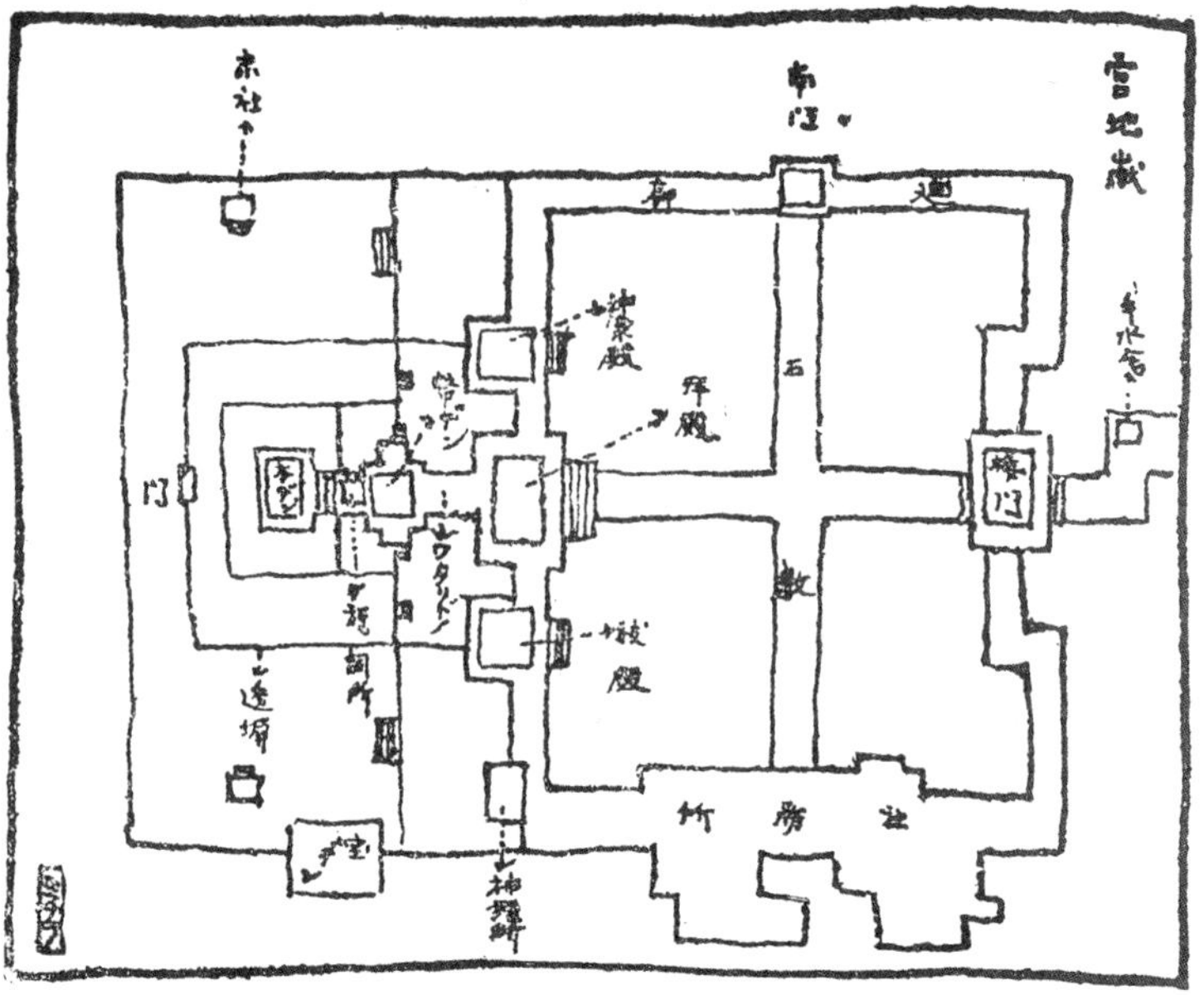

九州神社繪物語（一四）

宮地嶽神社のプラン

九州の民社で、大衆の異常なる信仰の對象となつてゐるものに宮地嶽神社がある。御本殿以下全部の改築中で、様式は流造の本殿に基調を持つた曲線式建築である。細部の技巧には、尠からぬ拙劣さはあるが、大體に於て明治神宮を髣髴させるものである。

幣殿の兩側に假神饌所が設けられ、神樂殿や祓殿が祭典時に於ける參列員の著席場ともなり、扉を開けることによつて本殿の階まで拜せられるやうに出來てゐる。

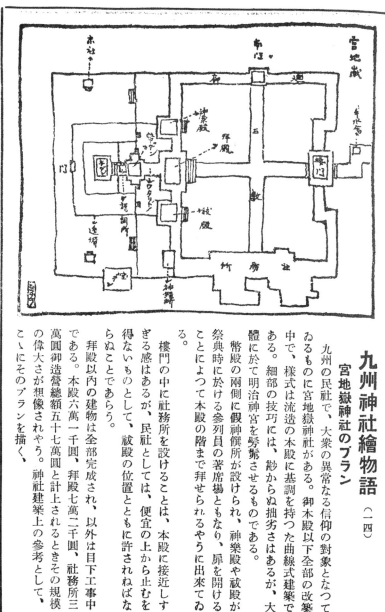

樓門の中に社務所を設けることは、本殿に接近しすぎる感はあるが、民社としては、便宜の上から止むを得ないものとして、祓殿の位置とともに許されねばならぬことであらう。

拜殿以內の建物は全部完成され、以外は目下工事中である。本殿六萬一千圓、拜殿七萬二千圓、社務所三萬圓御造營總額五十七萬圓と計上されるときその規模の偉大さが想像されやう。神社建築上の參考として、こゝにそのプランを描く、

九州神社繪物語（一五）

社號標

神社の建造物の中で、社號標ほど簡單なものは無い復雜に構成するとしても、結局標柱と臺石との技巧の變化に求むるのみである。然し復雜さを工夫するとき多くは失敗に終つてゐる。

八代のは最近の建造のやうに見え、圓筒形で六尺位の高さのものである。

鹿兒島のは靑銅の大砲の砲身を象つたもので、在鄕軍人の奉納物らしく、建設される以前から改造される豫定であるといふ話も尤のことである。

筥崎や赤間宮等にもある形だが、大宰府のは綠靑色の美しい自然石に、社格と社號とが金色に彫り込んである。隨分大きな一枚の石であるが、九州北部特產の石であらう。

都農のは臺石も標石も、自然石そのもので、最も原始的の型である。

社號標の文字の書方に、社格を割書にしてゐるのと一行に書くのとの二通りがあるが、一行に書くのが、正しい方法であらう。

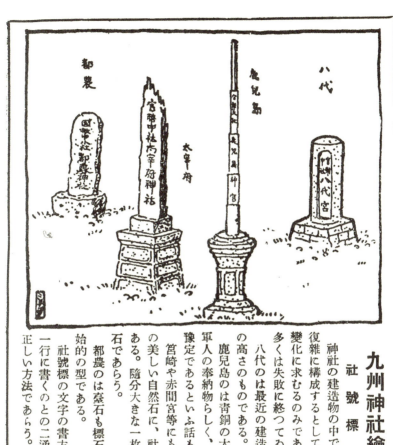

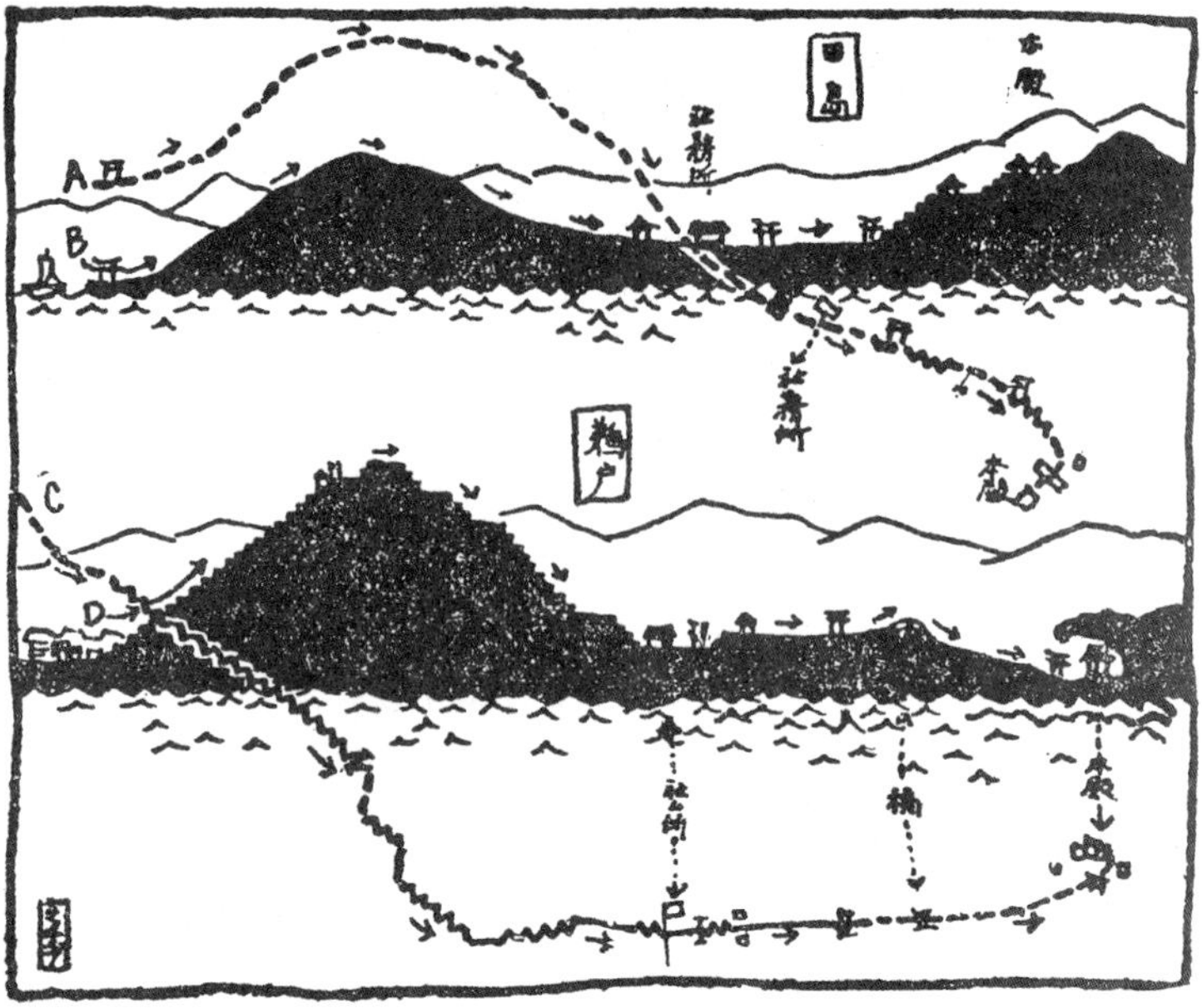

九州神社繪物語（一六）

參道

神社の參道は、平坦であるか若くは社殿へ近づくに隨つて、上り坂になつてゐるのゐるのが普通である。然し地勢の關係で除外例もある。新しく神社が建てられる場合は、參道もその計劃の一部であるから、例外を選ぶ要はないが、古い神社に於ては、第二次的參道の開鑿は當然地勢に支配されなければならない。

田島の參道は、舟から下りて、鳥居を潜るところに始まり、一つの山の頂を越えて、稍平坦な地に出て次で、昇階して御社殿に達するのである。

この道は長さ一丁餘で、いささか地勢に支配された高低ある參道であらう。

鵜戸の本殿は、神社の敷地の上からは最も低い位置の洞窟に建られてゐるが、他に見られぬ特徴であるとともに、神宮創建の神秘をも物語られてゐる。

圖中Aは田島の參道の平面圖、Bはその高低を表したもの、Cは鵜戸の參道を上から見たうねりで、Dは參道の側面を横斷して高低を示したものである。

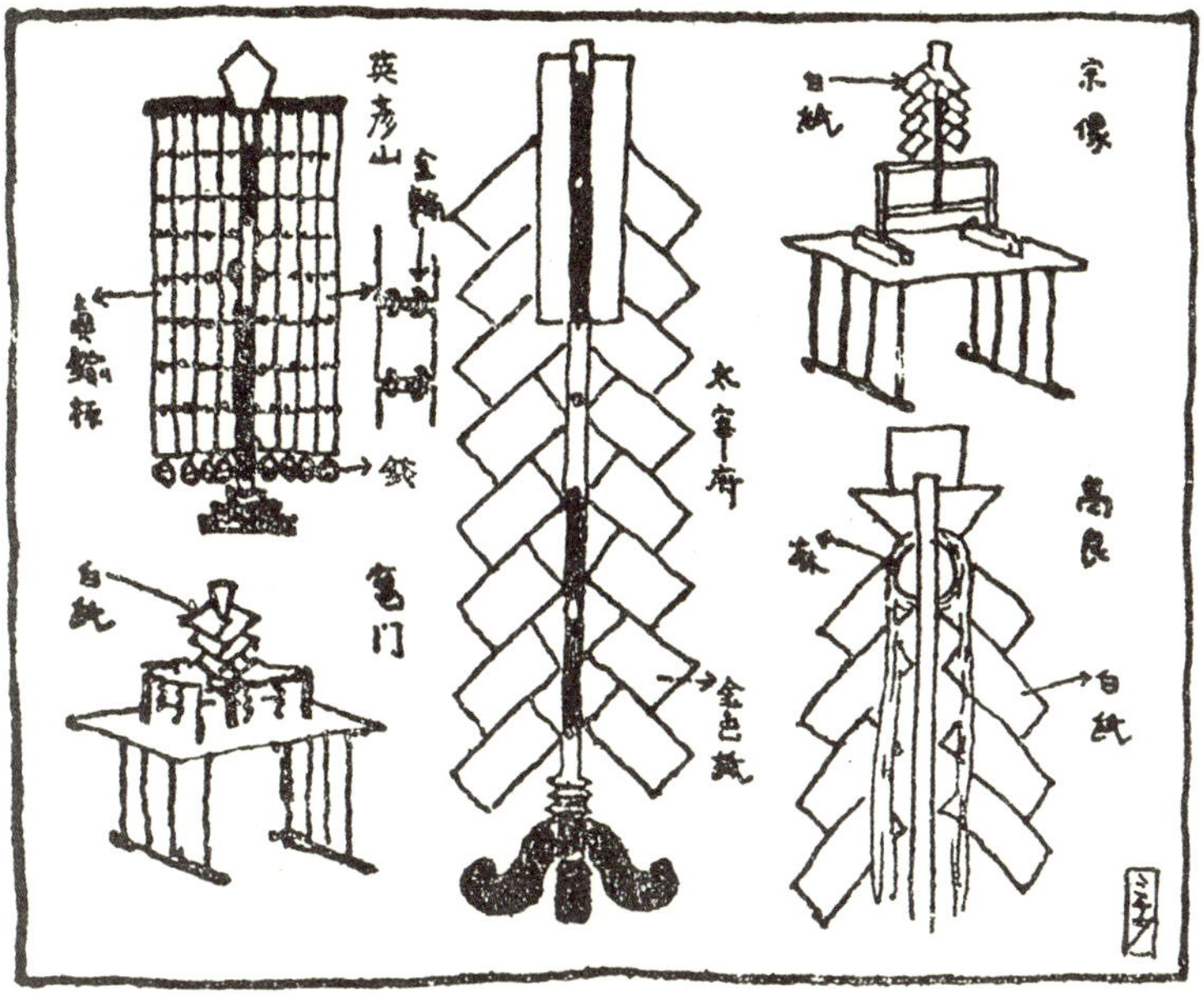

九州神社繪物語 （一七）

神籬と幣束

信仰の概念からすれば、神籬と幣束と祓串とは確然たる區別を立てられなければならない。けれどもこれらの形式の上には、明確なる區分が無く混用されてゐるのはむしろ上代よりの思想の傳統の姿として殘されてゐる貴い事實であらう。

高良と竈門とのは、祓所の神を招き奉る神籬として拜殿の一隅に設けられてゐるものである。

宗像のも拜殿内に舗設されてゐるものであるが、これは祓串として用ひられてゐる。

太宰府と英彦山とのは、幣帛であるが、本殿前に立てられた、幾本もの大きな太宰府の金色の幣束は神殿裝飾にまで化せられた感がある。

英彦山の幣束は、宮崎にも見た型であるが、英彦山にして、はじめて相應しい幣である。金の小板と鈴の音とは、修驗者の考案として頷かれるものである。然しこの型のものが、近畿地方の多くの社にあるといふことは、九州路から戻つて暫く後に聞き知つたことである。

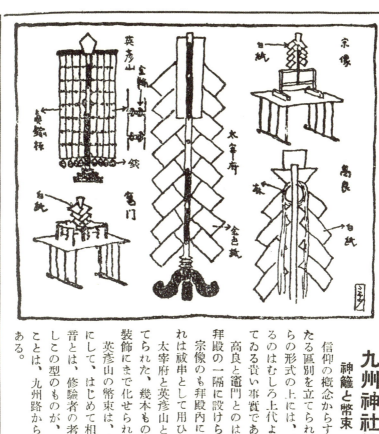

九州神社繪物語（一八）

寄附募集

九州官社の殆んど總てが、相競つて神苑擴張、社殿改築、何々新營等の事業を計畫し、寄附の募集に力を盡してゐる。敬神思想の涵養上に、神域をよりよくすることは、神職の任務として善い事實には相異ないが一地方の神社神社が、同時に寄附の募集を目論むところに實行の困難さが推察できる。

計劃を一般に知らしむる爲めに、掲示板は社頭に建てられてゐる。廻廊の一部に辛櫃が置かれ、多少に拘らず特志者の寄附金を投げ込ましてゐる。

果ては樓門の前にまで、選擧事務所の前に立てるやうな、大きな寒冷紗の立札まで寄りかけさせてゐるかかる形式で、寄附の募集をすることが、敬神思想の涵養と相對的に効果あることであらうか。

……………………

この繪物語は、旅路のかそけき記憶から生れて來たので、誤れる記述も多々あるであらう。その誤記と失言の數々とを謝しつゝ、描いて果なき筆の休息を求めやう。（終）

二　朝鮮色を持つ九州の玉山神社の研究

一

朝鮮内に於ける神社創立の年代は、比較的新しきが爲めに、神社經營そのものにのみ力が灌がれ、未だ朝鮮の地方色を採り入れるまでの餘裕を持たされぬ狀況にある。しかのみならずむしろ發祀の形式も社殿の様式も、現今の神社概念から見て純粹なるものへの內地延長の型に置かれなければならない狀態にある。勿論それは神社概念の偏狹さが朝鮮色を採り入れるに包容性を缺いてゐることゝ、新機の計畫を目論むことに伴ふ一つの危險に對する懸念からの爲めでもあるが、尙その上に朝鮮の人々から、內鮮融和の手段として神社に朝鮮色を加へるかと見られるとき、或る反感を抱かさしむる點をも考慮されてゐることに起因する。

然しこゝに紹介しやうとする玉山神社は九州の地に鎭座されながら、皮肉にも前述の如き事實を裏切つて朝鮮の色彩を多分に有てる神社である。

二

九州鹿兒島本線の最終點、鹿兒島驛より四つ目の手前に東市來驛がある。鹿兒島縣日置郡下伊集院村苗代川蜂巣ケ谷に鎭座さるゝ玉山神社に參拜するには、こゝに下車するのを最も近き順路とする。

昨年の九月、九州神社巡拜の折に、最も大きな期待と深い興味とを以つて下車したのは、この東市來驛であつた。赤土山の麓を堀割つた大坂道や杉の木立ちの山道を、クラシカルな馬車に揺られつゝ行くこと一里にして苗川村に達することが出來た。內地の多くの部落とは一種異つた空氣に包まれた、和やかな境地は、何といふことも無く朝鮮からの旅人の心を慰め、朝鮮の地へ戻つたやうな安らかさを感じさせた。

この苗代川部落は、今から三百二十餘年前、文祿の役の際に島津義弘公が、朝鮮の南原城加德島等の戰にあたつて南鮮地方の熊川、金海等の陶工等二十二姓男女六十餘人を携へ歸つたその子孫が今に連綿として繁榮してゐる地である。然れば部落の面影にも、氏神である玉山神社にも、年代經過だけの色彩の薄らぎはあるが、多少の朝鮮色を見出し得て、一種の懷しささへ起さしめられるのである。

玉山神社はこの部落の北端小春山と稱する小高き丘の上に鎭座し、指定された村社であるが、その創立は神祕の物語から生れてゐる。

神社明細帳の記載によれば、その昔に山中の大岩が夜毎に鳴動して異光を放ち、宛然赫耀たる玉の如くであつたので、部落民の恐怖は筮者に依頼して、神祕の謎の扉を開いて貰はなければならなかつた。その結果は瓊々杵命の幸臨せらるゝ場所であるから神の宮居を創立して、崇敬の誠を致すべしといふにあつた。そこで部落民は社殿を建て玉山宮と稱して祭祀し始めたので、大石の鳴動は中止したといふことである。

然しこの部落の舊家沈壽官氏の所に殘されて居る『玉山宮由來記』『玉山宮造營由來日記』等の記載は、神社明細帳のそれとは、多少の差異を見出さしめるのである。この古書は、慶應三年卯十月と表紙に年代を記され、又『古　再書』の字を肩書にされてゐるが、紙の色と筆の跡とはその年代のものであることは明である。

この書に依れば、神社創立の理由は大體神社明細帳の記載と同一であるが、瓊々杵命の神名は何れも朝鮮の始祖檀君と置き換へられ、後の書には、大岩を拜し側に社殿を建つといふ記事も加へられてゐる。この部分が注意を促させる所であつて、兩古書の眞價如何は問題外とし、又檀君祭祀や岩石崇拜の事實は暫らく疑問として保留して置くこととするも、兎に角瓊々杵命が、この神社の始めからの祭神ではなく、明細帳調製時代の變更であると推想するのは、朝鮮よりの移民の祭祀社として當然視すべき事實である。

かくて創立された玉山神社は、慶長八年に雷火に逢ひ燒失した。時の藩主島津義弘公はこれを憂ひ、次の年九年には社殿を改築し、十字紋章附の幕及燈籠等を寄進された。その後累代の藩主は、江戸參勤の際は必ず參拜して祭祀を行はれ、神職には祿米衣服等を給はり、數度の增改築も行はれ、村民の崇敬は日に增し盛であつた。棟札に慶長十年八月再興とあるのは、その歴史の一部を物語るものであらう。

現在の祭神は前述した如く、瓊々杵命を主とし、他に素盞雄命、保食神、建御名方命、八坂刀賣命の四柱の神が祀られてゐる。かゝる祭神の奉齋は、朝鮮移住民の創立した神社としては、疑問なくしては見られぬ事實である。然し主祭神は暫らくそのまゝとして、他の四柱の神はこゝに掲げる左の如き神社が、明治四十四年に合祀せられた結果であると、神社明細帳によつて明かにされるとき、疑の雲は取り除かれるであらう。

玉山神社に合祀された神社（神社明細帳による）

△無格社　南方神社（鹿兒島縣日置郡野田村字高山）
祭神　建御名方命　八坂刀賣命

△無格社　南方神社（同縣同郡伊集院鄉神立川村字園脇）
祭神　建御名方命　八坂刀賣命

△無格社　青劍神社（同縣同郡同鄉宮田村字山ノ口）
祭神　不詳

△無格社　楠牟禮神社（同縣同郡同鄉寺脇村字迫田）
祭神　不詳

△無格社　飯積神社（同縣同郡桑田村字桑水）
祭神　保食神

△無格社　劍神社（同縣同郡下伊集院村苗代川字宮ノ原）
祭神　素盞雄命

祭神考察の上に殘されてゐる疑問は主祭神に就てである。前述した如く玉山宮由來記等には、檀君と記載し、現今でも部落の有識階級の人々は、その記載の如く信じてゐる。勿論一般のものは、主祭神の變更と合祀祭神の增加等には無頓着に、只玉山宮としての信仰なり氏神としての信仰なりで、奉齋が續けられ、殆んど祭神名の認識も無いと云つてよい位である。それは部落の人々二三に對して問答した結果で確められた。

玉山神社の名は、神社明細帳に見る位で、神社の境内には社號標も無く、只拜殿の前面、軒下に陶製の額面が懸けられ、『玉山宮　の三字が刻まれてゐる。この宮號は古くよりの稱呼であつて、朝鮮の共通性が窺はれてゐること丶思はれる。又この宮は、古くから土地の人々から『コレガンサー　と稱へられ高麗の神様の義とて此土地のみに用ひられてゐる言葉であるといふことによつても、祭神考察の一端を摑み得るであらう。由來記の所載によれば、祭神は朝鮮の始祖檀君とされてゐる。然しこの檀君に關する記述は、後日に讓ることゝして、こゝにはその結論を述ぶることに止めたい。

玉山神社の祭神は、創立の當初は勿論瓊々杵尊でも無く、又檀君でも無く、巫俗祭祀の薩滿教の神々であると思ふ、この Shamanism の思想は、古來朝鮮内に於ては非常な潛勢力を有して居つて、民族の根本思想をなして居り、現在に於ても、巫覡の祭祀、祈禱の行事は到る處に盛に行はれてゐる。この巫覡の祭る神は、鬼神(天神)精靈(地祇)魂魄(人鬼)であるが、玉山神社の始めもかゝる巫覡祭祀が起源をなしてゐるかに推想されるのである。

朝鮮の現在に於ては、檀君祭祀の風は、かそけきながらも各地に分布されてはゐるが、然し文祿役の當時は、南鮮地方の熊川金海等に檀君祭祀の風は未だ無かつたといふことは、多くの學者の認めるところである。然れば、玉山神社の祭祀創始も由來記にある如き檀君としての確定神で無くて、前述した古い傳統の巫覡の祭る神々であると推定されるのである。

島津公が朝鮮の族二十二姓を率ゐて歸るとき、その中にも勿論巫覡も加はつてゐた筈であると思ふとともに、現在にまで、玉山神社に殘されてゐる諸祭器具や祭祀の風習等が、いかに現在朝鮮に行はれてゐる巫覡祭祀のそれらと共通性を有つてゐるかの考察からも、當然以上の結論に到達すると信ずる。

又玉山神社の御神體は、その由來記にも記載されてゐるやうに、自然石の大石であることも注意すべきことであらう。巫覡祭祀の對象物として、岩石崇拝の状態は、鮮内到

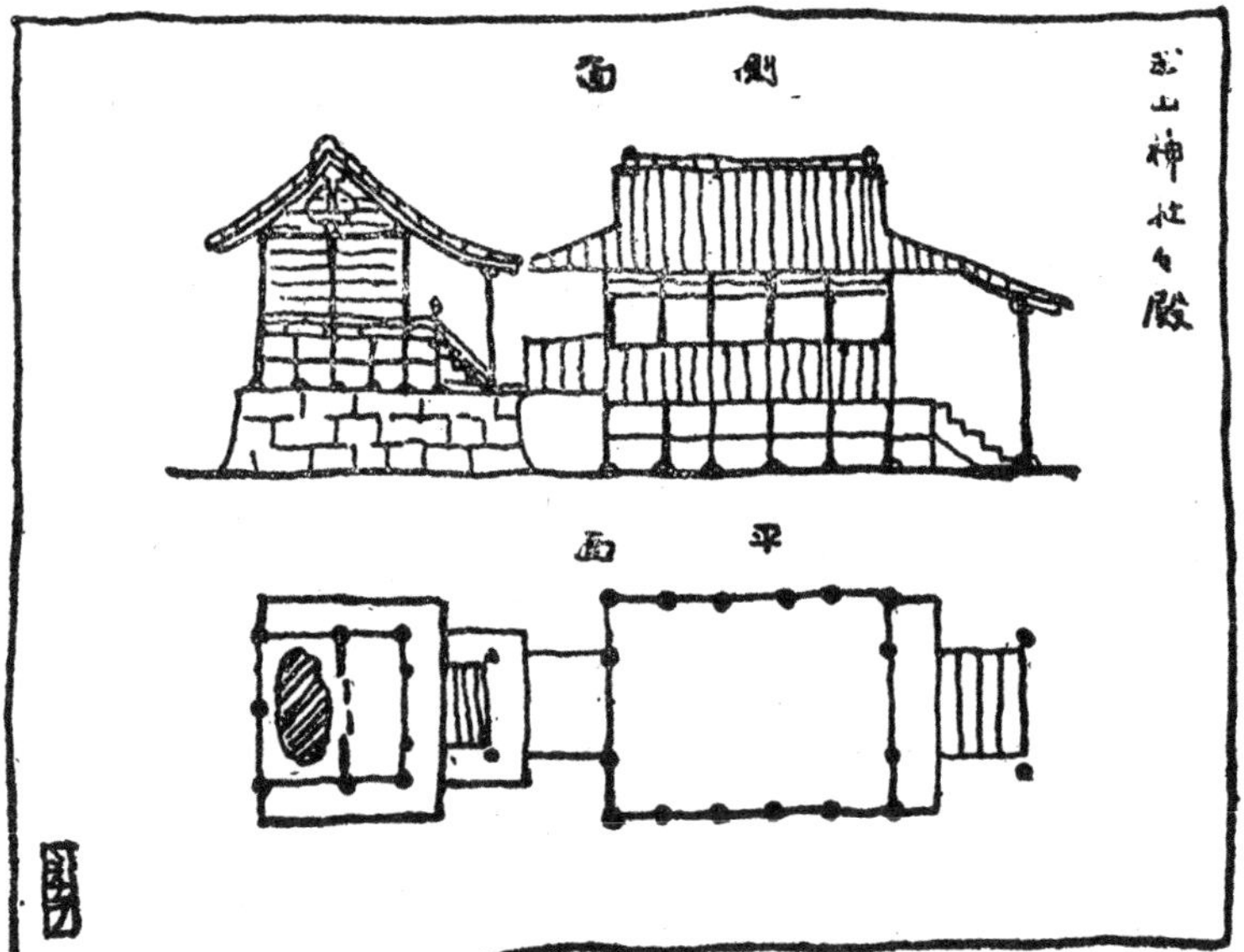

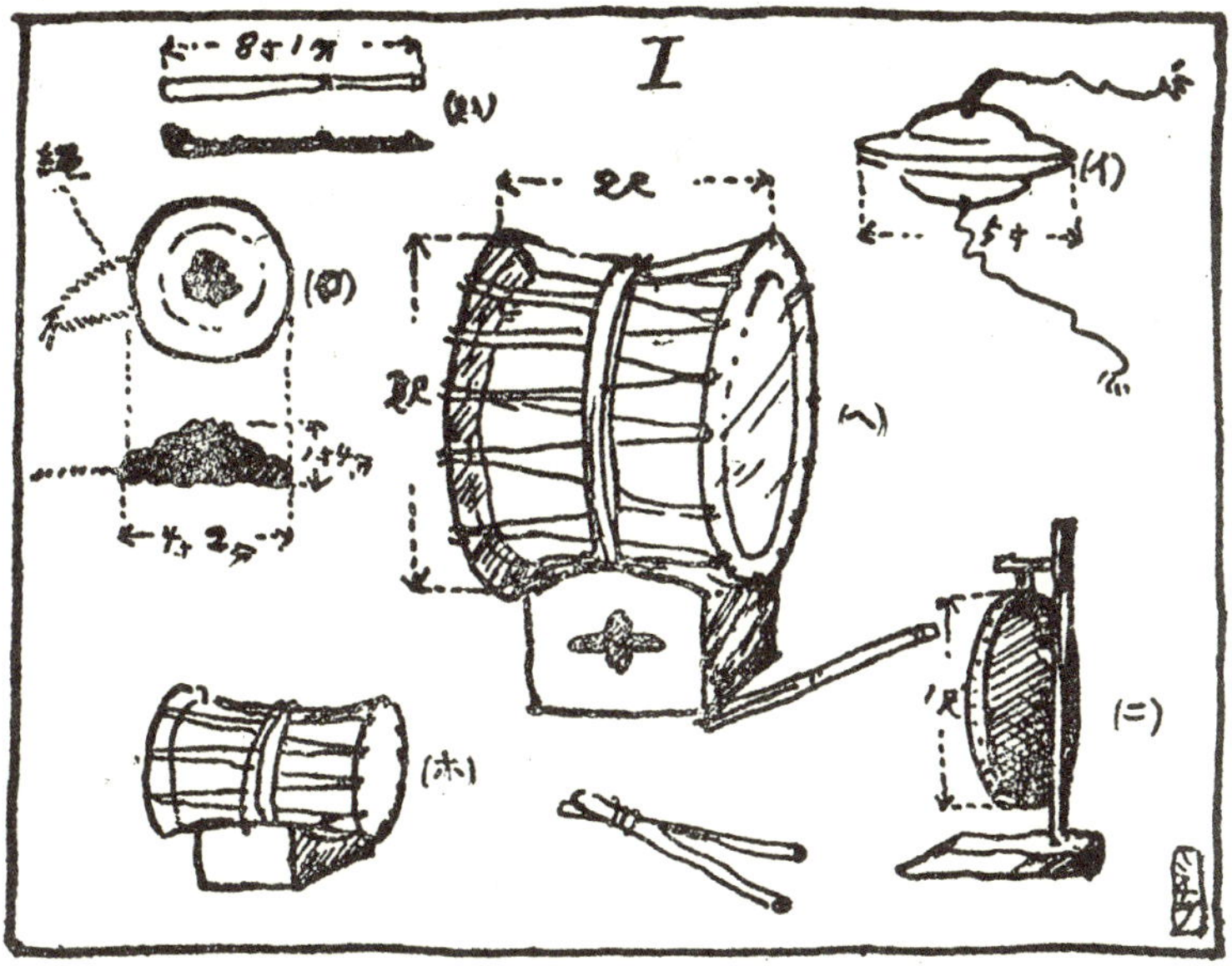

る處に存在してゐるが、苗代川の人等の故郷の地である、熊川にも、最高峯の天主峯の頂に、大きな自然石が立ち、古來現今に至るまで一般の信仰は異常なるものであると聞くとき、彼此相對照して因果關係を推想せられる。

玉山神社の社殿は、前述した如く改築に修築を重ねて來たが、現在の社殿は大正六年十一月に竣工したもので、本殿は準流造で、その前に二坪位の幣殿があり、拜殿は入母屋造の妻入で、ともに瓦葺であつて、何等の朝鮮色は見出すことは出來ない。然し本殿の內陣は自然石の大岩で一パイになつてゐることは、前述した由來記の記載による、大石の側に社殿を建つといふ事實とはかなりの變遷が生じて居ることを認むるとともに、建築の樣式上にも大きな變化が伴はれたことゝ推察することが出來る。

三

朝鮮の人々が建てたといふこの神社も、祭器具の特色と祭祀の特種性が保存されて居ないとしたならば、他に何等の價値も無く、興味も湧かず、紹介の筆を運ぶ必要も無いであらう。然し現在殘されてゐるものによつて、種々の內容考察がされ、この僅かな材料によつて現在の朝鮮の民間信仰のそれとの比較をなし、前述した如き祭神考察の資料ともなり、神社創立の狀況をも想起せしめられるのである。

今、保存されてゐる一々に就き圖示しながら說明を試みやう。圖中(イ)の銅拍子(スリガネ)は、内地の寺院等に於て現在使用されてゐるものと同形で、現在朝鮮語ではチエグムと唱へ、京城附近の巫覡の神堂で使用してゐるのと同形のものである。スツコンと苗代川の人々が呼んでゐる(ロ)の樂器は、いかなる意味でかく名付けたかは不明であるが、朝鮮語でツ、ゴムと稱する語が、『盞』の意であることより、或は形の上から、かく呼んだものが變じて、樂器の名稱となり、苗代川のみにこの詞が殘り、現在の朝鮮には適當な名稱が無くなつたかに思はれる。とにかく、この樂器は青銅のもので、(ハ)の竹篦で打ち鳴らすもので、中央に穴の明いてゐるのは、自然の磨滅である　又圖中(ニ)の樂器は、鉦であるが、これをツムと呼んでゐる。朝鮮語では現在チンと呼び祭器の一種とされてゐる。(ホ)の小鼓はシヤングと唱へてゐるが、朝鮮語のチヤング(長鼓)と同形のものである。然しこの長鼓は巫覡の祭祀の折に用ふるは勿論であるが、酒宴の席に於て　妓生《キイサン》の俗謡を歌ふ際に用ふる唯一の樂器で、鼓の大形のもので長さ三尺もある、玉山神社に殘されてゐるシヤングは長鼓の如き胴を有たないが、その唱呼の相通ふ點から見て、始めは鼓形に中部が縊れてゐたものが、普通の胴に變遷したのであらうと想像される。この他に(ヘ)の如き大きな太鼓があるが、すべて祭祀の樂として殘されてゐる。

朝鮮の巫俗の祭祀にも、以上述べた如き樂器が使用されてゐるが、胡弓やピリと唱する篳篥の如き朝鮮笛も加へられ、騒々しきまでに奏せられる。

玉山神社には、現在は保存されてゐないが、始めは篳篥の音律を出す朝鮮笛も加へられてゐたことゝ思ふ　そは百圖考』に載する苗代川の條の左の一文を記して推察の料としたい。

……又神舞及び鶴龜舞あり、樂器は咸く朝鮮より携へしものなり、唯その吹曲、樹木の嫩葉を用ひ、これを唇に當て、吹くに隨ひ指頭を以て弄すれば、奇韻律に合ひ空に飄る、其神舞は祝子立て手に神刀と鈴(朝鮮語にて神刀をシンカル、鈴をハアライといふ)とを持ち靜に舞踏して壽を祝す、……』

以上述べた樂器の他に、引用した前文記事の中の神刀と鈴とが、神舞の祭具として今に大切に保存されてゐる。第二圖はそれで、銅鈴は紙捻で結ばれ、至極單純な形式でぁつて、現在巫覡の用ひて居る九鈴とは多少の差異があるが、數多くの鈴が結ばれてゐる型は、相似た形である。前記した百圖考の注文に『朝鮮語にて鈴をハアラィといふ』とあるが、現在の鮮語では、パンウルと發音してゐる。神刀は眞鍮製の身を白紙で柄の部分を卷いたもので、現在朝鮮で使用してゐるものと大同小異の型である。

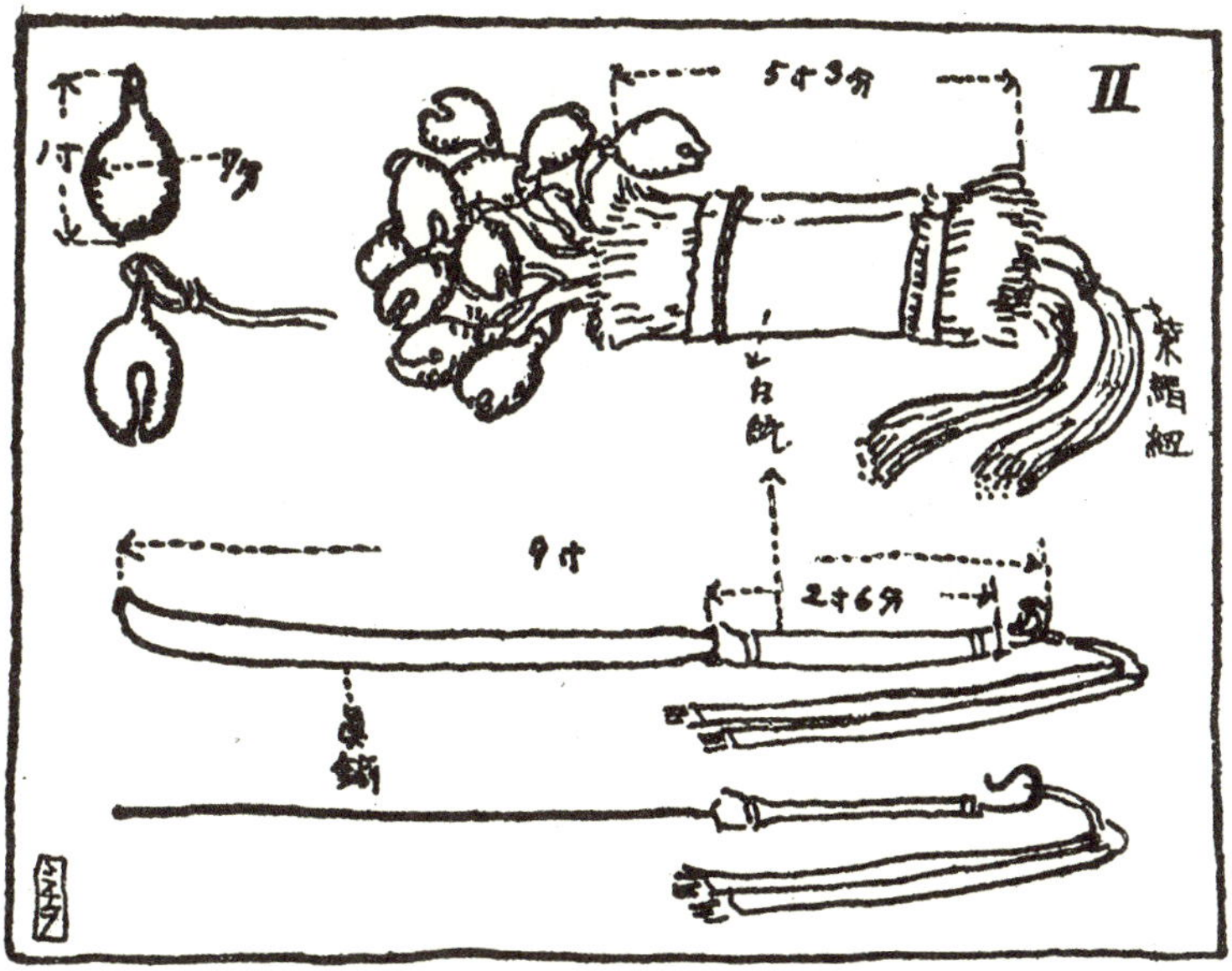

この外に、殘さなてゐるものに冠や衣服や幟があるが、ともに祭祀の具である。第三圖の（イ）は帽の側面で、（ロ）はその正面である　風折烏帽子か立烏帽子に似た形であるが、朝鮮の古い時代に用ひた型で、古くはカルテイギと唱ひて居つたものと殆んど同形である。（ハ）の衣服は、淺黄色で織模様の撒らされてゐる絹衣であるが、神幸の時幟を持つ人の着るものと定められてゐる　昔は祭祀者もこの服を着たといふことで、年々島津公から緋縮緬のこの衣を賜はつたといふことである。これらは現在鮮朝の巫覡が用ひて居るものの多くの内の一種である。

終りに第三圖の（ニ）の幟に就て考察しやう。これは一種の神籬としての役目を持つもので、隨分進化した形式である。玉山神社の神幸の時、幟は神の宿る標とされ神輿の代用として使はれるものである。この形式も、他の遺物の總てが神鮮のものであると推定し來たとき、矢張本源を朝鮮に求め得るものと信ずるのである。

日本書記の記載によれば　垂仁天皇三年甲午春三月に新羅の王子天日槍が歸化して、羽太玉外六種の神物を持ち渡つたといふことであるが、その中に熊神籬の名も見えてゐる　飯田武郷翁は日本書記通釋で『熊神籬は詳ならず』と簡單に片付けて居られるが、本居宣長翁は、王勝間の中に隨分苦しい解釋をして居られる。

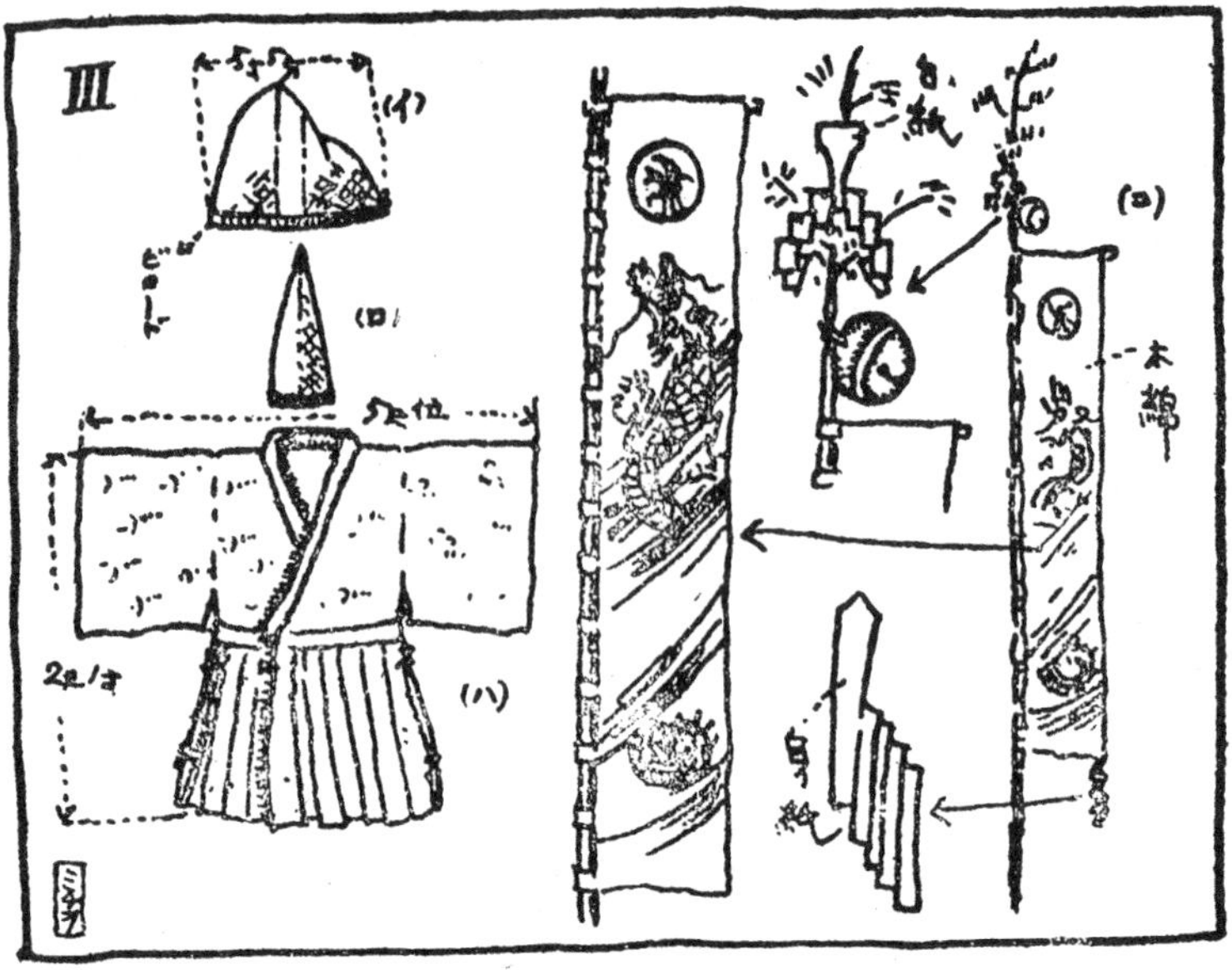

『熊は借字にて、猥隠《クマコモリ》なとゝ同言にて、隠れこもりてあらはならぬを云、さて此は韓國にて神を祭るに、その神體《カタ》を坐さする具にて、よに佛像を入れおく、厨子といふ物なとの如く、作りたるものなるべし、其は皇國の神籬とやうかはりて、外を圍みて、内のあらはにみえず、隠れる故に、その名を負せたるなり。』

本居翁の說に隨へば、この熊神籬は厨子の如き形式のものであるといふことになる。又誰かの說に熊は神と同語源で、神聖の意を表はしたものであるといふことであるが、然し自分は潛越ながら、それらの說に服し得ないのである。

熊神籬は神籬の形式をしたもので、熊は高麗の轉音と見たいのである　卽ち朝鮮の神籬と云ふ意であつて天日槍が持つて來た神籬を宿すべき具が、日本の神籬の形式に類似してゐたことから、特に高麗の神籬と書いたものではないかと思ふ。勿論天日槍は新羅の王子であるから新羅の神籬と書くべきであらうが、新羅、高麗、百濟の三國の幷在してゐる當時のことゝて、今の朝鮮の地を言ひ表はすには、三者何れの名を用ひてもよい筈であつたらう。この說を一層强むる爲めに、朝鮮古代の所謂神籬の形式の存在を確め、玉山神社に殘されてゐる神籬にまで結び付けて見たいと思ふ。

日本の神籬に類似した祭祀の具は、支那滿洲朝鮮に各々

その例を見る。清朝に於ける國家的の祭祀の意義とも見られるものは、『天咫偶聞』に

『堂子所以祀土穀而諸神祔焉、中植神杆以爲社主、諸王亦皆有陪祭之位……』

とある。又滿州の舊樣古義は、方拱乾の著である『寧古塔志』の記載によつて伺はれる。

『尋常庭中、必有一竿、頭繋布片日先祖所憑依、動之則如堀其墓云』

以上は、支那滿州の神籬形式の類似の例であるが、朝鮮に於ても古くから、この形式があつたことは古書の記載によつて明かで、それを蘇塗と稱して居つた。蘇塗の文字は次に記載する、諸書に散見する文字であるが、最近まで、朝鮮語に殘されて居つて、Sot-tai. Hyot-tai, Sukumaki-tai. 等と呼んでゐたといふことである。

『魏志馬韓傳』に

『常以五月下種訖、禁鬼神、群衆歌舞飲酒、晝夜無休、其舞數十人倶起相踏地、低昂手足、相應節奏、有似鐸舞』……『又諸國各有別邑、名之爲蘇塗、立大木懸鈴鼓事鬼神』

『後漢書』に

『諸國邑各以一人主祭天神號爲天君、又立蘇塗建大木懸鈴鼓事鬼神』

とあるは、蘇塗と神籬と同性質のものであることが明かにされる。そしてこゝに、玉山神社に殘されてゐる幟の形式を見、且つその用途の止から見て、時代の變遷とともに形式の變化はあると見るも、共通的形式に置かれてあることは一見して、頷かれることである。

扨て以上の如き遺物が、朝鮮巫俗のそれと共通點があり幟も蘇塗を考察するに同類のものであると思はれるとき、いかに玉山神社には、多分の朝鮮色が盛られてゐるかが明瞭にされ、祭神推定の可能をも力付けるものである。

又神饌の一つとして奉る、高麗餅は、苗代川特有のもので、餅米、玄米、小豆等の原料を鉢に入れて蒸し、その上に樫の葉の枝を挿して神前に供するものである。この餅の製作法も現在の朝鮮に於て行はれてゐるもので、巫覡祭祀の神饌にも加へられ、猶種々の神饌物の上に造花の花枝を挿して供へる現在の朝鮮の風習は、その昔は苗代川に殘されてゐる高麗餅の挿木の形の如く、生きた木の葉の茂つた枝を挿したものであらうと、內地に殘されたものによつて、現在の朝鮮のものを推想させられる。

高麗餅に就ての神祕的な挿話がある。玉山神社の大前に祈願事がある苗代川の人々は、必ずこの高麗餅を供へるのである。祈願祭が終れば、この餅を神前から撤して側の机の上に鉢から取り去るべく逆にするのである。この時上

に挿された樫の枝にも關係があるが、顚倒した餅は、元の通りに起き上るといふことである。然しその餅が起き上らず、枝を下にしてそのまゝ机の下に動かずに居ることがある。これは餅の製作中に不淨なことがあつたことを神意が物語り示すもので、實に神祕な事であると、現在奉仕してゐる下芳積といふ神職が語つた　こうした不吉のことがあれば、再び新しい餅を造つて供へ代へるといふことである。

玉山神社の例祭日は、陰暦九月十五日である。この日は島津義弘公の命日に當る日であるが、島津公の德を崇めた結果氏神の祭祀日ともされたものであらう。然しこは後世のことであつて、始めは例祭日の定めもなかつたことであらう。

とにかくこの例祭日には、現今神社祭式に定められてゐる一定の祭儀が行はれ、その後に特種神事的に、朝鮮色を持つた祭が執行されるのである。

先づ神前で神舞がある。前述した刀や鈴を舞人は手に持ち、朝鮮式の歌謠と前述した樂器の數々とのメロディの中に舞ひ始める。舞は至極簡單であるが、奏樂と歌謠との調子にピツタリと合ひ、多角形的動作で終始する。そして同じ動作を、四方と中央との五度に行ふのである　簡單な動作によつて構成された舞であるだけに、修得するにはかなりの苦心を要する。現在ではこの舞をするものは玉山神社の社掌である、前述した下芳積氏一人のみで、歌と奏樂とは一人で爲すのであるが、それにも十分な人を得ないと云ふことである。

歌謠は全然朝鮮語の諺文であるが、その歌謠は諺文で記載されずに、諺文の音を寫した片假名のみが現今に殘されてゐるのである。

然し、その朝鮮の音を寫した片假名の數行が、いかなる意味を有つてゐる歌謠であるかは、苗代川の現在の人々は知らないのである。無意識の中に假名通りの發音を爲し、昔ながらのリヅムに合せて舞つてゐるのである。

この片假名の連鎖を解くことは、苗代川の古い人々以外には容易いことではない。なぜなれば、諺文の音を片假名で表すことは諺文のみでなく、すべての外國語の發音を日本の假名で表すことが不可能であると同一に歸せられるからである。又至難のことは、苗代川移住の時代の諺文と、現今の諺文とに時代的變遷の件はれてゐることにある。然し朝鮮總督府の學務課に依頼したところが、編輯係の李源圭氏の手によつて、見事に次のやうに飜譯された。

本文	譯文	譯語
◎オノリオノリラ		
オノーリラ	今日此の日	今日此の日は
ナルノンチヨイムル	我身にとりて心にかゝりし	我身にとつては氣を揉んだ

チエイムルドサイズル	供物の憂を忘れぬ	供物の心配まではらした
オノリラー	今日の日	今日の日だよ
◎オノーリラ	今日此の日	今日此の日は
ヒチオヌルイコヌルイナ	指折り數へし今日の日	指折り數へた今日こそは
ムツノソイロムツノソイロ	いざ諸共に遊びなむ	いざ共々に遊びませう
オノリラー	今日の日	今日こそは
◎イリドサイイリドノサイ	さまざまの遊びせむ	種々の遊びをしませう
チエイリチエイリウラハン	我等の氏神ぞ	氏子の皆の親様よ
ノサイナンギノサイナンギ	遊ばむ遊ばむ	遊びませう遊びませう
ハナガハイチヤナ	神忘らめや	神をどうして忘られやう
◎ハナガハイチヤナ	神忘らめや	神がどうして忘られやう
コスライナ、コスライナ	穀物の神、穀物の神	五穀の神様よ
チヨナサイナ	眠るも醒るも	寢ても起きても
ハナガハイチヤナ	神忘れめや	神がどうして忘られやう

この神前の舞が濟んでから、舞人は前述した衣服を着けて幟を持つた人の、拜殿中央に座してゐる前に進み、その人の周圍を週りながら、鈴と刀とを振り亂舞して呪文を唱ふるのである。

現今朝鮮の巫女も、かゝる行爲と狀態とを爲すが、その時は神靈が巫女に憑るものとされてゐる。玉山神社に於ける神前の舞は、神がゝりへまでの行爲であり、幟を持つ人への行爲は、幟を持つ人に神憑を移すものであらうと推察するのである。

勿論この神憑の狀態は、朝鮮の現在でさへ巫覡のそれが虛僞であるかに見ゆるやうに、玉山神社のこの行事も只今では單に形式的に執り行はれてゐるやうである。

この幟を持つものは、古來重大なる役目とされ、部落の人々の中から、最も德望あり高潔なしかも穢のない人が選ばれたといふことである。

幟を持つ人、卽ち幟そのものへの神移しが終れば、次は直ちに神幸の儀になるのである。その行列の順は、大體内地の簡單な渡御行列の如きもので、先拂が立ち、提灯が立ち、次に幟が神輿の格で進み、次に神職以下これに續き御供の形となるのである。

從來はこの渡御の折、幟を持つ人は、神の命により、部落の各家に、適宜に立寄るのであつた。御立寄になられた家では、美しき供物を澤山にして祭らなければならなかつた。かうしたことが、種々の弊害を伴ふもので、近年は改良されて部落の中央にある小學校の校庭まで、一筋に渡御され、そこで祭祀が行はれて又一筋に神社に還御されるやうになつた。

扨て、こゝに再び片假名書にされてゐる、神幸祭の祝詞として、無意識に奏されてゐる一文を紹介しやう。勿論朝鮮の古い諺文の音を表はすのに片假名を以つてして、その假名の連鎖のみが殘されてゐることは、前述した舞謡と同様であるが、この文も難解であつたが前文の飜譯者李源圭氏の手によつて解かれた。その結果は諺文の外に朝鮮讀みになつてゐる漢字音も入つてゐることが明かにされ、現在所謂祝詞として神前に奏せられてゐるものが一種の俗謡の姿になつて神へ奏する詞としては、不滿の點もあり相應しくないのも明かにされた。

本文

韓魂昭覩
タイハンホンソーシ
昭代八路
ソタイパンロッピントラ
タイムルホロソニホロ
タ゚ニホロツソルホロヅネ
ヘイモククイクルホンゲ
世尊
コエソサルアリキソサル
ロクナンギセイソチウムキ
ベツチヤンチ
ムタムホイトヒコヒトリ
チヒトソネト

譯文

神よ照鑑あらせたまへ
御代の八路(朝鮮)をころりと廻つて
何の爲めにか客となり
歩くばかりを業として
働いて食ひ貴くなるやうに
可愛がり給へ敎へ給へよ
皆さん、その世尊に詣りませう
何だつて故なしによくなりやせぬ
家にでも山にでも

ソクテンチヨ、プテンチ ヨタンツク、プリアンガ ヌミチヤンホ	間引くも又蒔くも 行く末かけて盡きぬ幸を祈りますます
イコースポリ	此處は林よ
ナムトベコトム トツトリトベコナ	森も見ゆれば石段も見ゆる
オウリドツパ	おう、われらを助け給へよ
盞對	
トリスルチンダホコ	くるくる廻りの杯で
ハルナムデモチウチ	飲まうや、濁り酒
ムデモヨイシナ	氏子諸共打揃ひ
ムデモスウヂムネ	皆々受ける濁り酒
イランダイヤランダイ	こうぢやあゝぢやと言つたとて
オウナムセイトムキブコ	あゝ鳴く鳥も樂しけりや
ソネフサムトラスコ	山に泉も湧き出づる
イマハントリコダ	此れで先づ廻るまいぞや
ヤポマルヤセキリヤセ	もしもし止めよや、そうしませう
山	
ソネンカンドリチリカンドリ	山に行つても道歩いても
オヒコトムオノポリスボイロニ	あゝ此處は何處の野ぞ森ぞ
サクサヘモンホウセムスタン	夕べ朝にやらうや何でも
田地	
テンチナンプルク、ロエ、ゲキ	田地は殖えて鱉魚の

セキチヤクチヤク　子が盡きない、つきない
スポイロニモノ　悲しくなる云ふを止めよ
コナンポンコナムザ　去る春の花の樹ぞ
ナンナシトロシ　めいめいに遊ばうよ
ロコロノハ　遊び遊ばう
◎シンダホコハルナムデ
モチウナ　｝心任せに飲まうや濁酒
ムデモスザムネ　皆々受ける濁り酒
イランダイチテンダイ　こうぢやそうぢやと言つたとて
ウナムセイトムチプコ　鳴く鳥も樂けりや
ソネツサンムトラスコ　山に泉も湧き出づる
イマハントルコダ　此れで先づ廻るまいぞ(土着の意)
ヤホマルヤセチリヤセ　もし〳〵止めませう、そうしませう
ソネンカンドリチリカンドリ　山に行つても道歩いても
オノホリスポイロニ　何處の野ぞ森ぞ
オノコナンコンコナムリ　何れも美しき花の木ぞ
ナンナチドロシロコロノハ　それぞれ遊び遊びませう
オクサングクン《根本》パンチ　來ては住ひ根據をかため
ソンニンプンテセツプン　客か本來の主となつた氣で
ソン《山》パン《坂》ソロイロニ　山や島を互に開墾しませう
アイササフイカモンダケ　あゝ續かせ給へよ後は永遠に
タプリフイツササ　皆の者を守り給へ

哀調を帶びた訴と素直な感情を、飾らない形態で發露したこの荒削りの民謡的祈りの言葉は、移住當時の人々の心を述べて餘りあるものと思ふ。離郷の悲哀から生れ出づる怨情と、神に信頼する傳統的精神の流れがよく表現され、一面諦めの弱さから一轉して新生への溌溂さも見出すことが出來る。

詩としての價値は薄いが、眞情を吐露した言葉としては赤裸々な文句であるだけに、當時の人々の心を推察することが出來る。然し神幸祭の祝詞としてこれが現在神前に奏せられるに至つた經過は知るに由もないが、そこに祭祀上に何等かの變遷が伴はれたことは明確な事實であらう。

朝鮮色を持つた玉山神社に就ての記述は、以上で大體を終つたけれども、この本體をよりよく明かに寫し出す爲めに、それを取り卷く輪廓である、苗代川村の沿革を素描して見たいと思ふ。

四

文錄の役の折に、島津義弘公が二十二姓を引卒して歸つたことは前に述べた如くであるが、その中羅、燕、安の三氏は一代で斷絶し、黃張の二氏は十數年の後陶工指南として琉球へ差遣され、現在は朴、李、沈、何、白、朱、丁、鄭、林、車、下、伸、金、姜、盧、崔の十七姓となつてゐる。

携へ來た六十餘人の中、十餘人は鹿兒島前の濱に着船し藩主から居所を賜はつて厚遇を受けた。又串木野島平濱に着船した四十餘人は自ら耕作し、或は窯を築造して製陶を以つて糊口を凌いでゐた。然し慶長八年、言語不通の爲め土着民との間に葛藤を生じたので、今の苗代川に轉住し、藩公の意によつて五畝歩估券地屋敷も二十五個所を下賜され、介抱高八十七石を給與され、朴氏某二名に淸右衞門の名を賜ひ、庄屋となして職錄四石を下賜するに至つた。

寶永三年には藩主の意によつて、二男三男に五畝歩估券地の屋敷二十五ケ所を下賜された。そして此の時茶屋の松といふ所に、御茶屋を建て神舞踊を見たり、女子に高麗歌を唱へさせて銀子その他の品々を與へたといふことである。それ以後藩主の參勤交替の際には、必ずこゝに立寄つて、神舞や高麗歌を行はせたといふことであつて、その神舞は現在にまで殘されて居るが、高麗歌なるものは、いかなるものであつたかは今は不明である。前述した神幸祭の祝詞がそれであるのか、又は現在沈壽官氏の宅に保存されてゐる古文書中の俗謠がそれであるのかは確然たる見別は付かないが、神舞の口調と多少相似た所もあるから參考として次に掲げて見やう。尤もこの俗謠は、古文書として大切に保管されてゐる爲めに、前述した二つの文の片假名でだけ殘つてゐるのとは異つて、完全に片假名の讀みと、漢字と諺文との三字體で記載されてゐる。諺文の字體も載せて見たいのであるが、內地に於ける印刷屋には、諺文の活字の持合せは無いと思ふから前述した二つの文と同樣にそれを略し、その代り譯文を加へることゝしやう。

◎來　日　今　日《ヲヽルナリイノリヲ》（明日もどうか今日の樣）
日　者　暮　亦《ナルノシノナシムルト》（日が暮れたとて）
今　日　如　今　日《ヲノリヲノルイフルミム》（本當に今日の樣ならば）
◎是　遊　哉　遊　哉《イツトノサイノサイ》（此方で遊ばう此方で遊ばう）
我　房　家　外《ウリインハンチブハスタイ》（私の部屋と家の外）
如　壹　出《ハンカハイチヤコツライナヤシヤ》（一緒に連立彼處出掛け）
◎南　山　松　閑《ナムサンウイソルイハント》（南山の峰に松太ろ）
西　山　日　閑《セイサンヌイナリハント》（西山の嶺に日が落ちる）

無　日　如　今《マイルイトナヲノリヲ》（毎日どうか今日の樣）
曙　益　如　今　日《サイトロクヲノリヲ》（あすの朝まで今日の樣）
何　世　如　也《ムスンセイロカツヲイ》（どう云ふ處に似てゐるだらう）
彼彼遊哉　遊　哉《チエリヽエリノサイノサイ》（彼方で遊ばう彼方で遊ばう）
遊　木　盛《ノサクナムキセツトンタ》（遊び友達澤山來てる）
暮　曙　遊　哉《イヽムナサイナノサイ》（明ても暮ても遊ぼじやないか）
毎　松　鶴　居　與《ソルイマタハクハンツルカ》（どの松にでも鶴が居る）
毎　日　爲　此　世《ナルマタホロヲ》（毎日こうして日が暮れる）

況《ヘヲムルイミロムヒヤ》(おまけに今日は)
暮曙遊哉《チエムナサイナノサイ》(明けても暮れても遊ばうぢやないか)
◎山好水好處《サンチエコムヘチユツヌコヌイミツ》(山でも水でも好い處)
彼處覩《チエト コイホニロ》(あちらの方を見渡せば)
彼山好處《チエサンヌイヤチヨアンゴルイ》(あの山本當に好い處)
能生日故《サルサンケンナリ ロツ》(私が生れた誕生日)
盞執直坐《サンヌハサヘコンチアンサ》(盃執りませう居ながらに)
彼山好處有《チエサンヌイチヨクンコルイシラ》(あの山好い處たんとある)
不遊何爲《アンノリルコヲシタハク》(遊ばずに居てどうしやう)

苗代川の人々は、島津公の厚遇に感じてゐた。随つて離郷の悲しみも、こゝに掲げた俗謡の如き、楽天的の情緒にさへ置き換へられることが多かつたのである。

その後寛文十三年には、又二男三男の爲めに五歩畝估券地屋敷八十三ケ所を下賜された。同年五年にも多大な下賜があり、九年には、鹿兒島の高麗町に居住してゐた二十五家を苗代川に移し、屋敷の他に家作まで與へられたといふことである。

然しかくて人口の増加に伴つて、分住の必要が生じて來た。そこで寶永元年から二年に渡つて、肝屬郡鹿屋村笠の原へ八十家百六十人の移住を見た。その後符の原から近い所の西俣にも分住されて、今はこの三ケ所に朝鮮移民を祖に持つ人々が繁榮してゐるのである。

貞享二年から三年に亘つて、苗代川は獨立の自治が保たれ、役人三人與頭六人横目二人牛馬竹木見廻り兼役二人燒物所主取二人朝鮮通事主取二人以下の諸種の役員を置かれた。又家作塀門の建設や弓馬炮術撃劒柔術御家師範入門等のことが許され、全く士分の待遇を受くるまでに至つた。そして慶應四年二月には御證文を以つて英式軍制の調練をすべしとの達があり、二小隊を編制し、一小隊は越後口援兵として出軍し、一小隊は鹿兒島臺場守衞を命ぜられた。

かくの如く、朝鮮の移住民も漸時その色彩を失つて行き現在に於ては何等内地人との相異を見出すことは出來なくなつた。

現在の一般を知るために、最近の村の調査の數を掲げて見やう。

現今在住者職業……………陶器製造と農業
本籍戸數　……………………三百五戸
現在戸數……………………二百三十四戸
同地出身者の概略

陸軍士官	三四	海軍士官	一八
文官高等官	六	判任官	七三

縣會議員たりしもの二　　郡會議員たりしもの二
敎　育　家　五五　　醫　師　一三
公　　吏　五〇　　警察官　一一七

苗代川と結びつけて、有名なものに、薩摩焼がある。龍門司焼帖佐焼等の名は衰へたが、薩摩焼として古來より珍重されてゐるものは、この部落の生み出すものとして記憶せねばならぬことである。

苗代川の部落に就て、最初に記述の筆を執つたのは、橘南谿氏であらう。氏の著西遊記の中の高麗の子孫と題する條下に、その頃の來訪記が委細に記述されてゐる。それによつて天明頃の苗代川の部落の風俗も狀況も十分に伺はれるのであるが、薩摩焼のことに及んでゐるところを抜記して見やう。

「日本にて焼きたるものとは見えず、夫故に上品の焼物は太守よりの御用ものばかりにて、賣買を嚴敷禁ぜらる。……予も案内者に賴みて求めけれども、白焼は得る事能はず、やう〳〵黒焼の中の上品の小猪口を得たり。これも予が遠國もの故に、内密に得させたる也。携へ歸りて今に秘藏す。其外に下品にて質厚く、色も薄黑く烈火にかけても破るゝことなし。故に下品は土瓶などに多く造り出す。これは夥敷賣買して、薩隅日の三州は大方民間にも此土瓶を用ふ。猶大阪までもとり來て、薩摩焼と稱して重寶とす。薩摩にてはノシロコ焼のチョカといふ。チョカは茶家の意にて土瓶のことなり。……』

以上は玉山神社とその周圍の記述であるが、苗代川の人々が今は殆んど內地化して、そこに何等の朝鮮色を見出し得ずして、只部落の家々の間に殘る共同井戸の存在と、玉山神社の一部にのみ、昔を忍ぶ面影がある。

この朝鮮色を多分に持つた神社が內地にあるといふことは、非常に興味を湧かさしむるもので、朝鮮に於ける神社が今後に於て朝鮮色を持たしむる可能性の有無を考ふるに役立つ大きな存在であると思ふ。

終りに、調査し得なかつた、苗代川以外の同名の無格社玉山神社に、鹿兒島縣肝屬郡中名村字櫻馬場鎭座のものがあり、祭神は素盞嗚命であることを附記し、近くの方の御調査を期待して筆を擱くことにする。（昭和三、七、一五）

Ⅳ　神社・神道雑論

一　神社及神社人は如何にあるべきか

本稿は小笠原省三氏による問合に対し、手塚道男が寄せた回答である。問合内容を掲げた後、手塚の回答を示した。

【小笠原省三氏の問合】

昭和廿年十二月、「神道指令」と称するものがＧＨＱから発布された。これは表に信教自由を唱へてゐるが主として「神社神道」に対する弾圧をしたものである。わが神社界は極度の不安におちいった。前途の見通しがつかないのである。

私はその翌月即ち廿一年一月一日の「中外日報」に「転換期の神社界に与ふ」といふ小論文を発表した。終戦後、神社界から公然と意見を発表した最初のものである。

二月、神社本庁が創設された。斯界人の積極的な努力の結果である。

四月、私は次の書翰を知人（主として神社関係者）に発送して高見を聴いた。私はこの回答で、斯の道の不滅を信じ、斯の道をこの機会に於いて世界大に拡むるために「神社」は如何にあるべきかを研究したかったからである。そしてこれは海外神社問題の研究者として当然のことであった。

敗戦といふ冷厳なる事実に直面せるわれ等多年の同信同願者が、あの神道指令発布の直後、従前の「神社」に対する反省と、今後の「神社」に対する希望とを、この回答に於いて極めて卒直に述べてゐることに感謝する。

なほ、進駐軍の神社に対する態度に関しては昭和廿一年十二月発行の「民主主義と神社」の巻末に載せて置いた。この小冊子も亦当時の神社界に些やかではあるが一つのともし火を与へ得たものと思ふ。（回答者の肩書はその当時のもの）

謹啓　ポツダム宣言受諾後の我が国は、あらゆる階層に変革を要求され又自らも変革しつつありますが、中にも我が神社界は、多年に亘る皇室と国家の殊遇の外に押し出され、純然たる宗教として新に発足する事となり、其の為めに神社本庁が創立されましたが、其の運営の前途決して楽観を許さざるものがありますので我等は其の各各の立場に於いて協力推進以って難局を打開したいと存じます。

次に、大正十一年秋創立以来、多大の御後援を蒙りました神道評論社も、此の非常の変革に際し、先づ社名を「神社及神社人社」と改称し、月刊「神社及神社人」を発行すると共に、私が心血を傾注して来た海外神社問題の研究も他の一切の事業と共に新なる視野と機構のもとに出発する事となりました。所謂神道の国家的分離は、神道（神社）の宗教性即ち世界性の顕揚に却って好条件を附与され、それへの努力の結果はやがて世界大に拡めらるると共にわれ等自身神社神道自身の、浄化とも反省ともなるものと思ひます。

幸に、国内に進駐せる聯合軍の将兵は、到る処の神社に極めて敬虔なる態度で接しつつあるは、彼等の教養の深さを立証するものでありますが、此の事は、我等は居ながらにして、年年数十万の外国人に、神社の真姿を識って貰へる絶好の機会と言はなければなりませぬ。地上に幾多の種族のある事は其の各各の文化を顕揚して人類の平和幸福に寄与せしめんとし給ふ大能者の深く遠きおぼしめしでありませう。故にわれ等神社人も亦島国日本の神社より世界の神社へとの念願が許されていいと存じます。

然らば明日以後の神社及神社人は如何にあるべきでせうか。此の事は非常に重大な問題でありますので、昨秋から私達はよりより研究してゐますが、なほ発表するまでに到ってゐませぬ。これは普く神社人とその関係者の高見によって完璧を期したいと思ひますので、御多用中寔に恐縮ですが、左の三つの事について御教示を御願ひ致します。

一、今後の神社の祭神社殿及祭祀及神職等は如何にあるべきでせうか。

二、聯合軍将兵は貴下奉仕の神社に如何なる態度で接してゐますか。又彼等は神社に対して如何なる質問を発しますか。

三、終戦後氏子崇敬者の神社に対する態度や考へ方等に特殊な変化がありましたか。

右は要項だけで結構ですから来る五月五日頃までに御教示願ひたいと存じます。

われ等は今、延喜式以後の新しき神社制度の創造者であります。切に御健勝を祈ります。

【手塚道男の回答】

一、今後史学の転換より御祭神に対する学的研究も益益発展することと思ひますから、これが論義考証も一段と進み各社御祭神の再検討がなされることと思ひます。その結果は神話的のものより現実的のものにうつされ、むしろ益益御神威は増して来るものと思ひます。永き伝統を保持して来た神社は御祭神の御神徳の永久に輝くべき事実の存することを信じて疑ひません。名実ともに神宮を本宗とする信念を強むる為めにも、今迄の説のやうに天照大神の分神として各社の御祭神を説明することは一般人には納得も難しいから、全神社の主神として改めて天照大神を奉斎するようにすれば、神社宗教としての成立は強固になり外国人もよく理解も出来るかと思ひます。

御社殿は信仰、祭祀、営繕等あらゆる点より便宜である権現造、吉備津造系統から発達する新様式の構造を可と思ひます。台湾の建功神社の構造様式には賛意を表しかねますが、今後への一つの示唆として再検討に価するものと思ひます。

祭祀の形式は、従来の官祭と称する簡素単純さから脱して、私祭と称してゐた姿を充分に取り入れ、大衆の祭りとして行ふことが神社祭祀の本来の姿と思はれます。氏子が氏神に対する真情の発露が仕へ奉る祭祀の姿ともなり、その中に大御心の祭祀の根本が形に表はされ、官私両祭が渾然一体となった式となるべきだと思ひます。

神職の意識を脱し神主となり、神と氏子の真の中執持の役割を持たなければならぬと思ひます。それが宗教人としての使命で、奉仕の実際はこれから発展すべきであると思ひます。

二、聯合軍将兵は敬虔なる態度で参ってゐますが、この点は日本人として教へられるところです。特殊の人でせうが社殿に案内すれば恭恭しく拝礼さへ行はれます。

御祭神に就ての質問が一番多くを占めてゐます。

当社の環境から多くの数を見ませんから適確な批判や御答は出来かねます。

三、終戦後氏子崇敬者の神社に対する態度や考へ方には特に変化も見られません。当社に対する醸造家の信仰はその職業の地位とから伝統の尊さを物語ってあまりあるように思はれます。新円生活と食糧事情等から時勢の思想的動揺は氏子の中に見うけられるのは当然ですが、それが神社に対しての態度にまではっきり表現されては来ません。時の問題が解決するとは思ひますが、然し、都会地の神社の今後の動きには相当の関心を持ち氏子の指導に当らなければならないと思ひます。それがかへって宗教としての神社の転換を如実に示す幸機とも思はれます。

一　新生への神社建築

代々木の宮にて

◇

科學の力に眩惑されて、自然を征服し得たと誇つて居つた人間も、去年の大震火災を體驗することによつて　大自然の偉力には屈服せざるを得なかつた。當時の人心は、神なり佛なり何なり、――自分以上のもの――人間以上の何ものかに賴らなければ安き一日を持ち得なかつたのである。當時神社佛閣へ詣づる者が非常に增加したのは、これを克明に語つてゐるものである。祈らんとする心、賴らむとする心、それは人間になくてはならぬ宗敎心の發露である。然しこの信仰の對照である神社佛閣敎會等の跡方もなく燒失してしまつたことは、寄邊なき人々の心を幾何程失望させたことであつたらう。

かく失望の的となつた燒失神社は、その後市街地の復興とともに再建されたが、軈て都市計畫と步調を合せて本建築に移る日が來るであらう。神社の復興に關しては斯界の權威によつてそれ〴〵調査研究されてはゐるが、まだ具體的手段方法の成案は發表されない。神社といふものが日本特有のものであり、傳統思想の最も强く表現されてゐるものであるから、從つて復興の方法手段が容易に決定を見ないのは當然のことと思ふ。かゝる問題に對して卑見を述べることはあまりに大膽すぎることであるが、神社の外形は崇敬心に大なる影響があり、今後の該建築に新起元を作るものと思ひ敢て愚考を述べようとするのである。

◇

過般當局の發表された帝都復興計畫によれば、燒失區域の約二割の地區を防火區域として、この內に再建さるべき建築物は　絕對に耐震耐火的でなくてはならぬといふことであるが、此區域は勿論のこと他の場所に復興さるゝ神社も此の種のものであつて欲しいと思ふのである。猶ほ一步進めて今後創建又は改修さるべき神社も、耐震耐火の建築でなければならぬと思ふのである。かく主張するのは、勿論天災地變に對する考へによるのみでなく、神社營繕の際にその當路者が如何に苦心してその事を完成するかを思ふとき、當然耐久的材料を選擇する必要があると思ふ。かゝる見地から出發して、復興神社の建築及創建神社の建築は、現代の最も科學的に優れたる材料を使用し、耐震耐火であることゝ前提として、神社本來の形式を保持し、神社獨特の建築を爲すことにあると思ふ。然しかゝる論に對して、傳統の愛着者、因習による尙古癖者は、反對論を唱へて、神社建築は太古より木造であつて、そこに神社の特殊な點があり、神道の眞生命が流れてゐるので、木造建築を離れては、神社の生命は失はれてしまうものであると云ふであらう。勿論木造建築の日本に於ける價値は何人も否定し得るものはない。住宅として建てられる西洋建築の一部に、必ず純日本式の室を要求してゐるやうに、傳統的に木造に愛着を覺ゆるのみでなく、精神的にも木造建築の價値の偉大なるを認め得るものである。金石によつて受ける堅く冷たい感じよりも、木によつて受ける柔かく暖かい感じこそ、眞に日本の神に對する感でなくてはならない。境内地に於ける森羅萬象が、祭神に對する信仰心崇敬心を呼び起す誘因であることを認める以上、古來より木造を通しての崇敬心の湧き出づる感が、如何に大切なものであるかは十分に認め得らるべきものである。然しかゝる思想から離れて、眞に神道そのものゝ本質を思考し、又建築そのものゝ發達が自然的に使命を完全して行くことにあるといふことを考へると き、神社建築の改造と新生とが當然であると思ふのである。

◇

神道の本質、それは我國開闢の始めから現在を通して將來永久に生々してゐる道である。高天原の神道は神道の發生とは見られるがそれが神道の全部ではないと思ふ。總てのものを取り入れて、日本個有のものに同化して行くのが神道精神でなくてはならない。佛教の渡來は日本文化史上の一大新起元であつたが、それが日本化して流れ込み、日本のものとなつた所に神道の精神が流れてゐる。かくて外來思潮のすべてが日本化され新生味を持つところに、神道精神の活躍があるのである。これを小さく局限して、神社建築史を覗いて見ても、上古から現代までの形式容貌の變化は、皆外來文化の影響を受けてゐることに氣がつくであらう。否影響を受けて居るといふことよりも、彼の美點を執つて自己藥籠中に納め得たものといふべきものである。かゝる神道の本質より見れば、現代に於て最も進歩した材料を使用して、新生の神社を建築することに何等の不都合もなく、むしろ當然のことゝ思考されるのである。この主論を理解づける爲めに、一應神社建築の變遷を歴史的に考察する必要があると思ふ。

◇

建築は總て實用から生れ、そが軈て趣味趣向によつて藝術化されて來るものである。神社建築に於てもこの範圍を出でず、過去の歴史は明かにこの事實を物語つてゐる。上古住宅建築であつた大社造から、儀式的の要求にせまられて大島造住吉造が生れ、一方容貌體裁を調へる爲めに、平入りの神明造が出來て儀式的にも進歩し、奈良朝時代の天平期に至つて大社造の系統から向拜をつけた春日造が生れ、神明造系統から流造が生れたのである。勿論當時の末期には本地垂跡の説が起つた位で、佛教の影響を受けて神社建築が發達したのであるが、根本に於ては儀式的の必要と體裁からの變化であつて、細部の技巧や材料の選擇は、當時の文化と歩調を同じくして當代の粹を取り入れて造られたものであつた。平安朝弘仁期になつては、佛式を多大に加味したものが出現し、著しい變化を見せてゐる。その形式は單純な春日造流造から一變してやゝ複雜な八幡造となり、聖帝造となつたのである。かくて時代の推移とゝもに變化し、平安朝の末期に至つて神社建築の規模にも影響して、佛式が加味され、鳥居玉垣が樓門廻廊と推移したほどに、すべての點に變遷の跡を見ることが出來るのである。鎌倉室町の兩時代になつては、全く佛寺建築を取り入れて古來の神社形式から全く脱したものが出來て、桃山時代になつて權現造なる樣式の創建を見るに至つたのである。そが江戸時代に至つては、神社建築の徒らな複雜化は、發達と見るよりも寧ろ墮落の程度にまで陷つて、混雜な彫刻や繪畫等を施し、輪廓や細部には見苦しき曲線を亂用して、單に神社建築のみではなく、日本建築そのものゝ行詰りを呈してゐる。かくて明治時代には、神社建築の統一は見ずに多種多様な樣式が生じたが、皆上代よりの神社建築樣式の改變か單なる模倣に過ぎなかつた。かくて大正時代に至つたのであるが、明治神宮が代表的標本である。然しこは自分の期待してゐた、大正の神社建築は生れずに、奈良朝時代の創造である流造に基調を取つて、細部に新しい手法を用ひたものであつた。勿論大正時代の誇るべき建築ではあるとしても、現代文化の粋を取り入れるといふのが神社古來からの潮流であると見るとき、より一層の材料の方面に於て異つた試みがあるべきでないかと思ふのである。然し裏切られた此の期待は、同じ大正時代に生れ來るべき復興神社に於て待つことが出來ると思ふ。勿論すべてのものは、何等の意義なくして變化し改造さるべきものではなく、その改造は突然や偶然やに行はるべきものではない。よつて來る原因があり必要があるからである。そしてその原因は、長い間の原因であつて、それが或る機會を獲ふることによつて新生味を加ふるものである。震災によつてその機會を得た神社復興建築も、何等かの形の上の變化に於て、改造されるのは必然の勢である。將來大正時代の神社建築史を播いたとき、現在大社造に對照して春日造を見ると同じやうに、そこに史的變遷を見出しても、何等驚異の感を持ち得ないことであらう。

◇

今後の神社建築は、耐久性の材料を使用するやうになるのは當然のことであるが、人家密集する都市の神社に於ては、特に焼けない神社を造ることが第一の要件でなくてはならない。木造建築が絶對に火に對する抵抗力がない限り、他の材料を選擇する必要がある。それには現代科學の最も進歩した、取扱の自由な混凝土を主體としたものでなくてはならないと思ふ。かく論ずることは甚だ突飛のやうであらうが、上古より白木造の神社が、治承年間になつて、丹堊を施された春日神社が造られ、板壁が白色の漆喰壁となり、その後慶長年間に豐國神社に朱黒塗が施され、以來權現造の神社の創建に伴つて種々なる極彩色が施されて來たが、それらの變遷をさしたる不思議も無く見ることが出來ることによつて、突飛でないことを肯定出來るであらう。又このことを、より一層確實にする爲めに、神社建築の表徴とも云ふべき鳥居に就て、材料の變遷を簡單に述べて見よう。

◇

鳥居の起元は門であるとしても、その原形はおそらく現今の如き調つた形ではなく、現在滿洲地方の住宅の出入口にある如き、簡單に二本の柱を建てゝ横木を渡したものであつたらうが、それが調つた黑木鳥居となり、それが白木に變化して、鹿島神宮に於ける鹿島鳥居となり、伊勢神宮に於ける神明形の鳥居となつたのである。然し稱德天皇神護景雲二年に創建されたといふ春日神社には、朱塗の春日鳥居が立てられた。かくて朱塗黑塗の鳥居は各所に造られたが、材料の變化として木の鳥居から石の鳥居となつたのは、藤原末期にあると思ふのである。それは傳說ではあるが、平淸盛が石の鳥居を兵庫の築島の嚴島分社に奉献されたと云はれてゐる。文書には鎌倉時代に伏見天皇が僧忍性に勅して石鳥居を造られたことが見えてゐるが、かくて石鳥居は現今各所に見られ、住吉神社には珍しい四角な柱のものがあり、宮崎八幡宮の如き珍奇な形のものもある。鳥居の中に金屬性のものが出來たのは江戸時代の初期で、日光久能山等の東照宮に建てられ、最近のものは靖國神社の鐵骨混凝土の上を靑銅で以つて被つた大鳥居がある。その他陶器のものもあれば、出雲大社の大鳥居の如き鐵筋混凝土のものも出來た。勿論出雲大社のこの鳥居は、最も古い大社造と最も新しい材料を用ゐた。しかも明神造の形式を持つたもので、社殿との不調和は言ふまでもないが、とにかく鳥居のみの觀察よりしてもかくの如き材料の變化發達を來してゐるのに、社殿建築に就て材料の改造のなかつたことは、むしろ不思議とも云はれよう。然し金屬性の鳥居の出來た時は神社の屋根は金屬によつて覆はれてゐたので、混凝土の鳥居が出來た現今に、社殿建造にもそれが用ゐられるのは當然の理であり、實際上の要求ではなからうか。

◇

◇以上の考察によつて、復興神社は、現代建築の最も進步した材料である鐵筋混凝土が主體となつて、構成さるべきものであると結論され得るであらう。然しこの材料を如何に取扱ひ、神社獨特の建築を作り、一見神社であることを意識し、日本古來より持続されて來た日本獨特の神社への崇敬心を誘起させ得べきかは、是後に於ける大問題である。

この問題を進める前に、明治神宮内苑の芝生の中に、巍然して建つてゐる寶物殿の前に立つたときの感じを想起して見たいと思ふ。勿論そこには寶庫としての觀念が第一に入つて居り、又建築様式そのものが、奈良朝時代の倉庫である校倉造によつてゐるので、この論を進める上に多少の不利はあるとしても、新しい材料が日本化されて行きつゝあり、社殿建築にしてもかゝる技巧によつて進むことが、如何に可能性を持つて居るかと云ふことだけでも、理解づけられると思ふのである。技巧の細部の説明から實際上神社形式への應用を述べることは略して、讀者の觀察に委するが、今一つ同神苑内で參考に見て欲しいものは、最新的材料の附火的石綿板を以つて葺いた、勅使殿社務所等の屋根と、その建物との調和が如何によく見えるかとのことである。かく實物を見て神社建築として調和し得べき可能性を有してゐることを知るとき、材料の選擇から一歩進めて、その様式と手法とが神社であることを認識し得べき特徴を持つことに歸するのである。これに就て委細を述べることは後日に讓つて、只二三の外形に就て述べて見よう。

◇

澄み渡つた大空に、千木堅魚木を仰ぐとき、その建物が神社であることは、外國人にも頷かれることである。勿論こは上古建築に於て、必然の要求により又は便宜によつて作られたものであり、雄略天皇時代には、一般人家の屋根にも存してゐたと書に傳へてゐるのを見れば、始めから神社獨特のものではないと云ひ得るけれども、現代から見て千木堅魚木が神社獨特のものであることは、ゴシツク屋根の尖端に十字架が揭げられてゐるのを見て、教會であると意識すると同様なものとなつてゐる。その他妻飾を擧げれば、大社造住吉造神明造等に用ひられてゐる縱横式のものは、簡素な古代神社建築に獨特のものであり、豕扠首式も神社に限られて多く使用されてゐて、他の虹梁蟇股式や彫刻充塡式のものは、建築界の大勢に影響されて神社にも勿論使用されてはゐるけれど、それは神社の獨特のものと云ひ得ないのである。破風板に付けられてゐる小狹小舞（鞭懸　は神社獨特のものであるが、神明造にのみ存してゐるものであるから一般的の特徴として擧げるべきものでもないであらう。その他大床、濱床、龜腹、扉、脇障子、高欄、等にも或る種の特徴は認めらるゝが、それらの細部は略して、兎に角現代に立脚して神社としての特徴を全部集めて、それが古來からの建築様式にもあれ、それらの總合にもあれ、神社として他の建築物より判然と區別し得るものでなくてはならない。

◇

以上述べたことによつて、殊に復興さるべき神社の建築は、先づ耐震耐火の構造とすることで、それは現在に於て建築上最も進歩した鐵筋鐵骨混凝土を主材として造り、その様式は古來より建てゝ來た神社建築の一つを選定するか、それらの總合より得たる獨創的のものであるかで、何れにしても神社としての特徴點を强調し、新生の氣を漲らせたものでなくてはならない。そしてその外形は一見木造の如くにする爲め、柱も破風も棰木も肘木もすべてを褐色の漆喰を以つて包み、本殿の如き扉によつて火を完全に防ぎ得る建築物の内部は、檜の白木で造ることが新生神社建築の行くべき路であると思ふ。そしてこれが大正神社建築の新時期を劃し得るものであり、神道精神にも相反するものでなく、一層に神道思想上最も意義あることであると思ふ。

震災地に復興さるゝ神社と、新に建つ神社との建築が意義あり光輝あるものに生れて來ることを期待しつゝ筆を擱く。

（一三・八・一〇）

三　明治神宮祭競技とオリンピヤの回顧

代々木にて

明治神宮祭競技が、六萬五千の觀覽者を抱擁し、東洋一と稱せらるる外苑の理想的大グランドに於て、盛大に擧行された壯觀を目のあたり見て、思は遠く紀元前七世紀の昔、西洋に華華しい歷史を物語つた、ギリシヤのオリンピヤの祭の日に走る。そして該競技の理想の實現を思考する。

地中海の東北部、イォニアン海とエーゲ海とに挾まれて突出した、巴爾幹半島の南端に、强大なる勃興の泉を湧き起したヘレネス人は、ギリシヤ國を噴出せしめた。現代のギリシヤは、昔日の面影はないが、古代ギリシヤの美しい物語は、文化史上永久に殘されてゐるのである。

ペロポネス半島の地勢と、ギリシヤの國情とは東洋に於ける日本と比較するとき、多くの類似點を見出すことが出來る。域内ピンヅス山脈の支脈が縱橫に走り、その間數多の小區劃を作り、ために農耕地は至つて乏しいのである。然し海岸線の長きことと複雜なることとは、歐洲稀に見るところで、隨つて良港に富み航海業の發達を促したのである。エーゲ海上には、大小無數の島嶼が碁布され、小亞細亞に至る飛石の觀を呈して居るのは、恰も日本の東洋に於ける地形と相似てゐる。かうした環境から自然に自由獨立を愛した彼等は、常に小都市によつて相爭鬪し、嘗て全土の統一を見ることがなかつた。就中アテネとスパルタは、長い鬪爭を續け互にギリシヤの覇者たらんとした。この點のみは、戰國時代の群雄割據時代はあつたとしても、日本とは甚だその趣を異にしてゐるものである。

然しかゝる闘争も、神の御前に於て和平され、民族的の共同一致を見ることが出來たのであつた。それはオリンピヤの競技である。樹木鬱蒼として茂れるクロニオンの丘の麓、アルフエイオス河とクラデオス河の合流する一帶の平野に、オリンピヤの廢墟は、永久に昔の樣を物語つて居るのである。獨逸の探險家によつて發掘された大ギムナシユムの跡と、丘の麓の密藏とゼウスの神殿とは、訪れる人々に話かけ、セルチによつて描かれた復原圖は、當時の規模を一層克明に語るものである。

オリンピヤの神殿に祭られたるゼウスの神は、パンヘレニックの神である。天地主宰の神であることは、明治神宮の祭神に比することは出來ないが、ギリシヤ全土の信仰と崇敬とを得てゐたことは、日本に於ける代々木の宮と同じ狀態であつた。そして、その祭は四年に一度づゝ行はれ、神の平和の月とされ、西はイタリアのシラキユース、南はアフリカのシリーン、東はシリア小亞細亞の邊までも、苟もギリシヤ人の住む所から、名譽の月桂冠を戴かんと、馳せ參ずる群集は、祭典に參列し、神のみ前に額づいて後競技に參加したのであつた。老若男女を問はず、貴賤貧富を問はず、總ての階級と、總ての職業の人々が集つて、國民全體が面白く愉快に技を競つたのであつた。そして優勝者は、その名譽を表彰され、神前にその像を建つることさへ出來たのである。コレブスが優勝者としての名譽を捷ち得た、紀元前七百七十六年の競技の年は、年代紀に於ける紀元として、ギリシヤに用ひられたほどに、優勝者の名譽は此の上もなきものであつた。この競技は單なる競技ではなく、古代ギリシヤの敎育のモツトーであつた、「健全なる精神は、健全なる肉體に宿る」といふ前提から生れたもので、その結果は國民の一致團結となり、一方ギリシヤ文化の發達原因となつたのである。彼の優秀なる哲學歴史戲曲音樂彫刻繪畫が、燦然と輝き、世界文化に貢献してゐるのはオリンピヤの競技の賜ものであつた。

オリンピヤの競技が、物質交換賣買の市を作り、思想の交換と感情の融和とを計り、暗々裡に國民一致團結の精神に導いたことは、偉大なる效果でなくてはならない。これを殊更に、明治神宮祭競技に結びつける必要はないが、彼等がペルシャ戰爭に於て、よく大强敵を敗北せしめたかを知り、これがオリンピヤ競技の賜ものと知るとき、吾人はそこに或る暗示を得て、明治神宮祭競技を一層有意義なものとせねばならぬと思ふのである。

オリンピヤの祭典は、かくてローマ時代にまで連續され、ギリシャ文化と共に永久に、その精神に於て亡びざるものがあるのである。輓近國際的オリンピヤ競技が、世界的に行はれて來たことはこれを明かに示してゐるものである。然し盛大なるオリンピヤの競技も、職業的の者によつて演ぜられる時代には、ギリシャの衰微の兆を表してゐたことに特に深い注意を向けなければならないと思ふ。

かく述べ來れば、古代ギリシャと國情と地勢との同じ狀態にある日本に於て、明治神宮祭競技が生れ、神の御前に行はれることは決して偶然の發生ではなくて、必然にかくあるべきの理によつたものである。むしろ吾人は、かゝる性質の競技が生れ來し日の、あまりに遲かりしを恨むものである。然しこの競技が今後如何に意義づけられ、如何なる好結果を持つかは、一に當局者の指導如何に待たなければならない。オリンピヤの競技の如く神のみ前に演ぜらるゝ神聖なる運動競技には、何等の不平も不滿も無く、和平の日の心持を以つて、すべての感情問題を投げ棄てゝ、心地よく愉快に出場して、名譽の榮冠を戴くやうにすべきであると信ずるのである。かくてこそ、オリンピヤの競技と同じに、かくれたる强い意義を持ち、偉大なる影響が津々浦々にまで波及して、代々木の宮の御祭神の御鴻德の世界に輝き渡るほどに、この競技が深く意義づけられ、單なる餘興でなく、神人合一への極點に至るまでに神聖化され、力强い日本民族の一致運動となり、大正文化史への貢獻となるべく、毎年擧行され、一層の隆盛を見ること、日の本の光の如く、赫々たるものとなることを信ずるものである。

かくて明治神宮競技が意義づけられ、理想化されるのであるが、吾人は一歩進んで、より以上に一般神社と該競技とが、密接な關係に置かれ、該競技に參加する日本全國の選手は、各地の神社主催による競技會に於て、豫選されることが、神社を中心として生れ來た、該競技の精神に合することゝ信ずるのである。小規模の神社競技が各地に行はれ、それによつて豫選された選手の決勝が、明治神宮祭の競技會であることを現實化せられなければならないと思ふ。

大正十三年十一月一日、陸上水上の各種競技と劒道、柔道、大弓、銃劍術等の試合と競技とが、明治神宮を中心として演せられ、又餘興として、角力、流鏑馬、劍舞等が行はれたのを見て、心は遠く古代ギリシヤのオリンピヤの祭の日に遡りつゝ、やがて全國神社の中心の大競技として、實現さるべき日の來ることを信じつゝ稿を畢る。

四　齋戒についての一考察

代々木の宮にて

大正三年三月二十七日附内務省令第五號で、官國幣社以下神社神職齋戒に關する件が規定されたその規定によれば、祭祀に奉仕し又は參向するものは、大祭中祭にはその當日と前日、小祭にはその當日だけ齋戒することになつて居て、齋戒中には喪に與つたり汚穢に觸れることを禁じて居る。然し神明に奉仕するに最も重大な意義を有つてゐる齋戒の規定としては、あまりに簡單すぎて實際の方法手段は明確ではない。これは各神社には各獨特の古來からの習慣による方法手段があるので具體的に規定するのはむしろ困難であるといふことに起因するのであらう。法規上の文面は、こうした理由に依つて至極簡單であるが、齋戒そのものは神道存立上非常に深い意義を有つて居り、神道發達史上見遁すことの出來ぬ行事である。然しこの行事が現在府縣社以下神社に於ては、正しく實行されて居る所は至つて尠いと云つてよからう。これは誠に遺憾に思はれるが、神社としての設備の不完全（齋戒所の設けなく社務所と住宅とが一緒になつて居ることなど）と齋戒に對する理解が不充分であること等に原因することが多いと思ふ。勿論齋戒行事そのものは形式的外見的のものであるが、そが神明に對して赤き清き眞心を以つて奉仕し得る精神統一の方法手段となるのであるから、眞の齋戒の意義を解したならば、その結果に到達すべき方法の如何を問ふものではない。然し現行法規に定められた齋戒が、いかなる沿革によつて生れて來て居り、形式的に存在して居るかと云ふことを理解することは無益のことではないと思ふ。殊に物質文化に耽溺し精神文化を度外視しやうとする現時に於て、こうした方面の研究考察はより深く必要であり、神道の根本思想がかゝる行事の理解によつて說明されることが尠くないと思ふ。

△

東洋に三千年、赫々と輝く歴跡を有ち、一系の祖宗を奉戴して、極まる所を知らず、世界無比の國體を誇り、無窮に榮え行くは、君臣一體の温情によつて醸された日本帝國である。この美しい國體を誇り得ることは、勿論地理的還境風土的影響も預つて力あるものであらうが、その開闢の始めから君臣の別があり、そがしかも父子の關係の親密さで温かい情緒に結ばれ、種族的に祖先崇拜の思想を持續して來たことによる。神道の發達史より考察すれば、その起因の大部分が祖先崇拜によるものであり、國體の美は祖先崇拜の流れであり、神道そのものゝ美しい流れである。かく見るとき神道の發達向上は日本國體の發展であり、神社神道國體神道なるものが直ち日本道であると云ひ得るであらう。

日本國民性特質中で最も特徴なるものは、純忠至孝の大精神である。この精神が現今の日本を生み神道を生んだものである。然しこの純忠至孝の至誠は何によつて生れて來たかといふ種子を探ぬれば、それは公明正大清淨潔白の至誠であると思ふ。この種子の發芽した大木が忠孝の幹であり、この幹から多様の枝が出て、美しい日本國民性の影が大地に鮮明に印されたのである。この枝葉は、剛健尙武、仁俠義氣、同情寛大、堅忍持久、向上發達、同化包容、等の名をつけることができる。この思想が大和魂を形造り、日本の精神文化を生み出したものである。

齋戒の大精神は、この日本國民性の純なる發露で、清淨潔白公明正大の外形的に行事として現はれたものである。

△

齋戒の齋は忌と同意味に用ゐられて、イミ、イモヒ、イマヒ、イマハル、ユミ、ユマワル、ユマヒと等ト讀んでゐる。忌庭《ユニハ》、齋主《イハイヌシ》、忌庫《イミクラ》、齋瓮《イハヒベ》、齋《イツキ》宮《ノミヤ》、等の字義もすべて忌齋は同意義で、清淨を云ひ表はしてゐる。神に捧ぐる酒を忌淸と云ふも同意義である。齋戒の行事は古來モノイミと訓じて齋淸警戒の意味で、日本上代からの風習であるが支那書に散見する齋戒の解釋と同意味なる爲めにこの漢字を用ひたものであらう。

易繫辭に聖人以レ此齋戒。以神ニ明其德一矣。と記し、その註に洗レ心曰レ齋。防レ患曰レ戒。とある。湛然統一《ヒトシクスル》之謂レ齋。肅然驚惕之謂レ戒也。齋齊也。將レ祭齊レ心也。戒警戒無虞也。愼ニ飮食與動一也。と朱子本義に見えて、所謂モノイミを明確に解釋してゐる。

古今神學類編に、凡祭レ神交ニ神靈一事なれば、祭前誠意志を齋へ居所を易へ、衣服を改め、燧を鑽るは和漢同旨也。と云つてゐるが方法手段は同様に行はれたものであらう。

古書に神齋といふ語が見ゆるが、これは佛齋に對しての言葉で、觀經疏鈔に佛齋を記して、齋謂レ齋也。齋ニ其志一。戒言レ淸。とあるを見れば、神に對しても佛に對しても、齋戒の方法意義は同様なものである。

△

齋戒の行事は、神代から行はれて居つたことゝ思ふが、制度としては、文武天皇四年の大寶令に始めて見えてゐるから、先づこの時代に定められたものであらう。この規定によると、齋戒には、散齋《アライミ》・致齋の區別があつて、祭日の前後近き日を致齋の期とし、他を散齋の期とした。そして大中小の各祭祀によつて、その期間の長短が區別されてゐる。大祀は踐祚大嘗祭の如きもので、散齋一月致齋三日としてゐる。祈年月次神嘗等の中祀には三日、小祀には一日の齋戒が行はれた。

この期間をいかにしたかの實際的方法は、令義解、年中行事秘抄、延喜式、令抄、學山録等の書に見ることが出來るが、それによれば、散齋中は諸司事を理むることは常の如くであるが、

一、佛齋に預ること
二、喪を弔ふこと
三、病氣見舞をすること
四、宍を食ふこと
五、刑殺を判ずること
六、罪人を決罰すること
七、供神以外の音樂をすること
八、言語を妄にすること
九、穢惡に觸れること
一〇、佛法佛事を行ふこと
一一、改葬死葬に預ること

等のことが嚴禁されて居て、致齋中は只祭祀の事を行ふだけで、その他のことは悉く禁せられた。而してこれに違犯したものは、大祀の散齋中にあつては笞五十、致齋中であれば各二等を加へる（律疏）ことに規定されて居つた。

この齋戒中に禁止されてゐた條項に就いて、一々説明の必要はないが、その中の重なるものを論じて見やう。

宍を食ふことは上代に於ては別に穢れとして見られては居なかつた。穢としての觀念を持つやうになつたのは佛敎渡來後の思想であらう。（「神道」大正十二年七月號所載、拙稿「神葬問題私見」參照）勿論大寶令そのものが隋唐の制に模して作られたものであるから、神代よりの日本精神に合致しない點のあるのは免れぬことであ

る。然し獸肉を食ふことを禁止されたことは、單に穢れといふ觀念のみではなくて、佛敎で云ふ精進料理によつて、美食を避けて、一向專念無我の境に入るために、食欲より離れるといふ思想が含まれてゐるものと思ふ。

言語を妄にすることは、不謹愼な言論や心を亂すやうな詞を禁じたものであるが、特別に忌詞を使用されたことは、いかに言語を愼むことに重きを置いたかゞ伺はれる。

垂仁天皇二十五年に、伊勢神宮の齋宮として、始めて倭姬命をお定めになつて、後醍醐天皇のとき中絶はしたが、それ以後齋宮として天皇歷代毎に皇女若くは女王を、奉侍として差遣されたが、その齋女の居られる所を齋宮と云つて居つた。この齋宮內での會話の折、嫌忌してゐた言葉が、十餘種あつた。この詞が必要になつたときは、それに代るべき他の詞を以つて、話をしたものである。この忌詞は佛事に關するものを內と云ひ、普通のものを外と言ひ、各七言づゝあつて他にも二三の忌詞があつた。

內七言の中には、佛を中子又は立すくみ、經を染紙、塔を阿良良岐、寺を瓦葺、僧を髮長、尼を女髮長、齋《トキ》を片膳《カタシキ》と稱へた。

外七言は、死を奈保留、病を夜須美、哭を鹽垂、血を阿世、宍を菌《クサビラ》、墓を壤、打を撫と稱した。その他に堂を香燃、優婆塞を角筈、等と稱した。

次に穢惡に觸れるといふことは如何なることをさすかと云ふに、人畜の死、男女の交接、月水、産等であるがこの他に失火を見たり灸治をすることも穢惡として居つた。

この令の齋戒の規定は以後引續き行はれて來て大正四年に大嘗祭を行はれたときも、大嘗祭奉仕掌典部員並采女齋戒心得として、五ヶ條の規定を示されてゐるのを見ると、殆んど前述した令時代のものと內容を同じくしてゐて、異なる點は、只散齋は五日致齋は當日となつてゐることである。

齋戒に就て

▽

以上は令制に表はれた齋戒に就ての考察であるが、それは消極的の規定であつて、積極的に如何に爲すべきかの方法はあまりに不明確すぎる。故にその方法手段の考察が必要である。然しそを述べる前に、禮記に記された致齋中の五思の法を一寸參考に記して見やう。

思二其居處一。思二其笑話一。思二其志意一。思二其所樂一。思二其所嗜一。

この思の意味は愼むの意であるが、こも積極的具體的の方法には少しも觸れてゐない。勿論齋戒の意義が身心の統一にあることで、前述の十一ヶ條の禁止條項も單に穢れの意味でなくて、それらの事件に相會することに依つて、必然生じて來る嫌惡、悲哀錯亂等の精神的影響を避くるためにしたものであることは忘れてはならぬことである。

然しこの精神統一の直接行動として、禮記の五思の法は、佛教に於ける禪の修業法と見るべきもので沈思默念して齊しく祭祀を思ふことは、即ち齋戒の目的なのである。

佛教に於て精進食のあるに對して、神道に齋食がある。この齋食の沐浴即ち禊祓は身體に對する直接の齋戒法である。精神を齊しくするに、この直感的に肉體に感ずるものよりすることはむしろ有意義のことであらう然しこの二事の規定が古來からなかつたことは、神道の純眞髓として必然性のものであるから、殊更に規定の設けもなかつたことであらう。

令の禁止條項に宍を食ふことを特記してあるが、それが佛教渡來後の思想の所生であるとしても、勿論齋食には避けた方がよい。他は殆んど差支へないものとしてよからう。然し第一義的に考へられるのは食物を熟する火に就てゞある。火は古來から非常に神聖視されてゐた。この思想は原始人共通のものであるが、日本に於ては特に甚しく、穢火によつて熟したものを食ふことによつて、身心ともに觸穢を感じたものである。

伊弉諾命が黄泉國に行かれたとき、飡泉之竈したことによつて伊弉冉命に會れなかつたことは、穢火を忌んだことの始めて史に見えてゐることである。こうした思想が風習として德川時代に至つて迄民間に殘つてゐた。その一例として伊勢の山田にては、各家に四種の火を催けて、日々嚴重に注意して居つたといふことである。又水の穢も相當に注意したのであるが、見易いために、より以上見別し難い火に對しての注意は非常に重くあつた。(正親町通卿神道雜話)そして齋戒期に入れば今迄使用してゐた火を改めて清い火に替へたのである。(玉手箱八)伊勢神宮には特に忌火殿があり、他神社にも同じ名稱や御竈殿などの名があるが、神宮朝夕の御供は現時にても、清火を以つて調理されてゐる。而してこの任にあたつたものは、常に忌火物を食べ他火物を食せない(皇太神宮儀式帳)ことは古來から嚴守されてゐる。神道名目抄にも大和國三輪社の神主、近江國三上社の説は、堅く火を忌んで遂に他人と同火しなかつたと記載されてゐる。こうした記錄はいくらでもあるが、出雲大社の火繼式や古神社の鎭火祭の行事等の如く儀式として現存してゐるものもある。

この火繼式は、宮司の交替する時に行はれる儀式で、現今に於ても古儀によつて莊重に行はれる。櫛明玉命と素盞嗚命とによつて、初めて燧臼燧杵で燧火の方が天穗日命に傳へられ、それが千家家に傳はつて、その火器で火を鑽り、酒を釀し、神饌を熟して諸神に供し、相嘗して宮司の職を受け繼ぐものである。即ち忌火を繼ぐことが宮司の交替引繼の第一義となつてゐたものである。

宇治山田にも德川時代まで忌火の風習が各家にあつたことは前述した如くであるが、その四種の火の區別は、一つ火は來客に對しての饗應に用ひ、内火は家内飲食に用ひ、丸火は内火の豫備火として置かれ、別火は宮川以西に旅行して歸つたとき、又は觸穢の時に三日間この火で食物を熟したものを取つたといふことである。「清火うどん」と書かれた行燈が德川時代の山田の街頭に。薄暗い光を投げて、參宮道者のさしたる不思議も起さなかつたものも、現代の人からは珍らしき考古の參考資料として、取扱はれるのは面白い對象である。

この清火忌火の普通の火と異なる點は、製作の方法と使用によつて定るものである。原始時代の祭火の方法は、金石を打ち合せて作つたり、木を擦り合せて燧つたものである。現在伊勢神宮の燧火は檜の燧臼に木の燧杵を擦つて清淨な火を作つてゐる。出雲の火繼式の時に用ゆる發火器は上古からの相傳といふが、その由來は、大國主神國避の際に、膳夫であつた水戸神の孫櫛八玉神が海布の柄、海専の柄を以つて燧臼燧杵を製作して火を鑚り出したことに始まつてゐる。この後に海草の代りに樹木を使用して檜を燧臼に空木を燧杵として櫛八玉神の子孫の別火姓に於て祖神の遺業を繼承してゐるといふことである。その燧臼の長さは二尺六分、幅六寸、厚一寸で燧杵の長さは二尺一寸、經は四分五厘位である。この大さは伊勢神宮のも熱田神宮のも殆んど同じ位の大きさであらう。

以上は忌火に就ての考察であるが、こうした思想が古來から現代にまで繼續してゐるとすれば、燧火の用器は何にせよ、齋食は必ず忌火を以つて熟すものであるといふ結論が得られるわけである。

肉體的の齋戒の方法として、この外に述ぶべきことは沐浴に就いてゞある。この沐浴は禊であるから水を蒙つても湯に入つても、何れでもよいと思ふ。禊行事に就いて詳述する必要はないが、伊勢參宮の道者が二見浦の小波に浸り、又は宮川の清い流れに浴して後に詣でたことは古來の風習であつた。基督教でも浸禮教會では微温湯に浴して神の前に跪き、回教徒は印度のベナレスのガンヂス河に浴して、神堂に詣づる風習がある。基督舊教の洗禮式と云ひ、佛教の灌頂會と云ひ、皆神道の禊に共通性を有してゐると見ることができる。

かくて入浴して清められた身體は白衣に包まれて始めて身心の清淨さを感ずるのである。

▽

以上述べ來つたことによつて、現今法規に定められてゐる齋戒の文面に表はれぬ實際の方法手段は如何に爲すべきかの結論に入らう。要するに齋戒の日は沐浴して清淨な白衣に着更へ、忌火を以て煮焚した食物を攝り、言語を愼んで專心祭祀の事を思念し祭神の偉德を欣念し、奉仕に際して神人交感の至誠を期するやうに心掛くべきものであらう。出來得ることであれば、齋戒期に入つたならば一切の社務を離れ、靜かに一室に籠るべきものであらう。かくて始めて精神的に神明に奉仕するの實が生れ來るのではあるまいか。人生の總ては、その環境によつて支配され左右されるがことに感情方面に於て甚しいものである。神我一體無我の境に入つて始めて祭典奉仕は出來るものであれば、そこ迄への過程として形式的であるにし齋戒見ずし、何處までもこの行事に意識を見出して、出來得るだけ正しく行ふことは必要であると思ふ。

この終りに於て述べたきことは、緊張した氣分を緩めるべき解齋即ち直會の儀である。直會はナホリアヒで、齋戒の氣分から通常への氣持に轉換する爲めに、神饌の撤下を以つて酒食することが本義である。然しこの意義のある直會が、無意義なものとなり、齋戒の爲めにの解齋がその意味を有せぬものがかなりに多くあるやうに思はれる。

地方神社に於て直會に對して、齋戒よりも、祭典よりも、より以上に重きを置いて氏子の爲めに、眞實の意味を誤られて居る所があるやうに思はれる。

齋戒に就いての考察が只の羅列に終つたが幾分なりともこの感を新にされ、御參考にもなれば幸甚である。

五　神葬問題私見

神葬問題《しんさうもんだい》に關して、隨分《ずいぶん》長い間の論爭《ろんさう》が續《つゝ》けられてゐるけれど、その結果が、未だ確然《かくぜん》とした解決《かいけつ》を齎《もたら》し得ないのは、該問題《がいもんだい》が難事であり、一面《めん》には、研究《けんきゆう》すべき責任者《せきにんしや》が、等閑《とうかん》にしてゐるといふことに、起因《きいん》することであらう。眞《しん》に目覺《めざ》めた神道家《しんだうか》には、止むことの出來《でき》ぬ要求《えうきう》として、必ずこの大問題《だいもんだい》を思念《しねん》せずにはゐられぬはづである。澤田《さはだ》學士《がくし》が、神道誌上に掲載《けいさい》された論文《ろんぶん》は、該問題を徹底的《てつていてき》に氷解《ひようかい》した感《かん》がある。直ちに實現《じつげん》に向つての、歩調《ほてう》を急ぐべきであらう。然し、そこには、論議上《ろんぎじやう》幾多《いくた》の未開の耕作地《こうさくち》が存在《そんざい》するであらうし、理想《りさう》の實現に對して、幾多《いくた》の障壁《しやうへき》が、築かれてあることであらう。この未開地《みかいち》を、開拓《かいたく》する爲めの流汗《りうかん》と、障壁《しやうへき》を、突破《とつぱ》して猛進《まうしん》すべき血潮《ちしほ》と、堅實《けんじつ》な意氣《いき》と、徹底《てつてい》した思慮《しりよ》とが、此際神道家に望ましいものである。未開の耕作地《こうさくち》とは、古神道《こしんだう》から見たる神葬《しんさう》の根本思想《こんぽんしさう》と、國民性を形造《かたちつく》つた、二千年來の傳統思想の、該問題《がいもんだい》に關係《くわんけい》した部分《ぶぶん》の研究《けんきゆう》である。障壁とは法規《はふき》の改正《かいせい》であり、正しき理解《りかい》によつての、神道家（神職を主として）の自覺《じかく》である。

澤田學士の論説《ろんせつ》を讀みて、これに對《たい》する反駁《はんばく》を畫策《くわくさく》しつゝ筆《ふで》を執《と》つた自分は、淺見愚慮《せんけんぐりよ》なるが爲めか、冷靜《れいせい》な思考によれば、反對に、贊成《さんせい》の聲《こゑ》を叫《さけ》びながら、これまで書《か》いて來た言葉《ことば》となり、これから書《か》き續《つゞ》けやうとする、拙文《せつぶん》となつて來るのである。

人間《にんげん》は、永遠《えいゑん》に生きやうとする欲求《よくきう》を持つてゐる。この欲求が、子孫愛育《しそんあいいく》、祖先崇拜《そせんしうはい》といふ、過去《くわこ》現在《げんざい》未《み》來《らい》に一貫した、人生觀《じんせいくわん》の本源であり、宗敎觀《しうけうくわん》の根本である。祖先より子孫《しそん》への中間接續《ちうかんせつぞく》は、現世に生を享《う》けてゐる自己《じこ》である。その自己の理想《りさう》に向つての、建設《けんせつ》的充實生活《てきじゆうじつせいくわつ》が、廣意義から見た、神道の充實《じゆうじつ》であり發達《はつたつ》である。自己を愛《あい》することは、祖先《そせん》への感謝《かんしや》の情から發露《はつろ》し、子孫愛撫《あいぶ》の念《ねん》から湧《わ》き出る人間の本性《ほんしやう》である。愛《あい》そのものに、神道の出發點《しゆつはつてん》を、求めやうとするのは、聊《いさゝ》か偏頗《へんぱ》な見方ではあるとしても、見方《みかた》によつては、一理《り》あることであらう、元始時代《げんしじだい》より現代《げんだい》に、現代より未來《みらい》に、永遠に繼續《けいぞく》されて行く、人間史は死生の鎖《くさり》の連結《れんけつ》によつて、統《す》べられてゐる。その死生に纏《まつ》はる。愛の情が宗教的《しうけうてき》の色彩を濃厚《のうこう》ならしめて行くのである。神葬問題《しんさうもんだい》と論議《ろんぎ》する前提《ぜんてい》として、上代に於ける、死者《ししや》に對する情《じやう》と、その儀式的表現《ぎしきてきへうげん》とを觀察して見《み》やう。

ナイル河畔《かはん》に壯大《さうだい》なピラミツトを、現代にまで遺《のこ》してゐるエヂプト人、チグリスユウフラツト河畔《かはん》に、居住してゐた、バビロニア人の遺跡《ゐせき》は、上古人の靈魂不《れいこんふ》滅《めつ》の觀念《くわんねん》を、明かに物語《ものがた》つてゐる。我國上代に於《お》ても和魂《にぎみたま》荒魂《あらみたま》奇魂《くしみたま》幸魂《さちみたま》の語《ご》や、考古學的見界《かうこがくてきけんかい》からの觀察からすれば、上代人共通性《きやうつうせい》とも云ふべき。簡單《かんたん》な靈魂不滅の思想《しさう》を、抱《いだ》いてゐたことがわかる。この思想は科學《くわがく》の發達《はつたつ》と〻もに、その信仰《しんかう》に對する形式内容《けいしきないよう》の差は生じて來たが、宇宙創造《うちうさうざう》の窮極《きゆうきよく》まで遡《さかのぼ》るとき、決して科學の説明《せつめい》によつてのみ解釋《かいしやく》を與《あた》へられぬ以上、現代未來にまで、永遠《えいゑん》に否定《ひてい》さるべき、事實《じじつ》ではないのである。上代人は、靈魂《れいこん》が、死者《ししや》より直ちに、天《あま》翔《かけ》り行くものでなく、墓所に葬つて後天翔《あまかけ》り去り、天翔り來るもので、死《し》とゝもに、生前《せいぜん》と同じ人であり、神《かみ》であることを信《しん》じてゐた。そこに何等の恐怖《きやうふ》もなく嫌惡《けんを》の情もなかつた。そして、身體《しんたい》のまゝ、一日でも多く生《い》けるが如くに、傅《かしづ》かんとする人間愛《にんげんあい》の眞情の發《はつ》露《ろ》として、殯《もがり》の必要《ひつえう》が、生じて來たのであらう。この期間《きかん》は、日常嗜好《にちじやうしかう》してゐた、食物を供へ、音樂《おんがく》を奏したのである。神樂《かぐら》の起原《きげん》が、天岩戸《あまのいはと》の神話《しんわ》にあるといふ説は。天岩戸の傳説《でんせつ》が、忌《いみ》と齋《いみ》との同語であるといふことと、相對的《さうたいてき》に考へて、葬式《さうしき》に關係を有してゐることに領《うなづ》かれることである。

殯《もがり》のことは、伊邪那美命《いざなみのみこと》の傳說《でんせつ》に始めて見えてゐることであるが、その期間《きかん》は、かなり長かつたこと丶思ふ。允恭天皇《いんぎようてんのう》の殯《もがり》は、七年間であつたといふが、これらは最《もつと》も長いものであらう。殯《もがり》の爲めに營《いとな》まれた喪屋《もや》は、奧津棄戸《おきつすたへ》と云つた。文字《もんじ》の示すやうに、死者の腐《ふ》敗《はい》によつて、穢《けが》れる家であるから、棄《す》つべき家であるといふ意味《いみ》をもつてゐる。この殯の風習は、現今忌中《げんこんきちゆう》のとき、軒《のき》に簾《みす》を下げることによつて、奧津棄戸《おきつすたへ》を表はすものとして殘《のこ》されてゐる。後世《こうせい》に於ける、死者に對する觸穢《しよくえ》の觀念《くわんねん》は、殯を通じての腐敗《ふはい》によつて起る思想《しさう》であつて、上代人は、死者《ししや》そのものに、穢《けがれ》があるとは考へなかつたものであらう。穢《けがれ》を感《かん》ずる時になつて始めて殯の事《こと》が終つて、葬式《さうしき》が執行《しつかう》されたのである。

神葬の記事《きじ》が、最も古く見《み》えてゐるのは、古事記《こじき》の天若子命《あめのわかひこのみこと》が、高胸坂《たかむなさか》の胡床《あぐら》に寢《ね》られて、神去《かんさり》まし丶條《くだり》で、古代葬祭の形式が伺はれる。

かく葬祭終《さうさいをは》りて、墓地に納《をさ》められたとき、その墓地は神聖視《しんせいし》され、清淨《せいぢやう》な神地となるのである。そして、塚《つか》であれ、塔《たふ》であれ、神籬《かむろぎ》であれ、とにかく何等かの對照物《たいしやうぶつ》が樹《た》てられて、死者神に對する、祭儀《さいぎ》が行はれた。かくて儀式的《ぎしきてき》の必要によつて、神殿の創建《さうけん》となり完成發達《くわんせいはつたつ》して、或物が現今の神社《じんじや》にまで、祭祀《さいし》されるに至つたことは、後述《こうじゆつ》することにする。墓所が神聖なる地であるといふ思想《しさう》が、上代に於ける觀念《くわんねん》であつたが、儒佛《じゆぶつ》の渡來後《とらいご》の、思想混入《しさうこんにふ》によつて、觸穢《しよくえ》の感が起つて來たのであらう。かく論述《ろんじゆつ》し得《う》る理由は、現代《げんだい》の神社《じんじや》のあるものが、古墳《どふん》との關係を、雄辯《いうべん》に物語つてくれるからである。

墓《はか》を以つて、神體《しんたい》としたと、斷定《だんてい》すべきまでに、詳述する必要《ひつえう》はないが、たゞ何等かの、關係《くわんけい》があると云ふこと丶、それによつて、墓所《はしよ》が清淨《せいぢやう》なものとされたと云ふことを、云ひたいために、現在神社《げんざいじんじや》と古墳《こふん》との關係を、輪廓《りんくわく》だけ述べて見やう。

栃木縣《とつぎけん》宇都宮の二荒山神社《ふたらさんじんじや》は、崇神天皇《すうじんてんのう》の皇子、豐《とよ》城入彥命《きいりひこのみこと》が祭《まつ》られてゐる。東國鎭撫《とうごくちんぶ》のために降《くだ》られた御方で、終焉《しうえん》の地が此の邊《あたり》であつたであらう。神體《しんたい》は御遺《こみ》骸《かし》である（下野國誌）と云ふのは、所謂《いはゆる》御《み》靈代《たましろ》を指《さ》したものではないだらうが、その後社殿改修《かいしゆう》の爲め、後の丘《をか》を堀崩《ほりくづ》したときに、勾玉《まがたま》、金環《きんくわん》齋瓮《いはひべ》等が、多く出た（十符袮鷹）事などから見れば、明《あきら》かに、關係《くわんけい》の有ることを推考《すゐかう》できやう。

長野《ながの》縣《けん》の戸隱神社《とがくしじんじや》も、石屋定ニ新地一建レ宮（戸隱神社昔事縁起）とあるは、正確《せいかく》な史實《しじつ》ではないとしても、現今荒倉山《あらくらやま》の麓《ふもと》に、紅葉《もみぢ》の岩屋《いはや》といふものがあることなど何ものかを語《かた》つてゐるだらう。

本論《ほんろん》の主旨《しゆし》ではないから、詳細《しやうさい》は略《りやく》することゝするが、此他にも、諏訪《すは》神社《じんじや》、彌彦神社《やひこじんじや》、金讃神社《かなさなじんじや》、吉備《きび》津《つ》神社《じんじや》、高良《かうら》神社《じんじや》、阿蘇《あそ》神社《じんじや》、出雲大社等は、古記錄と、考古學上の研究《けんきゆう》の結果《けつくわ》、古墳との密接《みつせつ》な關係を有してゐることがわかる。祠《ほこら》と墓《はか》との音韻上《おんいんじやう》の變化《へんくわ》も、神社と古墳《こふん》との、關聯《くわんれん》を裏書《うらがき》してゐるのだらう。

かく見て來たとき、上代人《じやうだいじん》は、死《し》そのものに對《たい》する觀念《くわんねん》が、穢でなく、墓そのものが、穢でなく、穢は殯《もがり》に於ける終期《しうき》の觀念《くわんねん》であることが明かにされる。神葬《しんさう》は、この穢の最甚《もつともはなはだ》しくなつた死體《したい》を、淨化《じやうくわ》し、神聖化して、奥津城《おくつき》に齋《まつ》る事であり、人間愛《にんげんあい》、自然の欲求《よくきう》に出發して、儀式的《ぎしきてき》になつたものである。

然《しか》し、朝山氏の解《と》かれた「ぬきさしのならぬ觸穢《しよくえ》」の觀念《くわんねん》は、現代人の頭中《とうちう》に、深く浸《し》み込《こ》んでゐて、形の上に、風習《ふうしふ》として表示されてゐる。（勿論或時代《もちろんあるじだい》の如く、濃厚《のうかう》なものではなく、漸時消滅《せうめつ》して行く、傾向《けいかう》を有つてゐる、現代思想《げんだいしさう》ではあるとしても。）この大問題を考察《かうさつ》ぜずには、神葬問題の贊否《さんぴ》を、確定《かくてい》するわけには行くまい。

觸穢の觀念は、上代《じやうだい》に於て、伊邪那岐大神《いざなぎのおほかみ》が、夜見《よみの》國《くに》の穢《けがれ》を、日向《ひむか》の橘《たちばな》の小戸《おど》の阿波岐原《あはきはら》に、禊《みそぎ》によつて除去《ぢよきよ》されたことが始見で、素盞嗚命《すさのうのみこと》の祓《はらひ》とゝもに、神齋《しんさい》の起原《きげん》とされてゐる。この穢の觀念《くわんねん》は、前述した様に、死そのものゝ穢ではなく、殯の終る頃から生じて來る、思想《しさう》で、濃厚《のうかう》になつて來たのは、儒佛渡來《じゆぶつとらい》後にあることゝ思はれる。

齋戒《さいかい》の制《せい》が、始めて定められたのは、文武天皇《ぶんぶてんわう》四年に、發布《はつぷ》された、大寶令《たいはうれい》であるが、隋唐《ずいとう》の制に準據《じゆんきよ》して、法文《はふぶん》が作られたといふことだけでも、儒佛思想《じゆぶつしさう》の影響《えいきやう》を蒙《かうむ》つてゐることは、疑《うたが》ひを入れぬことだらう。神事を執行《しつかう》するにあたつて、身を淸《きよ》め、心を齊《ひと》しくして、專心《せんしん》神事を思念《しねん》することは、齋戒《さいかい》の精神《せいしん》ではあるが、令に規定《きてい》された心得《こゝろえ》を見れば、かなりにこうした思想《しさう》が、含《ふく》んでゐるやうに思はれる。喪《も》を弔《とむら》ふこと。病《やまひ》を問《と》ふこと。宍《しゝ》を食《く》ふこと。刑殺《けいさつ》を判《はん》すること。罪《ざい》人《にん》を決罰《けつばつ》すること。供神以來《ぐしんいぐわい》の音樂《おんがく》を作《な》すこと。言語を妄《みだり》にすること。穢惡《えあく》に觸《ふ》るゝこと等が不可爲のことであるが、この規定《きてい》が後世《こうせい》まで、僧の精進料理《しやうじんれうり》によつて、食物《しよくもつ》を得て來た樣《やう》に、神職の日常 生活《にちじやうせいくわつ》の基づくところとして、守《まも》られて來たのである。

然し、この令制《れいせい》の內容《ないよう》が、上代思想の傳統《でんとう》でなくて外來思想《ぐわいらいしさう》の影響《えいきやう》を受けてゐることは、この心得の中の一二に就《つい》て、考察《かうさつ》したゞけでも、明かにせらるゝことであらう。ぬきさしのならぬ獨穢《しよくえ》の問題《もんだい》も、この範圍《はんゐ》で、同理由《どうりいう》のもとに、推定《すゐてい》が出來ることゝ思ふ。推定を斷定《だんてい》にまで轉換《てんくわん》させるために、宍《しゝ》を食ふことの上代にあつたこと、觸穢《しよくえ》のことに就て、話をすゝめて行かう。

保食神《うけもちのかみ》に月讀 命《つきよみのみこと》が、毛麤《けのあらもの》、毛柔《けのにこもの》を供せられ給ひしこと、(日本書紀)や、大地主神《おほとこぬしのかみ》が營田《つくりだ》の日に、牛の宍を、田人に食《は》ましめられしを、御歳神《みとしのかみ》の御子が、怒つてその饗に唾《つはき》したまひし故に白猪《しろしゝ》、白馬《しろうま》、白鷄《しろとり》を饗せられたこと、(古語拾遺)や、弟猾《おとぶかし》が、大いに牛酒を設けて、神武天皇《じんむてんわう》の皇軍に、班《わか》たれたこと、(日本書紀)や、雄略天皇《ゆうりやくてんわう》の、吉野にて、御獲物《おんえもの》の割鮮をせられた故事等は、上古《じやうこ》に於て、宍《しゝ》を食べた證據《しようこ》として、確實《かくじつ》な事實であらう。こうした上代風習《じやうだいふうしふ》が、天武天皇四年に至つて、牛馬犬猿雞《ぎうばけんえんとり》の肉を食ふことを、禁《きん》ぜられ、犯者に對して刑罰《けいばつ》まで蒙《かうむ》らせる樣になつた。この肉が穢であることの思想《しさう》として始めて見えてゐるのは、倭姫命《やまとひめのみこと》が、皇大神《すめおほかみ》を奉載《ほうさい》して、伊勢路に赴《おもむ》き、大川の瀨《せ》を渡《わた》らんとしたとき、鹿宍が流《なが》れ來たことによつて、惡しきことに宣《のたま》はせられて、渡《わた》られなかつた、それで、その瀬《せ》を相鹿瀬《あひかのせ》と號したと、（倭姫命世紀）あることであるが、これは食宍《しよくし》のことに關係《くわんけい》なく、單に腐敗肉《ふはいにく》を穢としたのだ。

次に、觸穢《しよくえ》の制が、歴史的《れきしてき》にいかなる變遷《へんせん》を爲て來たかを、考察《かうさつ》して見やう。延喜式《えんきしき》に始めて規定《きてい》されてゐて、死穢《しえ》、改葬《かいさう》、産、懐姙、月事、失火、六畜死、六蓄産《ちくさん》と、前述《ぜんじゆつ》した喫宍等であつて、此等《これら》は各忌日《かくきじつ》が定められてゐる。中《なか》でも、死穢改葬は最も重《おも》く、三十日の忌日《きじつ》を要することになつてゐて嚴重《げんぢゆう》に取扱はれてゐることに、神事《しんじ》に際しては、嚴重《げんぢゆう》である。然《しか》しあまりに嚴重《げんぢゆう》であるために、種々の迷信《めいしん》や、弊害風習が生れて來た。

北野神社《きたのじんじや》に、死穢があつたことを知《し》らずに、衆人《しゆうにん》が參拜《さんぱい》したので、天下觸穢となつて、諸社《しよしや》の神事を停止《ていし》した（中右記）ことの弊害《へいがい》の原因は、大寶令《たいほうれい》の制が、外來思想直輸入《しさうちよくゆにふ》の飜譯《ほんやく》なるために、古來よりの風習《ふうしふ》に、よく合致《がふち》しない點があつたことにありはしないだらうか。丁度明治時代《ちやうどめいぢじだい》に於て、鹿鳴館時代《ろくめいくわんじだい》が描《えが》かれたと、同様な話《はなし》ではあるまいか。この規定《きてい》も、やがて、繁雑《はんざつ》から簡略《かんりやく》への時代傾向《けいかう》と、漸やく根本思想《こんぽんしさう》に立かへるべき機運《きうん》によつて、變遷《へんせん》されてゐる。死穢《しえ》が一日となり、（御改正服忌令）又一屋敷《やしき》の内に、死人《しにん》あれば、一日の穢《けがれ》となるが、若しそのことを知らなければ、當日も穢《けがれ》がない、（享保集綸綠錄、服忌令追加）となつて來たのである。

忌服《きぶく》の制《せい》の如きものも、大寶令《たいほうれい》に定められた期間と徳川時代《とくがはじだい》の制規とは、甚しき差異《さい》を見出《みいだ》すことができる。父母《ふぼ》の忌は、一年間《ねんかん》である、大寶令《たいほうれい》の制に比して貞享《でうきやう》三年の規定《きてい》には、五十日と記《しる》されてゐる。他の忌服の日限は大體《だいたい》この比例を保《たも》つてゐる。

齋戒《さいかい》の制によつて、觸穢《しよくえ》の制が重んぜられ、獨立的《どくりつてき》に日常生活《にちじやうせいくわつ》にまで及んで來たこの思想《しさう》は、現代に於ても、宮參《みやまゐ》りの時に、穢の觀念《くわんねん》によつて、鳥居《とりゐ》を潛《くゞ》らぬことや、參拜《さんぱい》をせぬことなど、一般の遺風《ゐふう》として殘されてゐる。然《しか》し、根本の精神《せいしん》は、身體的《しんたいてき》の穢でなく精神的の哀寂《あいせき》の情や、嫌惡《けんを》の情等から來《く》る、心の動搖である。

上代思想《じやうだいしさう》の觀察《くわんさつ》と、觸穢《しよくゑ》の觀念に就て、これまで考へて來たとき、古《こ》神道《しんだう》よりの觀察として、死者《ししや》に對し穢《けがれ》の觀は、精神的《せいしんてき》の動搖《どうえう》に歸することが出來やう。その動搖《どうえう》がぬきさしの出來《でき》ぬ觀念《くわんねん》となつて來たのであらう。そして、いろ〳〵の形《かたち》で自分等《じぶんら》の心に、奧深《おくふか》く浸み込んでゐるのである。然《しか》しこの精神的の穢は、上古より禊《みそぎ》祓《はらひ》といふ、同じく精神的の儀式《ぎしき》によつて、淸《せい》淨《ちやう》にされたものである。觸穢の觀念《くわんねん》が、强烈《きやうれつ》であるとすれば、當然祓《たうぜんはらひ》に對する精神的《せいしんてき》の觀念も、相對的《さうたいてき》に强烈であるべきである。

かく信じて、常に祓《はらひ》の行事が爲《な》されるものであつて觸穢の心の動搖《どうえう》にのみ、重《おも》きを置いて、祓の精神的《せいしんてき》の效果《かうくわ》を、等閑《なほざり》に見るのは、神道《しんだう》の根本《こんぽん》として、なくてはならぬ祓の行爲《かうゐ》を、單《たん》なる形式《けいしき》として取扱《とりあつか》ふものではあるまいか。神職《しんしよく》そのものゝ信仰《しんかう》の有無《うむ》を形式から見たとき、質《しつ》と量《りやう》に於《おい》て、相對關係《あひたいくわんけい》を示してゐる。この觸穢に對《たい》する祓の關係《くわんけい》を、平等《びやうどう》に見ないとしたならば如何に斷定《だんてい》が下されやうか。

混穢の制は、明治《めいぢ》六年の太政官布告《だじやうくわんふこく》で、廢されてゐる。舊來の陋習《ろうしふ》を打破《だは》して、理想的《りさうてき》に改造《かいざう》され、時勢《じせい》とゝに、進展《しんてん》して行かんとする神道《しんだう》は、これらの大問題の解決《かいけつ》によつて、漸次《ぜんじ》に歩を進《す》めなければなるまい上代の思想《しさう》を考察し、該問題《がいもんだい》に最も重大《ぢゆうだい》であるべき觸穢の制を觀《み》て來たとき、神職の葬儀《さうぎ》を執行《しつかう》すべきは、當然《たうぜん》のことて、且つ何等《なんら》の不合理《ふがふり》も、何らの恐《おそ》れも、何等《なんら》の不都合《ふつがふ》もなく、自分はこの問題に贊成《さんせい》するものである。そして澤田學士の御高説《ごかうせつ》の、實行方面《じつかうはうめん》に渡つてまでへの、贊成《さんせい》の意を表《あら》はしたいと思ふ。

該問題《がいもんだい》を論《ろん》ぜられる諸兄にとつて、聊《いさ》かなりとも、思《おも》ひを新にされたならば、幸甚《かうぢん》である。

V 雑載

一　『館友』記事より

代々木より

拝啓初冬の候諸兄益々御多祥奉賀候川越芋の味も試みぬに閑雅な教員生活より神職界に飛び込み申候鎮座祭の繁忙さは繼續致居候本日より漸やく八時出勤五時退社に相成一息の機を得申候筆とる暇無之との口實も實現を見申候好きな帝展をものぞけずに過ぎ候ことのみにても御無音の儀御許被下度願上候祭典前後內務省造營局祭儀部本部社務所に出張致居太田西村兩兄等と徹夜も致候額賀高松香取の宮司に御會ひ致し學館の旅行隊を迎へしこと等昨日の如き感に有之候靜かなる心にも相成候へば一向奮鬪活動の道をも見出すべく候若輩の身何卒御援助御指導被下度幾重にも願上候先は御挨拶旁々近況まで如此御座候敬具(十一月二十九日)

旅路すぎて　代々木より

白墨に塗れた洋服を白衣青袴に着更へてから、もう足掛四年になる。館友諸兄にはすつかり御無沙汰をしてゐる。けれど御無沙汰を忘れ得るほどに館友諸兄が御立寄下さるのが嬉しい。繁忙であるといつても神社は神社である。電車の軋轢や自働車の警笛は新しい森の中まで響いては來ない。然し普選斷行の祈願の爲めに幡旗を飜して鳥居を潜ぐるグループに會つたり、早川雪洲が境內でフイルムに納められたり、觀光團の群が拜殿前に帽を脫いで緊張した氣分で參拜したりするのを見るとき、漫然としてはゐられない。こうした刺戟がいつも保守的に歩んでゐる神道界に對して或る種の不滿を抱かさしめる。神社調査會設置の建議案が議會に提出されてゐるとき、神職界の聲は何んといふ小さいことであらう。熱と力との結晶が強いものになつて現れることをいつでも願つてゐる。

淡雪が降る二月二十日。五日間の豫定で關東東部地方の神社に參拜がてら視察に出かけた。安房神社、玉前神社、小御門神社、香取神宮、鹿島神宮、大洗磯前神社、常磐神社、笠間稻荷神社、氷川神社等の社をこの順で廻つて來た。

東京での雪は北條の海に春雨となつて靜かに煙つてゐた。北條驛から自動車で、去年帝展で特選になつた高間惣七の繪のやうな枯草の覆つてゐる切通しの途を三里許東に走つて安房神社に着いた。

菅宮司さんには始めて御目にかゝつたのだが、伊和神社に御奉仕の貞幸兄や京都に居られる貞好兄やとの學館時代の生活やテニスの話などに興ぜられて、立派に新築された社務所の一室に、木の香に酔ひながら、親しくいろ〳〵のことを承つた。自動車の都合で、御宅に誘はれて御馳走になつた。四つになつた可愛い貞幸兄の御嬢様が話の中途に御爺様の膝に抱かれたのを見て、遙かに貞幸兄の健康を祝した。

大東岬に砕ける白波を眺めながら、玉前神社に參拜した。御社殿は御塗更中であつた。

銚子に廻つて犬吠崎の燈臺の下に砕散する怒濤の水沫に禊して鹿島に詣づる豫定であつたが、雨の爲めに變更して鐵路をとつた。佐原行きの途中滑川驛から約二十町、車も通はぬ泥路を辿つて小御門神社に參拜した。雨は小降りになつて來た。

佐原の朝は氣持のよい太陽の光に惠まれた。香取神宮への途中、佐原中學に、伊勢の話もして見たかつたので、草野氏（館友同級）を訪れた。丁度授業中であつたので、茶目氣を出して四年級の教室に飛び込んだ。先生と生徒とは、フロック姿の侵入者を同時に見た。生徒は緊張して姿勢を正し、壇上の先生は驚きの顔から微笑へとうつりつゝ、西洋史の航海條例の話をつゞけてゐた。

香取神宮に參詣して歸途、伊能忠敬翁の故家を訪ねる約束をしたので、草野氏の宅に寄つた。そして若い奥様の愛嬌に遇せられた。豫定があるので伊能家を訪ねることを止めて、鹿島行きの船乗場に急いだ。波渡場に立つて、船を待ちながら、中院さんが修學旅行のとき苦しんだといふ家などのことも話のとぎれに教へてくれた。やがて枯蘆に風のなびき、薄らぐ陽が西に沈むころ一人船路の旅に入つた。

水郷潮來の灯のゆらぎと、三味の音とを船の窓からうかゞひながら鹿島に着いた。夜遅かつたが宮司さんを訪れた。けれども御病氣で面會もできなかつたのが殘念であつた。

次の日太平洋の荒波岩に砕くる大洗磯前神社に參拜し梅の香まだせぬ水戸の常磐神社に參詣して、笠間に夢を結んだ。

雪降りかゝる氷川神社に額賀宮司さんを御訪ねしたが、忌服中で引籠られてゐた。十六のうら若き愛嬢を失はれて、沈んでゐられた氏と、悠紀子霊と記された新しい祭壇の間で、種々の御話を承つたが御慰めの詞も充分には述べられなかつた。

五日の旅路を顧つゝ社務所の一室の卓子に參拜者の礫ふ

む音を聞きながら、館友諸兄の御健在を祈りつゝ御無沙汰の御詫までに筆をとつた。

修學旅行隊歡迎會記　東京

七月十七日午後七時、本館専科修學旅行隊を迎へるといふ意味で、旅行隊の宿泊された神田三崎町の森田館に在京の館友が集つた。

手塚「さきほどは失禮をいたしました。」

石井「いや、今日は御手數をかけまして、どうも有難う。」

安藤「明治神宮には、今日御參拜でしたか。豫定表には明日になつてゐましたつけね。」

石井「えゝ、宮城拜觀の都合がありましたので、豫定を變更しました。明日は日本橋から泉岳寺へ………。」

青戸「そうですか、それでは私の神社にも是非參拜して下さい。道順も丁度よろしいでせう。」

こんな會話が交されてゐる中に、武田又八、酒井滿太郎、友枝照雄、間島磐雄、原田敏明、森本杉雄、三井隆太、葛谷峰三、鈴木友吉等の諸兄がお見えになつた。

「私が御挨拶を申述べるのは、誠に僭越至極のことでありますが………」

と冒頭して、常任幹事間島さんが、夏の短い夜ではあるが、あつさりした茶菓によつて、伊勢路の懐しい話を心行くまで語り合つて御別れしたいと、至極夏向きの御挨拶がある。

石井さんが旅行隊に代つて、鄭重な感謝の言葉を述べ終つたとき、青戸さんはすつかり膝を崩して微笑しながら白い髭髯を撫でてゐる。

「いつでも、祭式のときは畏まつてゐてもらひましたから、旅先のかうした所では、出來るだけお樂に願ひませう。まづ私からいたしますから。」

挨拶の言葉に堅くなりさうになつた場面も、教室では嚴格な青戸さんからの打ち解けた言葉に、身心ともに和いで暖かい心になつて、冷たい氷のコップにサイダーをチブチブさせ始めた。

間島さんの發案で、先づ生徒諸君から順番に名乘合ひが始つた。十二名の中の大部分が神職界に出て大いに活躍しやうといふ、若々しい血潮に滿ちた希望を述べられたことは誠に頼もしいことである。

次に館友諸兄の名乘やら、氣焔やら、感想やら、訓話やらが、各自の立場から、學館の色彩を持つた熱辯で振はれた。

「私は去年専科を卒業しましたが、もつと勉强しやうと思ひまして、上京しました。………」と葛谷さんの皮切りに、日比谷大神宮に勤めて居られる武田さんは、頭の禿やうで古い人間だと判斷して欲しくない、いつも若い氣分だと、御年の割には氣を揉むのも無理からないが、若いものゝ爲めに氣焔をあげる。

横中、正則と宿替して、府立第七中學に修つてゐる森本さんは、氣づかつてゐたが東京の舞台は恐るゝに足らない。若い内にうんと踊らうぢやないかと意氣巻く。

貧民窟あさりを毎日やつてゐるといふ原田さんは、今日も新宿の貧民町を視察されて來たばかりで、この頃の天氣に、一層ヂメヂメした慘めなドン底生活を物語られた。そしてこれからの神職は、かうした社會の裏面をもよく觀察して、社會的に活動して欲しいと、氏の熱心な研究的態度に一同敬服させられた。

實業家の三井さんは、本家はあんなに大きいのですがと云ひ出して自から笑ひ、或る目的の爲めに、いましばらく金を貯へてと、未來の抱負にヒントを示される。學校時代は「割鐘」といふ仇名が付いてゐたとの御自白に及んだが、成程と皆が同感する。

酒井さんは富士登山の感想を述べられ、深川の間島さんは、神職が本務で兼務に青年團を相手に、昔取つて腕に覺えのある撃劍をやつたり、美しい聲の披講をするとの御報告だが、いつも聞く涼しい朗詠が出なかつたのが殘念であつた。

「エー　原田さんが先程御話になつた、ヂメヂメした土地の近所ですが、私の所はヂメヂメはして居りません。新宿御苑の一部を下賜されました土地ですから。目下建築中の校舍も、近い内に完成され貧民窟の近くには不相應な建築物が出來るといふわけです。エー教育といふものは、校舍の完不完にあるのではなくて、その内容實質にありますので………。」

府立第六中學校の教頭鈴木さんが、一寸ユーモアを漂はせて、明日は箱根に生徒をつれて四泊旅行、歸つてすぐ房州の海水浴場に生徒と一緒に行くといふ多忙な御活動を話される。

「ほんとに伊勢は懐しい、あの三軒茶屋の餅を……。」「二軒茶屋だよ。」

「鈴木さんの時代からでは、その後隨分開けたでせうから、一軒位は増えたでせうよ。」一同はドツと笑つた。

「昔と變つて、現代は、神の中に人間が生き、人間の中に神が生きるといふ時代になつて來たのであるから、時代に應じた思想を以つて、大いに自覺して神の實在を出發点に、活動をしなくてはならない。」

と友枝さんが、哲學的に神道論に花を咲かせた。

次に床柱を背にした安藤さんが、生徒諸君の爲めにと永い訓話が續けられた。

「諸君は專科を卒業したことによつて、神職の資格が備はつたわけであるが、まだまだ實社會に乘り込んで活動するには、誠に心細い力である。今の神職會で、名望のある、神職といふものは事業家で、眞に神道を解し、信仰に生きてゐるといふ人は誠に少數でないかと思はれる。官國幣社の神職といふものは、先づブルヂヨアに組して、官僚的の色彩を持つてゐるが、それでは眞の神道を世界的に發展させることも出來まいと思ふ。諸君が神職になられてからの使命は、赤裸々になつて、プロレタリアとぶつかつて、直接にプロの指導者となり、神道の眞の發展を期することにあることを自覺して欲しい。そして、より一層の修養と奮闘とを御願ひする。」

と斯道界の忌憚ない御批評と教訓とを感激を以つて述べられたのは誠に痛快であつた。

次で石井さんが感謝の詞の後に、感激と熱誠とを以つて、御自分の學館に於ける立場からして、希望と抱負とを述べられた。

石井さんと一緒に生徒を引卒されて來た、河崎彌七さんも同じやうに、旅路での館友の暖かい情に感謝の意を述べられた。

「安藤さんの神職攻擊には少からず耳を傷めました。でも、私のことを申されたのではないといふことを、確信いたします。神職ではまだ私どもは、實際成立てのほやほやでありますが、實際仲々思つたよりも難かしいものですよ……。」

青戸さんがいつもの元氣で實際談の後に旅先での、食物の衛生のことなど話されたのは眞の親の情が眞の子に對する詞であつた。

サイダーの泡が消え、菓子が食べつくされる頃には旅行隊の人々には、過ぎ來し旅路の疲勞の姿が見えて來た。

館友の人等の暖かい心に解けあつたまどゐは、他に見ることのできないものである。菓子とサイダーとはこの雰圍氣を作るまどゐには、物足りない感はあるが、伊勢路からの旅人等と語らふ夏の夜には、ほんとに相應しい感じがした。

かくて午後十時半、旅先の安泰を祈つて名殘惜しく解散した。

×××××

この稿を草し終る時、山形縣の館友岡部賢次さんからの御手紙を受け取つた。要件は明治神宮奉敬會と名附けて、社務所と特別關係のあるものゝやうな形式内容を以つて、種々の規約を作り、地方に納金の募集をしてゐるが、その關係の有無と眞僞如何との御照会である。

これまで館友の方々や、地方の知人から、かうした件に就て回答を求められたことが非常に多いから、せめて館友諸兄の御參考にまでと、貴重な誌面をお借りして筆を加へたいと思ふ。

伊勢の敬神社とかそれ等に類する性質内容と同じものを持つて明治神宮を取り巻いて、生れたものが鎭座祭以來隨分にある。

明治神宮奉賛會は、德川家達公を會長に仰いで、國民の赤誠から出た寄附金で外苑を完成して後尙神宮に奉納する目的で、目下着々明治神宮造營局の手によつて諸工事を施工されてゐるもので、社務所とは直接の關係は無いとしても、間接に密接な關係を有つてゐるといふことは言を待つまでもないことである。

然し社務所と直接關係のある如く地方人に宣傳して種々の畫策をしてゐるものがあるといふことを聞えてゐるものゝ中に、明治神宮奉敬會、明治神宮献燈會、惠風會、明治神宮講、奉仕會等のものがある。勿論これ等の會の趣旨は個人としては、雙手を擧げて賛成すべきものもあり、且つ中には眞面目に種々の事業に活動して居るものもあるが、一方地方の質撲な人々を瞞著してゐるものもある。今上記した會の可否に就て云ふことは暫らく置いて、兎に角明治神宮奉賛會は特別として、社務所とは直接に關係し且つ公認して居るといふものは一つもないといふことだけを御知らせして御參考に供したいと思ふ。（三、七、一八）

朝鮮より

拜啓時下盛暑の候愈御淸榮賀したてまつり候陳は小生儀このたび明治神宮より御暇を乞ひ今秋御鎭座あらせらるゝ官幣大社朝鮮神宮の事務囑託として朝鮮總督府に奉職致すことゝ相成御鎭座祭後引續き同神宮に奉仕致すことに内定仕り候明治神宮御創立の當初より今日までその任を完う致し

候ことは公私ともに深厚なる御高庇の賜と感銘まかりあり候御一柱は同じ御祭神にましまます御鎮座の祭を再び奉仕致すことゝ相成候は眞に光榮の至りにて専ら大神の御心によることゝ存じ誠心誠意以つて神明に報い奉りたく存居候一方神道界より見て未開拓の土地に候へば開墾の鋤鍬を振ひ微力ながら斯道發展の一助にもとひたすら努力致したき覺悟に御座候間何卒今後とも一層の御鞭撻と御指導とを相仰ぎたく先は御挨拶かたがた御願ひまで申上げ候敬具

（七月二十九日）　勤先　朝鮮總督府内務局地方課

住所　京城府大和町二丁目四一ノ二號

官舎

京城より

京仁の館友は、異境の寂しさも因をなしてゐませうが、一層の親しみを持つて御互に生きて居ります。「相互通信」は時々往復端書で近況をお訪ねして、御返事をまとめ、印刷して會員に頒つのです。その印刷物そのまゝを館友諸兄に送つて近況を報じます。

京仁館友會相互通信（三月三十日）

御返事を頂いたのですぐ印刷いたそうと思つてゐましたがこの頃の繁忙さは一日一日と遲れさせられました。それに磯野、山下葛谷の諸兄からの御返事を待つてゐるものですから。御返事下さらない方も御多忙のことゝ存じます。天野さんの此度御生れなすつた御子様に陽子と名づけられたよし、仁川の磯野氏も先頃男の御子様を得られまして勝信と名づけられました。名は高松さんの撰ばれたもの。入院中の由田さんは二十七日退院自宅にて御靜養中です。三月まで會費受領濟の方は高松、長坂、宮永、天野、山田、高野、岡本、田中の諸兄と私。牛屋さんは十二月まで全納。御通信を取り上ぐるまゝに寫します。

（手塚）

◈大變皆さんに御無沙汰致しました。去年の九月から高商に入る目的で寄食してゐた親戚の若者が、今年に入つて俄かに歸國したので、その代といふ譯ではないが學資に窮してゐる鮮童　私の學校の二年生を書生に置きました。春になつてから荊妻が五日私が二日流感でねました。謹次は幸に頑健です。あの井戸のある前の空地に小さいながら借家が建つたので、私の家はほんとうの陰になつて存在を認められなくなり、道さへ有るが無いになつてしまひました。それで目下逃げ出しの準備中です。一つ奮發して文化住宅？でも建てようかと平面圖も書いて見ました。學校の方は卒業試驗修了試驗、入學試驗とのべつ幕無しでてんてこ舞です。（磯部　百三）

◈日光の寒氣に慣れてゐるから大丈夫だと人もいふし自分もそう思つてゐた處が十一月から二月まで夫妻共に病氣續きで頗る閉口しました。夫がため館友各位には何れも御無沙汰致して居るのみでなくまだ書籍や書類の整頓も出來ませんので折々當惑致します。彼是してゐる内に李王世子殿下御外遊の奉送に當た全國神職會會議にと四月五日引續いて上京することになりますので又々御無沙汰を重ねることゝなりますが御宥恕を願ひます。從つて書籍や書類の整頓にも手がつきませんわけで閉口して居ります。（高松　四郎）

◈神明の加護をもちまして長男眞澄は京城中學校へ入學許可になりました。

今日のみは子供ながら大人びで
　みゆる心地のよろこびにみつ
親心定まりぬと告けめやわれ
　中つ教をふむ子もてれば

四月からは本府警察官講習所（警部養成）の囑託を兼ねることに内定しました。週に二回で國語を担任するんださうです。例の乘馬練習は四月からも引續き爲たいと思ひまして只今出願中でございます。遠乘の試驗も無事終了致しましたから。御蔭で家族一同壯健ですから御省慮を願ひます。月末には三坂通へ轉宅の豫定。住所番地は後日御報告申上ます。（長坂　眞頼）

◈彼岸の中日に雪が降り何日迄もお寒う御座ひます。でも例年よりは余程暖かつた冬の様に存じます、平壤から南下して來た關係かも知れません。民社から官社へ入りましたことゝて初めの程は様子も判りませんでしたが大分仕事にも慣れて來ました。これから大いに精出しませう。家族のこと等お知らせ致したいのですが獨りものには悲しい哉書く材料がございません。（岡本　正勅）

◈昨今休職以來本年三月で滿期愈浪人生活に入りますから鐵道多年の勤續の功勞者優遇の一助として大田停車場構内賣店營業權付與四月一日より商人となり主任を置き小生及家族は仁川に居住子弟の教育に當り小生のみ一ケ月一回監督に出向く事にしました。次男本年京城高商入學準備中、長女は仁川高女へ轉學の豫定です。（牛屋　正雄）

◈御親切に御尋ね有り難う存じます。私共一家三人兎に角その日〳〵を事なく過してゐますからどうぞ乍憚御放慮下さいませ。一ケ月後も恐らく今のまま相變らずでしよう。併し我が京仁館友會はもつと增員したいものですね。朝鮮神宮紀を拜見しましたが、それにつけ神道に關するパンフレットを發行し半島思想界に貢獻する策はないものでせうか。　（高野　潮靈）

◈一、去年二十日長女出產。愈以運轉上考慮を要すべき狀態になりました。

一、まだどことさがしてはありませんが學校附近に轉居の豫定です御心當りでも御座いましたら宜しく御願申上ます。

一、當校の樣子も充分知悉することが出來ました。心中穩かならざることのみ多きには今更ながら古巢が戀しくなりました。　（天野　秋生）

◈四月からは五女を幼稚園に入れたいと思つて願書を出してゐます。四月末か五月初めかに內地に旅行したいと思つて居ます。仕事が忙しいに困りますが、中々はかどりません。腦味噌が鈍つたのか、はた吾れ老いぬるか、何だか淋しい感が致します。人參を澤山に飮んで大いに元氣を出さねばなりますまい。　（宮永　卓爾）

◈三月上旬釜山に行きましたが、丸、中村二兄去つて、館友の會すべき者のないのを淋しく存じました。然し道に南の端のことゝて丘の麥が綠を見せてゐるのをうれしく存じました。四月には光州高等普通に香川嘉男君が來られる筈です。元由山中學で國漢の主任（二級又ハ三級）を求めて居られます。櫻の咲く頃子供が出來る筈です。男か女か籤でも抽くつもりでゐます。　（宮原　眞太）

◈十五日祈年祭をすませて京城醫院に十二肢腸寄生虫驅除のため入院して「ヒマシ油」を飮みつゝ順調に運んで居ましたが彼岸に襲ひ來た時ならぬ寒氣の爲め病院で風を貰つて發熱し治療中です。又同じに家族も全部風にたゝられましたが昨今どうやらよくなりました。御蔭で私もまづ以て近日中に退院のつもりです。ベットの上で看護婦さんに代筆をたのんで。　（山田　早苗）

◈何處へ住まうが移らうが破行李にバスケツト一個の極く簡單な全財產、陽氣の加減か現在の下宿屋も飽いて來て他に適當な家を物色してゐます。舊正月前に生みの子より大事にしてゐた金時計を泥棒にしてやられ、やつと時計は出て來ましたが鎖が出ないので消氣返つてゐます。學館規則改正に付ての母館だよりも何だか齒痒い氣がします。　（田中　永治）

◈京城に參りまして一年近くなります。冬の寒さはむしろ氣持よいものとして味はひました。やがて櫻の春となります。山の上から北漢の山の上をにらみ京城の市街を眺めながら生きてゐる今の自分を感謝してゐます。妻も至つて丈夫です。試驗休みで東京の弟が參りました、谷籠りのオンドルからこの春の空には一入に樂しきものがあります。鮮展があるそうで何か描きたいですが暇がありません。出したつて落選にはきまつてゐますが。

(手塚　道男)

京仁館友會相互通信

京城と仁川に住んでゐる館友だけが、御互の通信として印刷したものを便宜館友誌にまで御送りして、異境の近況を御報しつゝ併せて平素の御無沙汰を謝す料といたします。

【以下人物の通信は省略し名前のみ掲げる：編者】磯野勝見・宮永卓爾・山田早苗・天野秋生・宮原眞太・葛谷鮎彦・高野潮靈・岡本正勅・長坂眞賴・田中永治

◆御通信を戴いた順に書き連ね再び京仁の館友の御手元に御頒ちします。御通信をまだ下さらない方は、高松、磯部、山下の諸兄です。

高松先輩は、山田兄と一緒に全國神職會へ出席の爲め三日、長慶天皇の皇代御加列奉告祭を奉仕されて直ちに上京しました。九日には東都の人となり、二十日頃には京城の人となる豫定です。皆様によろしくとのことでした。磯部先輩は鼻の中に面疔が出來まして、一時御心配でありましたが、二日夜當地の植村病院に入院され、早速手術を受けられましたので、危機をのがれました。その後の御容態は順調で昨夜退院なさいました。當時御子息様も御病氣で赤十字病院に入院されて居りましたので、何とも申し上げやうのないおいたましさでありました。けれど御全快の日も近づき、かねての御話の文化住宅御建築の計畫も實現されて、もう完成の日も近づいた三坂通りの小丘の上の靜かな新屋に御養生さるゝことになることを御慶び申上げます。

山下兄は御健在であるといふことを電話口で承はりました。

田中、岡本の兩兄が中心となつて經營してゐる、神宮のチヨンガークラブ（稱して……美豆羅會）は護國寺の隣に引越しました。日蓮寺の太鼓の響きに和して、祝詞や記紀の勉強に餘念のないところに、新しい兩部神道が生れそうです。

みどり子小さな笑ひと語りごととは、四疊半の室に灯された百燭光の明るさです。「やまと」は日増に大きくなつて行きます。

子供の爲めに此冬を東京で過させたく思ひましたが子供の爲めに長き旅路の害を思ひ中止させました。私は相變らず元氣で氣持よく生きてゐます。（十一月十一日）

天野（秋生）さんは死んだ　京城

Ｋさん

その後は繁忙に打ち紛れ御無沙汰を致して居ります。二ヶ月前に下さつた御手紙の中に『アマチアンはどうしてゐますか』と尋ねられながら、未だ御返事をも書けずにゐて遂に『アマチヤンは死んでしまひました』とお答をしなければならない悲しい日が來てしまひました。

Ｋさん

兄からあのお手紙をいたゞいた時、丁度天野（秋生）さんが訪ねて來られたので、話は三人を中心とした伊勢時代の思出で夜の遲くなるのも忘れました。そしていつものやうに、親しくお酒を飲み、靜かに語つて歸られたのでした。

（…撤下の神酒はいつも私の家にあるので、酒の飲めない私は、天野さんを唯一の拜戴者として選ばなければならなかつたのでした…）歸りがけに、近頃土地を買つたことや、義によつて人を世話したことやが、みな失敗に終つたと悔ひられた話が出ました。然しかくした會合がこの世の終りであるとは夢にも思ひませんでした。

Ｋさん

その後天野さんと會つたのは、腸チブスという病名で病院のベットに横たはつて、氷枕に悶へてゐる痛々しい姿となつた三日目でありました。

六月十五日に入院されたが、病は重態で周圍の人々の心配は一通りではありませんでした。廿一日には京城に住んで居る館友の方々に通知して、お集りを願はなければならない程に思はしくない容態でした。然し磯部さんや宮原さん等と、院長室に詰めかけて話を聞いたとき、聊か安堵の胸を撫でることは出來ました。

その後危篤の報を受けて驚き走り、徹夜をして善後策を相談したことさへありましたが、幾分か快方に向はれたのでは無いかと思はれ、周圍の人々も安心をしてゐました。

丁度その頃、朝鮮神職會の講習會期中なので、多忙のため見舞もせずに二三日を過してしまひましたが、七月九日午前一時半頃、歸宅して床に着いて間もなく、けたゝましい電鈴に起されました。病院からの電話であると直覺はしたものゝ、受話器を握るのがむしろ怖しい感がしました。『天野さんが危篤です……』それだけ聞いて、すぐタクシーを走らせました。（生きてゐて吳れ…生きてゐてくれ…）それだけを祈つて病院の潛り戶を入つた。

然し、天野さんは待つては吳れませんでした。唇は冷たく、確かりと結ばれ四邊寂として聲無き異常なる緊張の場面に私は思はず枕頭に永い合掌を續けました。

Kさん

天野さんは、七月九日午前零時四十分、三十五歳をこの世の名殘りとして、遂に永久の眠りにつかれたのでした。死に目に會へなかつたのは終世の恨事であります。然しKさん、誰も死に目には會へなかつたのでした。毎度看護されてゐた奥樣も、附添の看護婦も婆さんも、すぐ側に居りながら臨終への眠りを知らなかつたのでした。

天野さんは、そんなに安らかに死んで行つたのです。病室から他の室に移して、夜明けを待ちつゝ、萬般の準備を進めなければなりませんでした。

天野さんの奉職して居られた、京城公立商業學校の職員の方々が一切を引受けて取運んで吳れました。神葬祭のことゝて、儀式の準備交涉等は私が引受けなければなりませんでした。

高野さんも見えて、火葬場までお供をされました。

Kさん

友の死に直面したとき、苦しいのか悲しいのか、その感情の總てを、私には簡單に筆にすることさへ出來ません。枕邊に灯された蠟燭の灯の搖ぎからはじめて、周圍の一つ一つに及んで行かねばなりません。そして、それに結びつけられて行くのは、伊勢時代と京城とに於ける生活の全部の思出であります。もの凄い月の光の下で、カンフル注射器の鋭い針先に、黒と赤のインクをつけて、ベットの白い敷布にプツリ〳〵と突き刺しながら文字の型を作つて行かなければ眞の描寫は出來さうにありません。

私は、今その光景と感情とを書く勇氣がありません。再びの苦しみと悲しみとから遁れ、兄の御想像に委せることにいたします。

Kさん

人生の果なさをしみ〴〵と感じたのは、天野さんが白い骨となるまでの距離にありました。夜明けを待つて、午前七時には遷靈祭が執り行はれました。そしてすぐ遺骸は火葬場に數臺の自働車に守られて參りました。宮原さんはこゝで待ち迎へられました。

火葬竈の重い鐵扉がガチヤンと閉ぢられ、錠が落されたとき、一入の悲しみが胸をしめつけました。

黑い煙が高い煙筒から吐き出したのを見たときとうく天野さんの肉体までこの世から奪はれてしまつたと、諦め得ぬ悲しみに泣きました。

その日の午後六時､再び知り人等は火葬場に集りました。長坂さん宮原さんも來られました。

わづかに九時間にして、ありし日の天野さんの肉体は失せて、白い骨となつてしまひました。

これが天野さんだつたのかなあと不思議な悲しみに包まれました。

Kさん

七月十四日午後五時半、それは天野さんの告別式が神式で盛大に行はれた時刻なのです。

韓國時代には軍隊の練兵場であり、最近李王殿下の國葬式が行はれた、京城での最も廣い空地の訓練院といふ廣場で、準校葬の形で執行されました。

學校の職員生徒の全部と、京仁館友の人々は勿論、官公吏員や友人等が參列され五六百名の多數になりました。

その盛大な告別式は天野さんの終りを物語るには、決して不足もない程に感じました。み靈の喜悦もいかばかりかと推察されました。

Kさん

葬儀も立派に濟みました。然し御遺族に對しては、同情の言葉も述べ得られぬ程に御氣毒なものであります。奥樣は妊娠九ケ月の重いおからだで、九才と六才の男の子と三才の女の子の、三兒の手を引かなければならないのです。

いかに力無い步みを、今後續けられるかと想ふとき、死の悲しみよりも、生の悲しみが一層に深くなつて來るのです。

此の地に頼り無い御遺族は､迎へに來られた親族の方と、遺骨を抱いて、七月十九日午後十時、京城を出立されました。力無い旅路は、一先づ伊勢の津に落ち着かれることになりました。

けれど、天野さんのみ靈は、永久に御遺族の成長を見守られ、幸福へ導かれることゝ信じます。

Kさん

隨分長々と書いてしまひました。然し天野さんの最後の御報告ですから、これだけはしなければならない責任を持つて居るやうに思ひまして、筆を運びました、何卒お許を願ひます。

それから、兄から、直ちにお尋ねのお手紙があることゝ思ひますから、御手紙を頂かない前に御返事として書きたいと思ひます。

それは、天野さんのみ靈への捧げものに就てゞす。實は、兄と御同期の結城神社の菅さんから、若し天野さんへの玉串料を、京城で一般館友の方々から募集でもする計畫があるならば、同期生を發起人の中に加へられたい、とのことを申し越されましたので、京城としてのいたすべきことは致しましたから、御同期の方々の御發起で、その御計畫を願ひたいと申し上げて置きましたから、兄へは、菅さんから何等か御相談があることゝ思ひます。

猶學館に居られる鈴木友吉さんから、昨日私宛に天野さんへの玉串料を送られて參りましたが、最早此の地には御遺族の方も居られないことゝて、直ちに津の方に廻送いたしました。

Kさん

私はこれで筆を擱かうと思ひます。委細のことは、いつかお會ひする機會に申し上げませう、然しそれは御約束の出來ないことです。人生の儚なさをしみ〴〵と感ずるとき、明日のことは豫測できなくなります。約束といふものは、何事によらず危險なものに思はれます。併し長生しなくてはつまらないとも思ひます。

とにかく、今日といふ日を人生の一部とし、全部として御互に満足に生きるべく努力しませう。（三・七・二九）

外地から內地に歸つて

在鮮七年有餘の生活は、若き日の思ひ出として、公私ともに愉快であつた。京城を中心としての館友諸兄の温かい氣持に抱かれて、夢のやうに月日は流れた。この間に內地からの旅路ゆく館友に、京城でお會ひした方々も多く、すべては思ひ出となつた。

磯部さんを親とし、宮原さんを兄として、親しみをつづけつゝ、若い館友の同志からは、潑溂たる氣分と強い刺激とを與へて貰つたことを、嬉しい記憶として感謝せずにはゐられない。

九月の末日、京城驛頭にこれら親しい諸兄に送られ、感謝の思ひ出を抱きつゝ、十月五日の朝、新生更生への信濃路の宿に辿り着いた。

今度奉仕の命を承つた神社は、國幣中社生島足島神社で、長野縣小縣郡東臨田村に鎭座さるゝ、由緒の古い御社である。

信越線上田驛より、別所温泉行の電車に乗り、十五分にして下の郷驛に下車、それより二丁にして神社に達する。老欅を主とする鬱蒼たる森の中の大池畔に、朱塗の社殿や鳥居の變つた配置のさまは、古社を描いて十分な風景である。館友諸兄の御來駕を切に待望する。

着任するや間も無く、御社殿一部の改築工事地鎭祭を奉仕し續いて一生懸命に働かねばならない計畫が山積されてゐるのは愉快なことである。

内地館友諸兄の御援助と御指導とによつて、今後の神明奉仕をも完ふさせて戴きたいと偏に念願する。

館友誌上を拜借し、此通信を以て略儀ながら館友諸兄には、外地より内地への轉任挨拶とさせていたゞく親しさをお許しを願ふ。

（七・一〇・二〇）

二　手塚道男について

道男は、明治三十年十一月二十六日栃木県那須郡大田原町にて手塚元気・マキの長男として出生した。父の元気は、明治三年十一月三日に同県河内郡絹島村下小倉（現宇都宮市）で生まれ、長じて漢学、「神国道」を修め皇典考究所の試験で八等試業を得ており、二十四年御嶽管長より教導職に、二十六年には中講義に補されていた。三十九年七月郷社・大田原神社に奉職、四十二年には社司に就いた。大正元年十月、西那須野村石林（現那須塩原市）の乃木希典別邸に乃木神社創立の議を起こし、全国を勧進するなど力を尽くした人物として知られ、大正五年四月創建に導き初代社司に兼補された。昭和十年九月三日に六十六歳で亡くなっている（『みあとしたひて』参照）。

道男は、大正四年県立大田原中学校を卒業し、神宮皇學館本科に入学、九年に卒業（第二九回）した。同級生は二十四名で、來田親明（元神宮皇學館教授・神宮禰宜）らがおり、先輩には八坂神社宮司で戦後の皇學館大学再興後に二代目学長をつとめた高原美忠（二五回）、郷土史家の児玉尊臣（二六回）、静岡浅間神社宮司の菅貞好（二七回）、歌人の春日井瀇（同）、宗教学者で神宮皇學館大学・熊本大学・東海大学の教授であった原田敏明（二八回）、富士山本宮浅間神社宮司の佐藤東（同）、後輩には軍記物語研究の後藤丹治（三〇回）、尾張大国霊神社宮司の田島仲康（三一回）らがいた。

卒業後、数か月間は埼玉県立工業学校地理歴史国語漢文科嘱託講師、師範学校中学校高等女学校国語及漢文科歴史科の教員となるが、官幣大社明治神宮御創建に際し全国から選ばれた五名の神職の一人として（『北下野新聞』）、十月二十七日主典に任じられ、十一月一日の鎮座祭の奉仕をした（宮司は公爵一條實輝）。十月二十七日の発令については、同日、神社奉祀調査会（大正二年十二月二十二日、勅令第三百八号を以って官制公布。初代会長原敬、二代会長大隈重信、三代会長大浦兼武〈大正四年一月七日～同年四月三〇日〉）の決議に基づき、例祭日が明治の天長節であった十一月三日と決定された日であり、道男は谷村来尚・高木慶次郎・薮内友次郎・片岡常男とともに主典となっている（『明治神宮五十年誌』）。御鎮座前後の期間は内務省造営局祭儀部本部事務局に出張し、太田・西村両氏とともに徹夜で事に当たったという（『館友』一五二号）。大正十年十月十五日に神宮外苑の聖徳絵画館の定礎祭にも奉仕している。

また、十二年九月の関東大震災後の帝都復興計画について、神社の耐震耐火の要と鉄筋鉄骨混凝土を用いた「新生への神社建築」論を『神社協会雑誌』（二六年六号・本書所収）に発表している。

大正十四年朝鮮神宮御創建が間近に迫ると、道男は同年四月明治神宮を退職、同日付で朝鮮神宮の事務嘱託となり、九月三十日に官幣大社朝鮮神宮禰宜に補せられた。初代宮司は神宮皇學館の先輩でもある高松四郎で、十月の鎮座祭をともに奉仕した。（朝鮮神宮の職員令は昭和十年に改正、権宮司、主典が増員されている。）なお、この転任は、明治神宮・一戸兵衛宮司の推薦という。在鮮七年有余の間、朝鮮神職会の常務理事、京仁館友会（京城・仁川）の幹事役などをつとめ、『神社協会雑誌』に現地の神社、廟、民俗等の訪問記を得意のスケッチとともに寄稿、「満州の神社と神職会」など当時の貴重な情報を残した（以上は本書所収）。この間、昭和三年大礼記念章を授与せられ、六年朝鮮総督府より神社行政事務を嘱託されたが、翌年九月、長野県・国幣中社生島足島神社宮司に任ぜられ内地へ戻り、正七位を授けられた。十一年には、神奈川県・国幣小社箱根神社宮司となり、併せて近隣の神社七社の社掌を拝命し、十二年従六位に叙せられている。

更に昭和十五年神祇院が成立、新たに全国主要都市七府県に地方祭務官（後に十三府県に拡充）の設置が決定し、道男は十六年二月、祭務官として愛知県学務部社寺兵事課に勤務、同月高等官六等に叙された。なおこのとき祭務官に補任されたのは、京都府・高橋城二（官幣大社日吉神社宮司）、大阪府・香西大見（別格官幣社豊國神社宮司）、東京府・三井孝助（別格官幣社小御門神社宮司）、兵庫県・三浦重義（国幣中社玉祖神社宮司）、静岡県・宮西惟喬（国幣中社田島神社宮司）、福岡県・中村春雄（国幣小社菅生石部神社宮司）の七名であった（『皇国時報』七七二号）。道男は祭務官在任中、愛知県神職会参与、全国神職会評議員、愛知國學院講師、勤労報国隊幕僚、思想対策研究会常任幹事、皇典講究分所学階検定常任委員、大日本神祇会愛知県支部理事などを歴任した。十八年三月、京都市・官幣大社松尾神社宮司として赴任した。祭務官時代は、県官吏・警察署長・町村長・神職などの練成講習の企画実施など積極果敢に仕事を進め、熟練した手腕は印象深いと、当時尾張大国霊神社宮司で、神宮皇學館後輩の河田晴夫（元松尾大社宮司・学校法人皇學館大学常勤理事）は回想している（『松尾大社境内整備誌』）。

道男は、高等官五等待遇、正六位に叙されて終戦を迎え、二十一年二月に従五位に叙された。二十一年二月に神社本庁が設立されるとともに、三月には本庁の神社制度審議会委員を委嘱され、六月にあらためて松尾神社宮司を拝命、近隣十二社を兼務した。二十一年に明階、二十四年には浄階を受けている。戦後の松尾神社は厳しい経営状態となり、社入金の減少、職員異動の続くなか、古河進三禰宜（のち権宮司）とともに社頭守護に心を砕いた。経済回復の兆しが見え始めるも、二十五年のジェーン台風、三十四年の伊勢湾台風による諸建物の被害など、復興のための資金集めに労苦を重ねた。例祭はもとより八朔祭、豊醸大祈願祭上卯大祭、全国醸造倉巡祭など祭祀の振興を図るとともに、神社本庁評議員、京都國學院講師、國學院大學協議員、京都府宗教連盟総務委員、京都府神社庁副庁長、教誨師などを歴任、活動を続けた。三十三年には神職在職三十年の表彰を受けたが、還暦を少し過ぎた頃より健康を害し、七十歳を迎えた四十一年退職。宇治市に居を構えたが、四十四年十二月二十六日逝去。享年七十三歳であった。

道男は、若い頃より画才に恵まれ、在鮮時代は積極的に「鮮展」へ出展するなど斯界では著名で、自身の描画を多数収めた『神社有職故実図絵』（宗教文化研究所、昭和二八年）を出版している。妹のフミは櫻井勝之進（元神社本庁総長・多賀大社宮司・皇學館大学理事長）と結婚、次弟の武司は國學院大学を卒業後、鶴ケ岡八幡宮を経て那須・乃木神社宮司となり、『乃木神社と那須野別邸』（昭和一三年、同神社）の著述がある。末弟の真一（愼）も神宮皇學館普通科を卒業し、尾張大國靈神社に奉仕、儺追神事（国府宮はだか祭り）など祭祀・神社の振興に寄与した。

《参考資料》『松尾大社境内整備誌』（昭和46年）、『館友』、『神社協会雑誌』、『全国神職会会報』、『皇国時報』、『明治神宮五十年誌』（昭和54年、明治神宮）、『皇學館百二十周年記念誌』（平成14年）、『北下野新聞』、『御祭神乃木将軍生誕百五十周年記念　みあとしたひて　那須乃木神社鎮座の跡をたどる』（平成13年、乃木神社社務所）

編集後記

本書は、京都市の嵐山に鎮座する山城の古社、松尾大社宮司を最後に神社界を退いた手塚道男が、戦前期の朝鮮神宮に奉職していた頃、『神社協会雑誌』に寄稿した、朝鮮・満州の神社、文化、習慣などに関わる原稿を中心にまとめたものである。画描を得意としていたところから、原稿には自身のスケッチも多く含まれている。

手塚が、大正九年十月以来奉職の明治神宮より、新たに創建された朝鮮神宮へ異動の命を受け、下検分のため「京城駅」に降り立ったのは、大正十四年十月の朝鮮神宮鎮座祭に先立つ五月一日のことであった。各原稿の発表・掲載年を見ると、内地へ用務で訪れた時に九州を廻った紀行「九州神社絵物語」(昭和三年)が雑誌へ寄稿され、ついで満州を訪れた「満州の旅に描く(昭和五年)」、そして「朝鮮素描」(昭和六〜七年)となる。九州の紀行も、内容的には「日鮮比較」という観点が現れており、朝鮮神宮への奉仕が、内地と外地の文化交流の関心を促す契機となったことが分かる。

一連の絵紀行のほかに、比較の観点からものした論考や小論があり、それらを収めるとともに、手塚の神社についての考え方や、今となっては知り得ない当事者としての記事記録を併せて収載した。手塚が卒業した神宮皇學館の同窓会誌『館友』の寄稿記事を附載したのは、本人の執筆当時の様子や背景を知る材料となればと思うからである。明治神宮・朝鮮神宮時代のものが主であるが、後者の時期、多数の皇學館卒業生が神職・教員等として赴任されていたようで、京城(ソウル)・仁川(インチョン)在住者が「京仁館友会」を結成し、相互の親睦と連携、来訪者の世話などがなされていたことが窺われる。二年先輩にあたる天野秋生氏(大正七年卒・京城公立商業学校勤務)の訃報を伝える文章には手塚の深い思いがつづられている。

本書の編集・出版のきっかけは、神社新報社が創刊七十周年を記念して企画された『戦後神道界の群像』の一人として取り上げられた手塚の紹介記事を担当したことによる。手塚による執筆原稿をいくつか読み進めるなかで、それらを一書にまとめておくことの必要性を感じたところであるが、筆者が手塚の執筆担当者として選ばれた理由には、道男の妹フミが義理の母(櫻井勝之進の妻)にあたる由縁かと思う。母は、大正元年七月三十一日生れ、すなわち明治から大正への改元翌日にあたり、現在、百三歳という長命をいただいている。筆者は手塚道男を直接知らないが、家内は良く知っており、また母にとっては、亡くなった父に代わる頼もしい兄であり、若いころに過ごした大田原・西那須野の記憶とともによみがえってくる存在となっている。兄を訪ね京城でしばらく滞在した由でもある。母が永き命をいただいていることも、これまで父、兄弟たちが神社にご奉仕してきたご加護の賜であり、その感謝もあり刊行を進めることとなった。

さいわい、神社新報社の前田孝和・神保郁夫両氏と相談したところ、内容的に興味深く、また明治神宮のご創建時、さらに朝鮮神宮のご鎮座当時に諸準備を担当し、在鮮七年余となる神職の筆録として貴重なものであるとのことで、同社からの出版を引き受けていただくこととなり、大岡千織氏が実務を担当下さり感謝する次第である。

手塚が保持していた在鮮時代の資料を現状で確認することは困難で、遺族の手元におかれているアルバムより、当時の写真を幾点か選び本書に掲載した。履歴については松尾大社・生嶌經和宮司のご配慮で資料を提供いただき、大田原神社、那須・乃木神社からも資料収集のご高配を忝くした。また、本書の全体構想に貴重な意見を頂戴した牟禮仁氏（元皇學館大学教授・深志神社禰宜）、資料収集に協力を下さった藤本頼生氏（國學院大學神道文化学部准教授）、金田伊代さん（京都大学大学院人間・環境学研究科博士後期課程）に感謝するとともに、原版の作成並びに印刷に尽力いただいた株式会社オリエンタルの清水誠樹氏に厚く御礼を申し上げげたい。

平成二十七年十月十七日

編者　櫻井　治男

＊本文中の資料や記述に含まれる用語等について、現在では不適切と考えられるものがあるが、歴史的・文化的にその実態を明らかにする上で、そのまま残したところもある。
＊収載写真は手塚道男所蔵アルバムより転載した。

初出一覧

Ⅰ　朝鮮の神社と文化

朝鮮素描（一）『神社協会雑誌』30年１号、昭和６年１月１日
朝鮮素描（二）『神社協会雑誌』30年２号、昭和６年２月１日
朝鮮素描（三）『神社協会雑誌』30年３号、昭和６年３月１日
朝鮮素描（四）『神社協会雑誌』30年５号、昭和６年５月１日
朝鮮素描（五）『神社協会雑誌』30年11号、昭和６年11月１日
朝鮮素描（六）『神社協会雑誌』30年12号、昭和６年12月１日
朝鮮素描（七）『神社協会雑誌』31年２号、昭和７年２月１日
朝鮮素描（八）『神社協会雑誌』31年４号、昭和７年４月１日
朝鮮素描（九）『神社協会雑誌』31年５号、昭和７年５月１日
朝鮮の久散比度加太　『神社協会雑誌』28年４号、昭和４年４月１日
文廟釋奠の儀式　『神社協会雑誌』26年３号、昭和２年３月25日
日鮮注連縄考　『神社協会雑誌』28年５号、昭和４年５月１日
朝鮮神宮御鎮座前後の記　小笠原省三『海外神社史』上巻、昭和28年10月、海外神社史編纂会

Ⅱ　満州の神社と文化

満州の旅に描く（一）『神社協会雑誌』29年４号、昭和５年４月１日
満州の旅に描く（二）『神社協会雑誌』29年５号、昭和５年５月１日
満州の旅に描く（三）『神社協会雑誌』29年７号、昭和５年７月１日
満州の神社と神職会　『神社協会雑誌』29年８号、昭和５年８月１日

Ⅲ　九州神社絵物語

九州神社絵物語（一）～（六）『神社協会雑誌』27年１号、昭和３年１月20日
九州神社絵物語（七）～（一二）『神社協会雑誌』27年３号、昭和３年３月１日
九州神社絵物語（一三）～（一八）『神社協会雑誌』27年４号、昭和３年４月５日
朝鮮色を持つ九州の玉山神社の研究　『神社協会雑誌』27年10号、昭和３年10月１日

Ⅳ　神社・神道雑論

神社及神社人は如何にあるべきか　小笠原省三『海外神社史』上巻
新生への神社建築　『神社協会雑誌』23年５号、大正13年９月５日
明治神宮祭競技とオリンピヤの回顧　『皇国』313号、大正14年１月10日、全国神職会
斎戒についての一考察　『皇国』304・305号、大正13年４月１日・５月１日
神葬問題私見　『神道』８巻７月号（82号）、大正12年７月１日、宣揚社

Ⅴ　雑　載

代々木より　『館友』152号、大正10年１月
旅路すぎて　『館友』179号、大正12年４月
修学旅行隊歓迎会記　『館友』184号、大正12年９月
朝鮮より　『館友』208号、大正14年９月
京城より　『館友』216号、大正15年５月
京仁館友会相互通信　『館友』223号、大正15年12月
天野さんは死んだ　『館友』244号、昭和３年９月
外地から内地に帰つて　『館友』294号、昭和７年11月

一神社人の見た朝鮮・満州の神社と文化　－手塚道男小論集－

本　　体　1,800円＋税
　　　　　平成27年11月3日　　初版発行

著　　者　手塚 道男（てづか みちを）
　　　　　（明治30年～昭和44年。現栃木県大田原市生まれ。元松尾大社宮司。）

発 行 所　株式会社　神社新報社
　　　　　東京都渋谷区代々木1－1－2
　　　　　電話03（3379）8211

印刷・製本　株式会社オリエンタル

ISBN 978-4-908128-04-2　C3014